n

4 c:
ung und Einsatz
Kp. (gp)"

Dv. 298/2 a:
Ausbildung u. Einsatz der Pz. Gren. Kp. (gp)" (Neubearbeitung)

Der Generalinspekteur der Panzertruppen
— Abteilung Ausbildung ·

HQu. OKH, den 1. 10. 44

Bb. Nr. 13 840/44 geh. Ref. V (Pz.Aufkl.)

Geheim!

Übersicht über Panzerspäh- und Panzeraufklärungsfahrzeuge

Stand: 1. 10. 44

Dies ist ein geheimer Gegenstand.
Mißbrauch ist strafbar.

Vorbemerkung:

Die Übersicht über Panzerspäh- und Panzeraufklärungsfahrzeuge stellt alle zur Zeit im Aufklärungsdienst eingesetzten deutschen Fahrzeuge zusammen. Kurze Hinweise auf Aufgaben und Verwendung dienen als Unterlagen für alle Führer, die diese Panzerfahrzeuge führen und einsetzen.

Auf Einzelheiten ist bewußt verzichtet.

Guderian

Tolmein · Spähtrupp bleibt am Feind

Horst Günter Tolmein

Spähtrupp bleibt am Feind

Die Geschichte der deutschen Panzer-Aufklärungstruppe

MOTORBUCH VERLAG STUTTGART

Einband und Schutzumschlag: Siegfried Horn,
unter Verwendung eines Fotos aus dem Bundesarchiv.

ISBN 3-87943-741-6

1. Auflage 1980

Eine Abteilung des Buch- und Verlagshauses Paul Pietsch GmbH & Co. KG.

Satz und Druck: Süddeutsche Verlagsanstalt, 7140 Ludwigsburg.
Bindung: Großbuchbinderei E. Riethmüller, 7000 Stuttgart.
Printed in Germany.

Inhalt

Zur Erinnerung
an alle Soldaten,
die ihr Leben für
eine Meldung opferten

Teil 1

Kennst du den Gegner und kennst du dich,
so magst du hundert Schlachten schlagen,
ohne daß eine Gefahr besteht;
kennst du dich, aber nicht den Gegner,
so sind deine Aussichten auf Gewinn
oder Verlust gleich;
kennst du weder dich noch ihn,
so wirst du in jeder Schlacht geschlagen werden.

Sun Tze,
chinesischer Feldherr, etwa um 400 bis 320 v. Chr.,
in seinen Aufzeichnungen »Die dreizehn Gebote der Kriegskunst«

Späher und Spione

»Ziehet hinauf ins Mittagsland und geht in das Gebirge!
– Und besehet das Land, wie es ist.
– und das Volk, das drinnen wohnt, ob's stark oder schwach, wenig oder viel ist,
– Und was es für ein Land ist, darin sie wohnen, ob's gut oder böse sei; und was es für Städte sind, darin sie wohnen, ob sie in Gezelten oder Festungen wohnen;
– Und was es für ein Land sei, ob's fett oder mager sei ...«

Diesen klassischen Fernspähtrupp-Auftrag erteilte Moses dem erfahrenen Aufklärerführer Josua und seinen elf Spähern, bevor sie aufbrachen, um die Geländeverhältnisse des Landes Kanaan zu erkunden und gegen den potentiellen, dort lebenden Gegner aufzuklären. Es war freilich keine Gefechtsfeldaufklärung, sondern eine Spionage-Operation, die das 4. Buch Moses überlieferte. Im Altertum wurde kein Unterschied zwischen einem Späher und einem Spion gemacht.

Seitdem die Menschen gegeneinander Kriege führten – mindestens wohl seit der jüngeren Altsteinzeit – bestand der Wunsch, möglichst viele und genaue Informationen über die Lage beim Feind zu erhalten.

Die Herrscher des alten Ägyptens betrieben ihre Spionage und Aufklärung bereits mit System. Auch Perser und Griechen kannten die Feindbeobachtung. Schwierig gestaltete sich oft das Übermitteln der Meldungen. Normalerweise wurden sie durch Meldegänger oder Meldereiter überbracht, seltener durch Feuer- und Rauchzeichen weitergeleitet. Sogar konspirative Methoden kamen bereits zur Anwendung: Kranke oder Verwundete verbargen die Berichte von Spähern unter den Binden, mit denen sie ihre eitrigen Wunden umwickelt hatten, und trugen sie so durch feindbesetzte Gebiete. Während der Perserkriege erhielten Sklaven die Meldung in die Kopfhaut eingeritzt, schlichen sich durch die Fronten und, am Zielpunkt angelangt, wurde ihnen eine Glatze geschoren: Auf ihr konnte der Feindlagebearbeiter die Nachricht ablesen.

Im frühen römischen Heer – etwa um 300 v. Chr. – existierte eine Truppe leichter Reiter, die Ferentarii, über die wenig bekannt ist. Ziemlich sicher aber scheint, daß die Ferentarii für Aufklärungs-, Erkundungs-, Sicherungs- und Verbindungsaufgaben eingesetzt wurden.

Die 105 v. Chr. von Marius durchgeführte Heeresreform sah als wichtigste Spezialtruppe der schweren Infanterie die »Speculatores« vor: Die vermutlich erste reinrassige Aufklärungsformation. Später bildete sie eigene Kohorten, deren Soldaten als Späher und Melder ausgebildet waren.

Unter Gajus Julius Caesar entwickelte sich die Aufklärung zu einem wesentlichen Element der Truppenführung: Die Speculatores wurden zur teilweise berittenen Waffengattung der »Exploratores« umgegliedert. Spähtrupps, unter Führung erprobter Offiziere und Unteroffiziere, klärten fächerartig gegen den Feind auf. Reitereinheiten erhielten Aufklärungsstreifen zugewiesen, die sie bis zu einer belegten Tiefe von 36 km durchkämmten.

Aufklärung, Erkundung und Marschsicherung waren noch im Vasallenheer Karls des Großen eine Selbstverständlichkeit.

In den Ritterheeren erlosch das Interesse an der Feindlage. Ihre Führer wußten nur noch wenig über die Situation des Gegners. Beim Zusammenprall der Heere gaben Angriffswucht und persönliche Tapferkeit allein den Ausschlag über Sieg oder Niederlage.

Mit dem Auftreten größerer Landsknechtshaufen erwies sich die Feindbeobachtung wieder als notwendig, doch die handwerklichen Kenntnisse waren offenkundig verloren gegangen, auch scheinen die Ritter gefühlsmäßig nur widerwillig an diese Aufgabe herangegangen zu sein.

Die Schlacht von Murten kann als Beispiel für die Mißachtung der Aufklärung angesehen werden: In dem Städtchen Murten hatte sich 1476 das Schweizer Landsknechtsheer mit 2 000 Mann zur Verteidi-

gung eingerichtet. Nur wenige Kilometer abseits hatte Herzog Karl der Kühne sein burgundisches Ritterheer ein befestigtes Lager aufschlagen lassen: 18000 Mann, unterstützt von einer vorzüglichen Artillerie rüsteten sich dort zum Sturm auf Murten.
Am Tage vor der Schlacht ritt Karl der Kühne selbst zur Aufklärung gegen Murten vor. Der Blick auf die kleine Stadt sagte ihm, daß dort nur schwache Kräfte stehen konnten. Gelassen begab er sich in sein Lager zurück. Hätte er einige Spähtrupps in die umliegenden Wälder entsandt, wäre ihm nicht entgangen, daß dort herbeigeeilte Verstärkungstruppen aus Lothringen, dem Elsaß und Österreich in Massen lagerten und immer noch mehr dazu kamen. Unverständlich ist es, daß er am folgenden Tag den mehrfach eingehenden Meldungen über den Anmarsch der Schweizer gegen sein befestigtes Lager keinen Glauben schenkte. Auch das Auftreten kleiner Schweizer Aufklärungskräfte, die schnell wieder verschwanden, hielt er für unwesentlich.
Als die Schweizer Gevierthaufen aus dem Walde traten und sich in die Ebene ergossen, war das burgundische Heer immer noch nicht alarmiert worden. 26000 Mann kamen anmarschiert, die langen Spieße nach vorn gereckt, die damals modernste Form der Infanterie. Zwar konnte die burgundische Artillerie noch rechtzeitig das Feuer eröffnen – mit so hoher moralischer Wirkung, daß die Schweizer zurückzufluten begannen –, doch die Ritter waren erst dabei sich umständlich zu wappnen und konnten den fliehenden Gegnern nicht nachsetzen.
Die Schweizer Hauptleute gewannen so die Zeit, um ihre Landsknechtsfähnleins wieder zu ordnen und erneut anzugreifen – dieses Mal unter guter Ausnutzung des Geländes. Im toten Schußwinkel der burgundischen Kanonen gelangten sie nahe an die Feldbefestigungen heran und stürmten sie. Im burgundischen Heer brach eine Panik aus. 12000 Burgunder wurden niedergemacht, verwundet oder gefangen. Erstmalig hatte die neuzeitliche Landsknechts-Infanterie einen großen Sieg über ein Ritterheer errungen, das die Aufklärung sträflich vernachlässigte.
Der edle Ritter Götz von Berlichingen erkannte die Zeichen der Zeit und bemühte sich redlich um Aufklärung, in die sich Spionage mischte. Johann Wolfgang von Goethe läßt Götz dem Reiterbuben Georg folgenden Befehl erteilen: »Wir wollen Georgen des Bam-

berger Reiters erbeuteten Kittel anziehen und ihm das Geleitzeichen geben; er mag nach Bamberg reiten und sehen wie's steht ... Es ist dein erster Ritt. Sei vorsichtig, Knabe!«
In einem anderen Fall kehrt Georg vom Spähen zurück und meldet seinem Herrn, nicht eben sehr präzise: »Die Nürnberger sind im Anzug.« Götz: »Wo?« – Georg: »Wenn wir ganz sachte reiten, packen wir sie zwischen Beerheim und Mühlbach im Wald.«
Noch vor und während des Dreißigjährigen Krieges gewinnt die Feindbeobachtung ihre alte Bedeutung, wenngleich sie – als reine Augenaufklärung von Spähern und Spionen betrieben – zwangsläufig lückenhaft bleiben mußte. Oft genug zogen große Heere unbemerkt nahe aneinander vorüber oder aber, gleich zufällig, prallten unversehens aufeinander.
Im »Abenteuerlichen Simplicius Simplicissimus« beschreibt Christoffel von Grimmelshausen seine Späh-Tätigkeit als Dragoner und »Jäger von Soest« über viele Seiten hinweg. Fast immer hat jede Patrouille den Auftrag, anmarschierende gegnerische Nachschubtruppen rechtzeitig zu melden, um einen Hinterhalt legen und Beute machen zu können. Simplicissimus betrieb aber auch fachgerechte Gelände-Erkundung: »Meine Gewohnheit war, ... daß ich alle Wege und Stege, alle Gräben, Moräste, Büsche, Bühel und Wasser beritt, dieselbige mir bekannt machte und ins Gedächtnis faßte, damit, wenn's etwan an ein oder anderen Ort künftig eine Occasion setzte, mit dem Feind zu scharmützeln, ich mir des Orts Gelegenheit beides offensiv und defensiv zunutz machen könnte.«
Was damals und Jahrzehnte danach, im Heere des Großen Kurfürsten, klar wurde: Aufklärung muß hauptsächlich die berittene Truppe durchführen, weil sie ihr Ziel schnell erreicht, bei Feindberührung leichter entkommt und Meldungen rasch zu übermitteln vermag.

Husaren und Dragoner

»... mein Vater hatte mir eine schlechte Kavallerie hinterlassen, fast kein Offizier verstand sein Geschäft, die Reiter fürchteten sich vor den Pferden«, schrieb König Friedrich II. am Ende des Ersten schlesischen Krieges, »... Große Leute und große Pferde machten die Kavallerie so schwerfällig, daß sich eine Umgestaltung der ganzen Waffe nötig erwies.«

Drei Waffengattungen bildeten die Kavallerie: Die mit einem Brustharnisch gepanzerten Kürassiere als stoßkräftige Schlachtenreiterei, die Dragoner als berittene Grenadiere und die Husaren als leichte Reiter mit der Befähigung zum Scharmützeln, Recognoszieren – dem Aufklären – und zum Sichern des marschierenden oder lagernden Heeres.

Die Reiterei – unter dem Großen Kurfürsten bereits eine Elite – wurde unter Friedrich dem Großen wieder zu einer Truppe, in der zu dienen eine Ehre war – für den pommerschen Bauernjungen genau so wie für den preußischen Edelmann. Nur die Husaren blieben anfangs suspekt. Meist in fremden Staaten angeworben, oft von Ausländern geführt, waren sie in der vom exakten Drill geprägten friederizianischen Armee ein Fremdkörper, halb ungarisch, halb polnischen Ursprungs. Während die Infanterie mit Tuchfühlung zum Nebenmann in starrer Formation, nach dem von den Trommlern geschlagenen Takt im Gleichschritt in den Angriff marschierte und die übrige Reiterei in drei Gliedern geordnet zur Attacke ritt, streiften die Husaren in lockerer Ordnung durch die Lande, patrouillierten, scharmutzierten, stahlen wohl auch und taten sich an Beute gütlich.

Das »Reglement Vor Die Königl. Preußische Husaren-Regimenter«, vom König, in Berlin, den »I Decembris 1743«, erlassen, räumte mit der Liederlichkeit dieser Truppe auf, es begann ein scharfer Wind zu wehen: »Die Husaren sollen an Sonn- und Fest-Tagen 2 mahl in die Kirche geführet werden. Und es muß kein Officier, Unter-Officier, Trompeter oder Husar auf der Kirchen-Parade fehlen... Alle Officiers sollen mit in der Kirche und nebst den Husaren nicht eher, bis der Priester von der Cantzel ist, aus der Kirche gehen... Wann Husaren in der Kirche lärmen, Possen treiben oder dergleichen Scandale begehen, so sollen sie nach der Predigt in Arrest geschicket und davor bestraffet werden.«
Es hagelte Strafen: »...der Husar, auf dessen Posten nicht alles richtig befunden wird, 10 mahl durch die Wacht-Parade die Spieß-Ruthen lauffen soll... Die Schildwachten vor den Arrestanten müssen davor stehen, daß die Arrestanten, mann sie mit dem Pfahl, Esel und Holtztragen gestrafet, oder krum geschlossen werden, ihre Straffe recht leiden; Nemlich recht am Pfahl stehn, recht auf dem Esel sitzen, das Holtz nicht ablegen, keiner, wann er krum geschlossen ist, loß geschlossen werde, und keiner in währender Straffe sich besaufft, Toback rauche oder schreye und lärme.«
»Bier-Patrouilles« wurden nach dem Zapfenstreich ausgeschickt, um »absonderlich die Husaren« aus den Wirtshäusern herauszujagen. Aber auch, »wann ein Bursche besoffen auf die Parade kommet«, wenn er auf Wache schläft oder vor der Ablösung weggeht, so soll er »durch 200 Mann 10 mahl durch die Spieß-Ruthen lauffen«. Überhaupt: »Alle Gewaltthätigkeiten, sie mögen verübet werden, gegen wem sie wollen, sollen mit Spieß-Ruthen bestrafet werden«. Wer hingegen »muthwilliger Weise desertiret« soll »ohne alle Gnade aufgehangen werden.«
Aber Seine Majestät sorgten sich auch um die Moral der Husaren: »Es sollen keine öffentlichen Huren in einer Guarnison gelitten werden, und der Commandeur soll, wann eine Hure in einer Guarnison sich aufhält, selbige bis auf das Hemde ausziehen und wegjagen lassen.« Auch soll »kein Spiel verstattet werden«, andernfalls das Übliche: »8 mahl durch 200 Mann durch die Spieß-Ruthen lauffen.«
Aber auch Fürsorge befahl des Königs Husaren-Reglement: »Die Rittmeisters sollen den Krancken und Malades gute Suppen kochen

lassen, und alle möglichste Sorgfalt haben, daß selbige gut verpfleget werden, damit sie desto eher wieder zu Kräfften kommen und ihre Dienste thun können.«

Wer etwas leistete, konnte aufsteigen und auch aus dem Mannschaftsstand heraus Offizier werden: »Wann ein Husare vor seinem Feinde eine brave Action gethan, und vor anderen sich distinguiret hat. So soll selbiger vor allen anderen befördert und zum Wachtmeister auch wohl zum Officier vorgeschlagen werden«. Fußnote: »Ein Unterofficier, welcher zum Officier vorgeschlagen wird, muß kein Brandtwein-Säuffer seyn.« Auch Offiziere sollen das nicht sein, sie könnten dann »cassiret« werden.

So wurden die leichtherzigen Husaren zu preußischer Disziplin erzogen, und dazu gehörte auch die Reinlichkeit, damit die »Burschen nicht mit Krätze behaftet« seien.

Reinlichkeit hatte nicht nur bei den Husaren zu herrschen, sondern auch bei ihren Pferden: »Ein jeder Husare muß alle Morgen sein Pferd wohl striegeln und putzen; Hernach, wann das Pferd accomodiret ist, die Pferde-Decke auflegen, den Stall reinlich halten, und des Abends gute Streu machen.« Natürlich müssen die Pferde gut gefüttert und getränkt werden, »aber nicht so dicke gefuttert, denn die Pferde keine Bäuche aber Marck in den Knochen haben sollen.« Wenn es um die Pferde geht, kommt in des Königs Dienstvorschrift sogar ein dort höchst seltenes Wort vor: »Liebe«: »Als sollen die Officiers hauptsächlich mit dafür sorgen, daß sie den gemeinen Husaren die Liebe zu ihren Pferden beybringen«, denn die bravsten Kerls von der Welt vermöchten nichts gegen den Feind auszurichten, wenn ihre Pferde nicht im Stande sind. Denn für einen Husaren ist es die Hauptsache, gut reiten und sein Pferd tummeln zu können. Deswegen sollen die Rekruten fest sitzen lernen, in dem sie auf den ungesattelten Pferden mit der Trense reiten lernen.

Hernach müssen sie die Zügel stets kurz führen und Meister auf ihren Pferden werden. Das Reglement Se. Königl. Majestät verlangte, »... daß ein Husare zu Pferde so adroit seyn soll, daß er, wann das Pferd im vollen lauffen ist, mit der Hand von der Erde was aufheben, und einer dem anderen im vollem Jagen die Mütze abnehmen kann; Die Husaren-Pferde müssen alle auf die Schultern geritten, und auf die Kruppen gewandt werden, damit ein Husare

sich auf einem Platz wie ein Thaler groß mit seinem Pferde tummeln und wenden kan, wie er will.«
Der preußische König zog sich Kunstreiter heran, Meister im Fechten, »so den Hieb von oben herunter im stehen vollführen. Indem ein solcher Hieb von weit mehrerem Effect ist, als wann man im sitzen hauen will.«
Husaren hatten fortan auch gute Schützen zu sein, und, »geschwinde laden« zu können, »muß einen jeden Kerl wohl gelernet werden.« Geschossen wurde mit dem Karabiner im abgesessenen Kampf. Die günstigste Feuerart für die Husaren war das »Heckenfeuer«, bei dem in jedem Peloton, angefangen vom rechten Flügel, je zwei Rotten Salven abgaben, so daß ständig gefeuert wurde. Wer seinen Karabiner abgefeuert hatte, lud sofort nach. Das Ankündigungskommando dafür lautete: »Ihr Herren Ober- und Unter-Officiers, man wird auf Hecken chargieren!«, und die Ober- und Unter-Officiers kommandierten nun: »Machet euch fertig! Schlaget an! Feuer!«
Reiten, fechten, schiessen und gute Disziplin zu halten, darauf kam es an. Das Reglement vermerkt: »NB. Seine Königl. Majestät sehen das Exerziren zu Fuß wie ein Neben-Werck an ... NB. Daß die Husaren alle Tage reiten sollen wird nochmahls ernstlich befohlen.«
Der König von Preußen hatte aus dem Ersten schlesischen Krieg gelernt welche Bedeutung eine gute Aufklärung hat. Er wußte, daß der nächste Krieg bald folgen mußte. Bis dahin hatten seine Husaren »adroit« zu sein, und deren Offiziere zu üben und zwischendurch immer fleißig das Reglement zu studieren: »Es muß ein Husaren-Officier den Feind recognosciren, und auf die Feindlichen Armée Achtung geben. Bey dergleichem Kommando von einem Officier nichts weiter gefordert wird, als daß er dasjenige, was er sehen soll, recht siehet, und dem commandirenden Officier davon Rapport abstattet.« Er soll sich nicht mit dem Feinde einlassen, »weil dieses nicht die Absicht, warum er ausgeschicket ist. Die Husaren werden ferner gebraucht, weite Vor-Posten vor der Armée zu halten, damit der Feind die Armée niemahls überfallen kann. Bey dergleichen Vor-Posten wird hauptsächlich von ihnen erfordert, daß sie ihr Terrain zu judiciren und den Posten, wo sie sich setzen, wohl auszusuchen wissen.«
Dies sind Grundsätze, die heute noch für moderne Aufklärungsver-

bände Geltung haben. Charakteristisch für die damalige Zeit ist freilich eine Aufgabe, die in den Dienstvorschriften der Aufklärer unserer Tage keinen Niederschlag findet: »Imgleichen werden die Husaren gebrauchet, kleine Patrouilles um der Armée herum zu thun, um die Desertion dadurch zuverhüten. Hierbey ist vornehmlich zu oberserviren, daß sie beständig eine Patrouille auf die andere ausschicken, damit von der Armée nichts durchkommen kann.«
Auch ein anderer Auftrag ist nur aus der Situation jener Zeit heraus verständlich: »Ferner werden die Husaren gebrauchet, die Contributiones und Brand-Schatzungen beyzutreiben«, gültig aber ist allemal auch jetzt: »und die Avant-Guarde, wann die Armée marchiret, zu machen; Wobey Sie vor und seitwärts fleißig patrouillren und, wann sie was feindliches gewahr werden, den commandirenden General bey Zeiten davon avertiren müssen.«
Kein Wort allerdings fällt über die Fernmeldeverbindungen, weil es selbstverständlich erscheinen mußte, daß die Verbindung zum Führungsstab nur durch Meldereiter, in besonders wichtigen Fällen durch Ordonanz-Offiziere, zu halten war.
Die Abhängigkeit der Heere jener Zeit von ihren Nachschubwegen machte Kommando-Unternehmen nötig: »Ferner werden die Husaren gebrauchet auf Partheyen gegen den Feind zu gehen, welches geschiehet, um dem Feinde Abbruch zu thun, ihm die Fourage und Lebens-Mittel zu benehmen, und die Subsistance dadurch schwehr zu machen. Imgleichen feindliche Escortes zu überfallen, dem Feinde in die Bagage zu kommen, selbigen in seinem Marche aufzuhalten, kleine Detachements zu enleviren, und überhaupt den Feind en detaille allen möglichen Abbruch zu thun.«
Den Einsatzgrundsätzen ließen Se. Königl. Majestät die führungsmäßigen und taktischen Einzelbestimmungen folgen. Disziplin war zu halten. Ein Offizier von den Husaren hatte wohl zu wissen, »wie viel Mannschaft er mit sich hat, die Leute auf dem Marche wohl zusammen halte« und nach jedem Gefecht »seine Leute wieder nachsehen, solche wieder stellen, die Rotten voll machen und, was nicht geblieben und gefangen worden ist, ordentlich wieder in das Lager zurück bringen.«
Auch müssen die Husaren-Officiers es »absolut nicht leyden, daß die Husaren, unter welchem Praetext es auch seyn mag, in den Dörffern zurückbleiben, und solche nachgehends, wie bishero

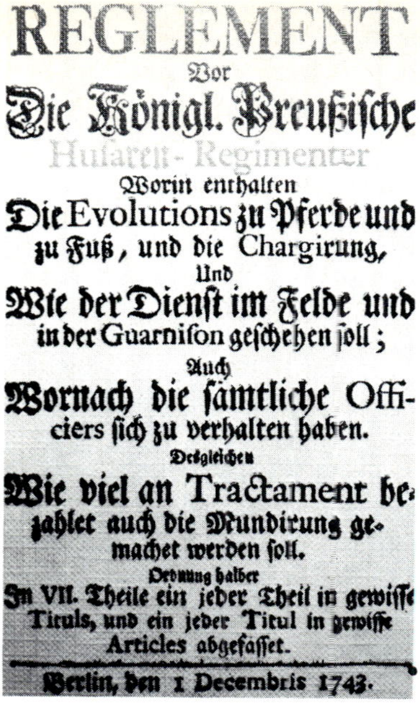

REGLEMENT
Vor
Die Königl. Preußische
Husaren-Regimenter
Worin enthalten
Die Evolutions zu Pferde und
zu Fuß, und die Chargirung,
Und
Wie der Dienst im Felde und
in der Guarnison geschehen soll;
Auch
Wornach die sämtliche Officiers sich zu verhalten haben.
Desgleichen
Wie viel an Tractament bezahlet auch die Mundirung gemachet werden soll.
Ordnung halber
In VII. Theile ein jeder Theil in gewisse Tituls, und ein jeder Titul in gewisse Articles abgefasset.
Berlin, den 1 Decembris 1743.

Titel der Dienstvorschrift für preußische Husaren von 1743.

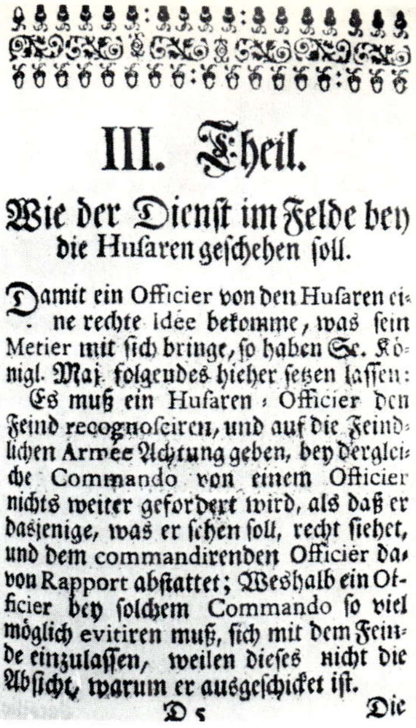

III. Theil.

Wie der Dienst im Felde bey die Husaren geschehen soll.

Damit ein Officier von den Husaren eine rechte idée bekomme, was sein Metier mit sich bringe, so haben Se. Königl. Maj. folgendes hieher setzen lassen:

Es muß ein Husaren-Officier den Feind recognosciren, und auf die Feindlichen Armee Achtung geben, bey dergleiche Commando von einem Officier nichts weiter gefordert wird, als daß er dasjenige, was er sehen soll, recht siehet, und dem commandirenden Officier davon Rapport abstattet; Weshalb ein Officier bey solchem Commando so viel möglich evitiren muß, sich mit dem Feinde einzulassen, weilen dieses nicht die Absicht, warum er ausgeschicket ist.

D 5 Die

Textprobe aus dem Husarenreglement von 1743.

Eine von Graf Zeppelin geführte Aufklärungspatrouille wird am 26. Juli 1870 von französischen Lanciers überfallen. Im Bild: Freiherr von Wechmar erschießt mit seinem Revolver einen französischen Unteroffizier. *(Der große Krieg in Zeitberichten, Eisenach, 1895)*

Links: Ulanenpatrouille, 1870. *(Deutsche Kriegs-Zeitung, Stuttgart, 1870).* – Rechts: Der Meldereiter. 1870. *(Der große Krieg in Zeitberichten)*

Husaren verfolgen im belagerten Paris aufgestiegene Freiballons der französischen Verteidiger. *(Deutsche Kriegs-Zeitung)*

Eine Aufklärungspatrouille des 14. Husaren-Regiments zog am 1. März 1871 um 8 Uhr morgens als erste deutsche Truppe in Paris ein: Der Lieutenant Bernhardy mit sechs Husaren galoppierte durch den Triumphbogen. *(Deutsche Kriegs-Zeitung)*

Ulanenpatrouille nach dem Sieg in Paris, 1871. *(Deutsche Kriegs-Zeitung)*

Deutsche Kavallerie-Patrouille während der Marne-Schlacht, Anfang September 1918. *(Bundesarchiv)*

Reiterpatrouille nähert sich einem Bauernhof bei Sailly, 1914 *(Bundesarchiv)*

Deutsche Husarenpatrouille, Westfront, wahrscheinlich Winter 1914/1915. *(Bundesarchiv)*

geschehen, ausplündern.« Bleibt nun aber doch einer zurück, wird die bewährte Disziplinarmaßnahme angewandt: »... der Husare soll ohne Verhör und Stand-Recht mit 30mahligem Gassen-Lauffen bestraffet werden.«
Sodann aber das Wichtigste, die Aufklärung: »Der Officier muß suchen, sich an Büsche, oder an andere verborgene Oerter an die Feindliche Armée heran zu schleichen, und eine Höhe oder sonsten vortheilhaften Ort zu gewinnen, wo er das Feindliche Lager sehen und nicht decouviret werden kann; Wann der Feind viele Aussen-Posten hat, welche ein Officier mit seinem Commando passiren muß, so muß er das Commando an einem verdeckten Ort zurück lassen, und mit 2. oder 3. der besten Husaren in der Dämmerung sich durchschleichen, heran reiten und sehen, was er zu sehen beordert ist; Nachgehends aber zurück reiten, und mit seinem Commando wieder ins Lager zurück marchiren muß. Der Officier muß sich auch bemühen, ob er nicht Soldaten, Marckedenters und Officiers-Knechte aus der Feindlichen Armée gefangen mit in das Lager bringen kann, indem man aus dergleichen Leute Aussagen in vielen Stücken Licht bekommen kann.«
Der König brauchte listige, selbständig handelnde Offiziere, die anders geartet sein mußten, als die standhaft und stur ins Feindfeuer marschierenden Infanterieführer. Im Husaren-Reglement beschreibt er, wie stets, in höchst eigenwilliger und oft wechselnder Rechtschreibung ihre Detailtätigkeiten: »Bey dergleichen Expeditions kommt es bey weiten nicht soviel auf eines Officier Bravoure, als auf seine Klugheit an, und ein Officier muß bey dergleichen Commandos so viel möglich evitiren, sich mit dem Feinde einzulassen, unb dieserhalb suchen, durch solche Örter sich durchzuschleichen, wo er von leichten Feinden so leicht nicht kann attaquiret werden; Ein Husaren-Officier muß mehr als einen Weg wissen, an den Ort, wohin er commandiret ist, hin und zurück zu kommen; Ingleichen muß ein Officier allezeit 2 oder 3 Wegweisers, entweder Jäger, Schultzen oder Schäffers aus den Dörffern oder Schlächter-Knechte aus den benachbarten Städten, welche den Weg aller Orten kundig sind, bey sich haben. Solche Wegweisers müssen sehr wohl in Acht genommen werden, damit sie nicht entspringen; Selbige können auf Bauer-Pferde gesetzet werden, und einer muß bey die Avant-Guarde, seyn, die andern aber muß der Officier bey sich

behalten, damit, wann einer den unrechten Weg weisen möchte, der ander es sagen kann.«

Auch bei den preußischen Husaren mischte sich noch die Gefechtsfeldaufklärung mit der Spionage, denn der König forderte: »Ein jeder Obrister von die Husaren, muß sich in Krieges-Zeiten 2. bis 3. Espions halten, welche er zu allem gebrauchen kann, und Gens de Sac & de Corde seyn müssen; Se. Königl. Majestät werden ihnen das Geld, was dergleichen Leuthe kosten, allemahl vergüten; Wann auch sonst Staabs- oder andere Officiers durch Espions sichere Kundschaft vom Feinde einziehen, so werden sie sich bey Sr. Majestät besonders recommandiren.«

Der Kampfverband war das Husaren-Regiment mit einer STAN – der Stärke- und Ausrüstungsnachweisung – unter der Überschrift »Wie starck ein Regiment Husaren ist.« Darin heißt es: »Ein Regiment Husaren bestehet aus 10 Esquadrons, und wird an Ober- und unter PrimePlanen, und Gemeinen nebst dem Unter-Staabe ex cassa general verpfleget:

36 Ober-Officiers,
80 Unter-Officiers,
10 Trompeters
1020 Husaren
10 Fahnen-Schmiede
10 Feldscheers
1130 Pferde ohne die Officiers-Pferde incl. der 10 Feldscheers, weyl sie bey den Husaren beritten sind.

Der Unter-Stab bestehet aus
1 Regiments Quartier-Meister
1 Regiments Feldscher
2 Büchsen-Machers
2 Schäfter

Eine Esquadron ist stark:
3 Ober-Officiers
8 Unter-Officiers
1 Trompeter
102 Husaren
2 Fahnen-Schmiedt
1 Feldscheer.

NB. Die 6. mehrere Officiers stehen bey den 6 ältesten Esquadrons.«

Ein Hundsfott ist, wer da fragt, warum manchmal ein Komma in der Aufzählung steht und manchmal nicht, warum Fahnen-Schmied in zwei Schreibweisen auftaucht! Ein Reglement für den Schriftverkehr gab es glücklicherweise noch nicht. Die Militärbürokratie stand erst in ihren Anfängen, und die Husaren zumal haßten allen Papierkram.

Damit das Reglement nicht nur Papier bliebe, verstand es König Friedrich der Große von Preußen, die richtigen Männer auszusuchen, die imstande waren »die Kerls zu exerciren und an den Feind zu bringen«.

Da war der General von der Kavallerie Hans Joachim von Zieten, nicht gerade ein Büchernarr, sondern das Urbild des listenreichen, verwegenen, klugen und schnell entschlossenen Husaren. Da war der Kornett der Belgarder Kürassiere, Friedrich Wilhelm von Seydlitz. Er hatte eine Feldwache bis zum Äußersten gehalten und war vom König zum Rittmeister der Natzmer-Husaren befördert worden. Er wurde Preußens berühmtester Reitergeneral. Nach den Worten seines Königs war Seydlitz im Leben nicht zu übertreffen, im Tode nicht zu ersetzen.

Zu Unrecht vergessen ist der Generalmajor Heinrich Jordan von Wuthenau, der – noch unter des Großen Königs Vater – 1721 die ersten Husaren anwarb. Es waren walachische Ulanen, die den Stamm des »Preußischen Husaren-Korps« bildeten. Das Regiment der Schwarzen Husaren unter dem Obristen und späteren Generalmajor Joseph Theodor von Ruesch hatte unter allen Reiterregimentern der drei preußischen Kriege den längsten »Gefechtskalender«. Kaum eine Schlacht, in der die Totenkopfhusaren nicht scharmützelten oder Attacke ritten, nicht zu zählen die »Partheyen«, die Kommandounternehmen, die Patrouillen mit Feindberührung und die erfolgreichen, oft schlachtentscheidenden Aufklärungsergebnisse. Dem Regiment von Ruesch gehörte noch eine 11. Eskadron an: Bosniakische Lanzenreiter. Später entstand daraus ein selbständiges »Korps Bosniaken«, der Stamm eines ersten Ulanen-Regiments, zu dessen Hauptaufgaben die gewaltsame Aufklärung zählte.

Sehr glanzvoll begann die Rolle der Husaren in der preußischen Armee freilich nicht. Der junge König Friedrich II. bezeichnete sie kurzerhand als »Gesindel«. Immerhin errangen Preußens Husaren in der Schlacht bei Mollwitz – der ersten und einzigen des Ersten

Schlesischen Krieges – einen Achtungserfolg. Der österreichische Oberkommandierende, General Neipperg, legte am 9. April 1741 seine Truppen um das rund vier Kilometer von der schlesischen Stadt Brieg entfernte Dorf Mollwitz in Ortsunterkünfte. Eine genaue Kenntnis über den Feind, also über die preußische Armee, besaß Neipperg nicht. Seine Aufklärung hatte versagt.

Anderentags marschierte die preußische Armee in vier Kolonnen – rechts und links außen mit Infanterie verstärkte Kavallerie, in der Mitte die Infanterie mit der Artillerie. Den Kolonnen voraus aber trabten vier Dragoner- und drei Husaren-Eskadronen. Bei dem Dorf Pampitz-Neudorf stießen sie überraschend auf österreichische Sicherungskräfte. Die Preußen machten einige Gefangene und erfuhren durch Befragung von Bauern, daß die österreichische Armee in Mollwitz, Laugwitz und Bärzdorf zur Ruhe übergegangen sei.

Der König erhielt zwar die Meldung seiner Aufklärer, war aber noch zu unerfahren, um die günstige Gelegenheit zu nützen. Er marschierte, anstatt die Österreicher in ihren Quartieren zu überrumpeln, planmäßig und langwierig zur Schlacht auf. Mollwitz wurde zu einer beinahe von den Preußen verlorenen Schlacht, vor allem die Kavallerie versagte und floh vom Schlachtfeld. Dank der preußischen Infanterie gelang dennoch ein mühseliger, äußerst blutiger Sieg. Die Kavallerie allerdings, so sprach König Friedrich, sei »nicht wehrt, daß sie der Theufel holet!«

Des Königs Konsequenzen waren zunächst die 1743 herausgegebenen Reglements für die Kgl. Preußischen Husaren-, Dragoner- und Kavallerie-Regimenter. Fähige Offiziere hatten damit das Handwerkszeug erhalten eine kampfkräftige Kavallerie aufbauen zu können.

1744, am Beginn des Zweiten Schlesischen Krieges, besaß der Preußenkönig zwar eine gut ausgebildete, 18000 Mann starke Kavallerie, doch gerade die Aufklärung wurde von ihr zunächst vernachlässigt.

Die Preußen waren bereits tief in Böhmen eingefallen – nur, der König wußte wochenlang nicht, wo der Feind stand. Das lag einmal am Fehlen guter Karten, zum anderen an der feindseligen Haltung der Bevölkerung. Eine weitere Ursache war die Unzuverlässigkeit der angeworbenen Reiter. Auch die Husaren sowie die gleichfalls zur Aufklärung verwendeten Dragoner hatten mitunter die Neigung zu desertieren, zumal sie sich als Berittene schneller davon machen konnten. Es erschien daher undenkbar, Fernspähtrupps ins feindliche Hinterland zu entsenden; auch viele kleinere Patrouillen in einen Aufklärungsstreifen mittlerer Distanz zu befehlen, verbot sich wegen der erhöhten Fahnenfluchtgefahr.

Auf der österreichischen Seite hingegen herrschte rege Aufklärungstätigkeit. Die leichten Reiter des Feldmarschalls Daun waren freiwillig dienende Kroaten, Panduren und Husaren mit einer natürlichen kriegerischen Tüchtigkeit, die ohne weiteres auf große Entfernungen in kleinen Trupps oder Streifkommandos eingesetzt werden konnten. Sie fingen preußische Versorgungstransporte ab, fügten den Trossen empfindliche Verluste zu und beunruhigten das Hinterland.

Je länger der Preußenkönig Krieg führte, desto mehr besserten sich die Verhältnisse innerhalb der Husarentruppe. Ihr Dienst war anstrengend, gefährlich, aber abwechslungsreicher als jener der Musketiere. Im Laufe der Kriegsjahre bildete sich innerhalb der Eskadron eine auf Kameradschaft beruhende Kampfgemeinschaft aus. Viele Husaren dienten jahrelang, manche bis 25 oder 30 Jahre – die Eskadron war zu ihrer Heimat geworden. Die Aufstiegschancen lagen höher als bei der Infanterie. Höher als bei den Österreichern war auch der Sold und besser die Verpflegung.

Außerdem stellte der Preußenkönig, zusätzlich zu den aktiven Regimentern, Freiwilligenverbände auf, die bei Kriegsende wieder demobilisiert wurden, die »Frei-Husaren« und die »Frei-Dragoner«.

Die Dragoner bewährten sich gleichfalls vorzüglich sowohl bei der Attacke als auch bei der Aufklärung und Erkundung. Die ersten deutschen Dragoner-Kompanien waren in der ersten Hälfte des 17. Jahrhunderts auf höchst einfache Weise aufgestellt worden: Ältere, bewährte Mannschaften der Infanterie wurden auf leichte, billig zu erwerbende und zu ernährende Klepper gesetzt. Die Soldaten behielten ihre Musketen und stellten eine relativ schnell bewegliche Infanterie dar, die an den Rand des Gefechtsfeld trabte, absaß und dann das Fußgefecht aufnahm – Vorläufer der Panzergrenadiere, aber auch der Panzeraufklärer.

In der Armee des Großen Kurfürsten galten die Dragoner als Elitetruppe. Sie versahen den Vorposten- und Aufklärungsdienst und übernahmen riskante Aufträge, wie Handstreiche und Überfälle.

Um das stark befestigte Demmin zu übernehmen, überquerten in der Nacht des 11. November 1659 brandenburgische Dragoner auf schwankenden Brettern den moorigen Festungsgraben. Dabei rutschten einige Soldaten in der Finsternis in den Sumpf und versanken – getreu dem Befehl keinen Laut von sich zu geben – ohne einen Ton oder gar einen Hilferuf.

Die Dragoner und die Brandenburger »Reuter« ermöglichten dem Großen Kurfürsten eine erstaunliche Beweglichkeit über große Entfernungen hinweg. So lag im Mai 1675 die Brandenburger Hauptmacht in Franken, das kurfürstliche Hauptquartier befand sich in Schweinfurt. Als der Kurfürst die Nachricht vom Einfall der Schweden in Brandenburg erhielt, ließ er seine 15 000 Mann abrükken, um die bedrohten Marken zu retten. Der Abmarsch begann am 5. Juni 1675. Bereits am 21. Juni erreichte die Armee des Kurfürsten mit 800 Dragonern, etwa 5 000 Reutern und 1 200 Musketieren die Stadt Magdeburg. Nach damaligen Straßenverhältnissen war das eine Marschstrecke von sicherlich 600 Kilometern. Die Masse der brandenburgischen Infanterie hatte freilich dem Tagestempo von 40 Kilometern nicht folgen können.

Aber bereits am Abend des 22. Juni rückte die Truppe wieder aus Magdeburg ab. Dragoner und Reuter gingen zur Feindaufklärung auf »Partheyen«. Während die Schweden die Streitkräfte des Kurfürsten noch am Main wähnten, drangen Dragoner und Reuter bereits in die Vororte der Stadt Brandenburg, brachten Gefangene, Feindlageinformationen und 200 Pferde ein. Es war ein regelrechter Blitzkrieg: In der Nacht zum 25. Juni nahmen Dragoner und Reuter Rathenow im Handstreich und spalteten das schwedische Heer in zwei Teile. Drei Tage darauf schlug die kleine brandenburgische Armee in offener Feldschlacht das schwedische Heer bei Fehrbellin. Des Kurfürsten Kavallerie verfolgte den fliehenden Feind.

Unter Friedrich II. von Preußen errangen die Dragoner – die inzwischen zu einer etwas belächelten Truppe geworden waren und unter dem Spottvers litten: »Dragoner sind halb Mensch, halb Vieh;

auf's Pferd gesetzte Infant'rie« – höchste Anerkennung als vollwertige Kavallerie. Im Verlauf der Schlacht von Hohenfriedberg, am 4. Juni 1745, befand sich der Generalleutnant Graf von Geßler mehr zufällig beim Dragoner-Regiment Markgraf Friedrich von Bayreuth (Nr. 5). Das Regiment stand untätig hinter einer Lücke der Infanterie im feindlichen Feuer. Als General von Geßler erkannte, daß die österreichische Infanterie unter dem preußischen Pelotonfeuer zu wanken begann, sah er den entscheidenden Moment der Schlacht und befahl den Dragonern die Attacke. Zehn zur Linie aufmarschierte Schwadronen ritten unter dem Kommando des Regimentskommandeurs, Oberst Otto Martin von Schwerin, gegen den Feind; voraus preschte der General Geßler. Innerhalb einer Stunde zersprengten die pommerschen Bayreuth-Dragoner 20 österreichische Bataillone und eroberten 66 Fahnen.

Dennoch gehörte bei den preußischen Dragonern, neben der Attacke, die Aufklärung, das Kommando-Unternehmen und die Sicherung von Marschkolonnen und Nachschub-Konvois zu den Hauptaufgaben. Dabei hatten offensichtlich der Marsch und der Kampf bei Nacht, das Beobachten des Feindes durch abgesessene Späher und die Zusammenarbeit mit den Husaren eine besondere Bedeutung.

Das »Reglement Vor die Königl. Preußische Dragoner-Regimenter«, welches »Gegeben und gedruckt Berlin I. Junii 1743« wurde, erteilt klare Befehle für das Verhalten im Gelände: »Weilen die Patrouilles a l'ordinaire mit wenig Leuten geschehen, und meistentheils an gefährliche Oerter, welche so vielmehr zu fürchten sind, auch allezeit des Nachts und mehr als einmahlig nach einem Ort hingeschicket werden, auch nicht allezeit einen Weg und Rück-Weg nehmen.« Nichts anderes lernen die Panzeraufklärer der Bundeswehr: Spähtrupps sind zu wechselnden Zeiten und auf verschiedenen Hin- und Rückwegen zu fahren!

Auch müssen die Dragoner-Patrouillen »wie die Gänse hintereinander reiten, und in kein Dorf sich engagiren, bevor sie nicht das Dorff durch einen oder 2. Mann recognosciret und, wo möglich, den Priestern, den Schultzen oder einige Bauern davon examiniret haben.«

Wie aber hat sich der preußische Dragoner sonst noch auf Spähtrupp zu verhalten? Das Reglement spricht nicht von Beobachtungssektoren für jeden einzelnen Soldaten und auch nicht darüber, nach welchen Gesichtspunkten oder gar in welcher Form eine Meldung abzufassen ist. Die damals, mehr als die heutigen Großstädter, mit der Natur verbundenen Reiter achteten wahrscheinlich schärfer auf jedes Geräusch und jede Bewegung in ihrer Nähe. Meldungen wurden in der Regel mündlich überbracht oder aber von einem Offizier geschrieben. Mit den Schreibkünsten der Dragoner und ihrer Unteroffiziere dürfte es nicht weit her gewesen sein.

Wichtig aber schien es den Dragonern einzubleuen: »Die vordersten Leute von der Patrouille müssen offt stille halten und horchen, ob sie nicht was hören können, weshalb sie zuweilen das Ohr auf die Erde halten, so stille als möglich reiten, nicht singen, nicht laut reden und auch nicht Toback rauchen müssen.« An dieser Stelle empfindet der gestrenge königliche Vorschriftenautor das Bedürfnis, etwas für die Innere Führung zu tun und Fürsorge für die Untergebenen auszuüben, und fährt deshalb, ungewohnt milde fort: »Es wäre dann, daß ein Stöpsel über der Pfeiffe wäre, damit man kein Feuer gewahr werde; Das Gebriesche der Pferde muß auch, so viel wie möglich, verhütet werden.«

Die Zusammenarbeit mit den Husaren wird durch das Dragoner-Reglement folgendermaßen befohlen: »Wann ein Officier von den Dragoners commandiret wird, die Husaren zu souteniren (unterstützen), so soll sein Troupe den Husaren zum Rückhalt dienen; Demnach die Dragoners nach erforderten Umständen selbige zu Fuß oder zu Pferde souteniren müssen. Dieses ist zu verstehen, daß die Dragoners, wann die Husaren in freyem Felde attaquiren und herum schwärmen, geschlossen hinter selbige halten und, im Fall sie repoussiret (zurückgedrängt) werden, geschlossen vorrücken, die Husaren zu souteniren, damit sie der Feind nicht verfolgen kan, und wieder Zeit gewinnen sich ralliiren (zu sammeln).

Wann die Husaren attaquiren, wo Defilés (Hohlwege) sind, so müssen die Dragoners die Defilés zu Fuß besetzen, um den Husaren den Rück-Weg zu versichern. Im Fall des Commando Husaren, mit welchen die Dragoners commandiret sind, der feindlichen Parthie nicht gewachsen seyn möchte, so muß der 3te Theil oder die Helffte von den Dragoners, nachdem es nöthig ist, mit attaquiren aber allezeit geschlossen bleiben.«

Ein Dragoner-Regiment bestand in der Regel aus fünf, seltener aus zehn Eskadronen, und hatte, nach dem Reglement, folgende Soll-Stärke:

32 Ober-Officiers
60 Unter-Officiers
1 Paucker
4 Hautbois
15 Tambours
660 Dragoners
5 Fahnen-Schmiede
745 Pferde, ohne Officiers-Pferde
60 Uber-complets

Unter-Staab
1 Regiments Quartier-Meister
1 Prediger
1 Auditeur
1 Regiments-Feldscheer
5 Feldscheers
1 Bereuther
1 Sattler
1 Profos

Eine Esquadron ist starck:
6 Ober-Officiers
12 Unter-Officiers
3 Tambours
132 Dragoner
1 Fahnen-Schmied
1 Feldscheer
148 Pferde, ohne Officiers-Pferde
10 Uber-complets

Bey der Leib Esquadron ist 1 Officier, und bey des Majors Esquadron ist 1 Officier als Adjutant mehr.
NB. Bey der Leib-Esquadron sind noch der Paucker und 4 Hautbois, desgleichen der übrige Unter-Staab vom Regiment.
Insgesamt verfügte Preußen im Siebenjährigen Kriege – abgesehen von Frei-Dragonern und Frei-Husaren – 10 Husaren-Regimenter zu je 10 Eskadronen, 14 Dragoner-Regimenter zu je 5 Eskadronen und schließlich – als Schlachtenreiterei – 13 Kürassier-Regimenter zu je 5 Eskadronen. Der Anteil an zur Aufklärung befähigten Truppen überwog.

Diese verhältnismäßig hohe Zahl an Aufklärern benötigte Friedrich der Große, um zwei seiner taktischen Maximen erfüllen zu können: »Sodann hängt beim Angriff alles von dem richtigen Erkennen des Punktes ab, wo der Feind am schwächsten ist«, und: »Wie der Blitz aus der Wolkenhülle plötzlich herniederfährt, müßt ihr auf den überraschten Feind fallen.«
Diese Grundsätze ließen sich nur durch rastlose Aufklärungstätigkeit vor und während des Aufmarsches zur Schlacht und bis unmittelbar vor dem entscheidenden Angriffsstoß verwirklichen. In der Praxis war dies überaus schwierig, zumal zusätzlich noch die Geländeerkundung über weite Räume hinweg hinzutrat.
Mitteleuropa war damals ein höchst unwegsames Gebiet. In den Niederungen schränkten weite Seen- und Sumpfgebiete die Sicht- und Bewegungsräume von Truppen ein. Die Wälder ließen sich nur unter beträchtlichen Mühsalen und mit hohem Zeitaufwand durchqueren, weil es nur wenige Straßen gab und das heute vorhandene dichte Netz von Waldwegen nicht vorhanden war. Kaum reguliert flossen die Wasserläufe ihre, manchmal wechselnde Bahn. Versumpfte Ufer waren häufig, Brücken jedoch selten. Der Mangel an brauchbarem Kartenmaterial erschwerte das Zurechtfinden im Gelände und dessen militärische Beurteilung. Die Angaben und Auskünfte von Einheimischen waren mitunter irreführend und widersprüchlich. Oft genug verirrten sich Patrouillen, aber auch lange Marschkolonnen hoffnungslos inmitten unwegsamen und wenig besiedelten Geländeteilen.
Verhältnismäßig einfach schien hingegen die Gefechtsaufklärung unmittelbar vor und während der Schlacht: Die Lineartaktik zwang Freund und Feind zu dichtgedrängtem, und damit leicht überschaubarem Aufmarsch. Andererseits boten verteidigungsfähige Engen, Wald- und Buschgebiete an den Flanken zahllose Gelegenheiten zur Verschleierung der Aufmarschräume leichter Kavallerie.
Eine Fernaufklärung fand kaum statt. Der General Zieten wurde lediglich einmal von Prag aus in die Tiefe des feindlichen Raumes angesetzt: Mit 43 Eskadrons hatte er den Verbleib von Dauns Entsatzarmee festzustellen. Die Fernaufklärung im großen Maßstab hätte eine Verleitung zu Massendesertionen bedeuten können, entfiel aber auch aus Mangel an Kartenmaterial und vermutlich, weil man die kostbare Kavallerie schonen wollte, denn sie hatte

schließlich gleichermaßen in der Schlacht eine entscheidende Rolle zu spielen.
Hinzu kam freilich auch die Tatsache, daß die Aufklärung erst unmittelbar vor der Schlacht einen hohen Dringlichkeitsgrad erhielt. Beim Anmarsch der Truppen, der äußerst langsam vor sich ging, erhielt der Feldherr allgemeine Angaben über den Feind, hauptsächlich über seine Stärke und den Marschweg, durch Spione, Landeseinwohner und nicht zuletzt durch Deserteure. Mehr Informationen wurden auch kaum benötigt, denn schlachtentscheidend war letztlich das taktische Manövrieren auf dem Gefechtsfeld, mithin das Erkennen der feindlichen Aufstellung.
Kein Wunder also, daß König Friedrich II. von Preußen nicht nur der erste Diener seines Staates, sondern auch der erste Aufklärer seiner Armee war. Sein bei Kunersdorf zerschossener Rock und das abgeprallte Geschoß, das ihn bei Torgau traf, zeugen davon, wie nahe er sich beim Aufklären an den Feind heranbegeben haben muß – die Schußweite der Gewehre betrug damals 200 Meter, die der Kanonen zwischen 500 und 800 Metern.
Von außerordentlicher Wichtigkeit, aber nur unter größten Schwierigkeiten durchzuführen, war die Geländeerkundung. Sie wurde für die Armee fast zu einer Existenzfrage, wenn – wie bei Kolin – überhaupt keine, oder – wie bei Zorndorf und Kunersdorf – nur unvollkommene Landkarten vorhanden waren. Wenn heutzutage jeder Offizier mit einem Blick auf die Karte sich ein Bild vom Gelände vorstellen kann, so war zu Friedrichs Zeiten erst einmal eine mühselige und weiträumige Erkundung vonnöten – deren Ergebnis jedoch keineswegs stimmen mußte. Selbst das Erteilen eines Erkundungsbefehls war nicht ohne Probleme. Da war oft nicht mehr zu befehlen, als in Abwandlung der Worte des Moses zu Erkundung von Kanaan: »Besehet das Land hinter dem Wald, dem Berge und der Seenkette wie es ist!«
So erklärt sich auch, weshalb der Preußenkönig während des Anmarsches seiner Armee oft weit voraus eilte – er erkundete das Gelände.
Graf Flemming, der sächsische Gesandte am Wiener Hofe, kritisierte den österreichischen Feldmarschall Daun: »Statt immer mit der Lorgnette zu operieren, sollte sich der Marschall die Methode des Königs von Preußens zu eigen machen, der seine Rekognoszie-

rungen an der Spitze seiner ganzen Armee vornimmt und wenn er den Feind in einer ungünstigen Stellung antrifft, ihn unverzüglich schlägt.«

Friedrich selbst aber äußerte sich zum Thema Aufklärung: »Wenn man jederzeit des Feindes Dessins voraus wüßte, so würde man demselben mit einer inférieuren Armée auch allemahl überlegen sein.«

Vor allem bei Roßbach, Zorndorf und Leuthen war der Schlacht rastlose Gefechtsfeldaufklärung vorangegangen. Bei Kolin hat das Versagen der Aufklärung wesentlichen Anteil an der Niederlage gehabt.

Von der Geschichtsschreibung nahezu vergessen sind jedoch jene Schlachten, die Friedrich *nicht* geschlagen hat, weil die ihm vorliegenden Aufklärungsergebnisse für ihn ungünstige Verhältnisse anzeigten, die einen Angriff als aussichtslos erkennen ließen. Bei Pirna stellte er in persönlicher Aufklärung fest, daß das befestigte Lager der Sachsen unangreifbar war. Zwei Tage vor der Roßbacher Schlacht hatte er erkannt, daß er bei Mücheln dem Feind in die Flanke fallen konnte. Eine zweite Aufklärung in der folgenden Nacht, ließ ihn im Licht des Mondes erkennen, wie der Feind gerade eine starke Flankenschutzstellung bei Mücheln bezog. Der König änderte sofort seinen Angriffsplan. Vor der Schlacht von Hochkirch fand Friedrich zunächst die Truppen Dauns in einer Stellung bei Stolpen. Sie war zu stark, um sie anzugreifen. Die Schlacht bei Stolpen fand nicht statt.

Aufklärung und Erkundung sind mit steter Gefahr verbunden, bringen jedoch wenig Ruhm ein. Der Glanz der friederizianischen Armee schimmert über den siegreichen, ja selbst über den verlorenen Schlachten. Über die Patrouillentätigkeit hat die Geschichtsschreibung nur wenig überliefert. Auch die ohnedies raren Erlebnisberichte jener Epoche sagen kaum etwas darüber aus. Lediglich in den Tagebuchblättern des Ernst Friedrich Rudolf von Barsewisch, Offizier im preußischen Infanterie-Regiment Nr. 26, klingt etwas darüber an. Er notierte, daß sein Regimentskommandeur ihm am Abend des 13. Oktobers 1762 befahl, den Major von Jeney in Weissenborn aufzusuchen, um dort auf Feindnachrichten zu warten. Der Major Jeney war offenkundig der Feindnachrichtenoffizier jenes Teiles der preußischen Armee, der sich damals im Lager von Freiberg verschanzt hatte. Der von Barsewisch wartete lange, zusammen mit dem Major, auf Meldungen: »Inzwischen erfuhren wir durch die Patrouillen, so alle Stunden ausgesendet wurden, daß der Feind marschierte, wir wußten aber nicht mit Gewißheit, wohin seine Bewegungen zielten. Um 1 Uhr aber kamen fünf Deserteurs an und sagten aus, daß ihre ganze Armée im Marsch sei und daß der General Luzinsky mit 10.000 Mann den Posten bei Weissenborn mit Anbruch des Tages angreifen würde und mit drei anderen Colonnen unsere Armée an verschiedenen anderen Seiten attaquiren würden. Sie nannten uns die verschiedenen Regimenter, so in Anmarsch gegen uns waren und sagten aus, daß sie 30 Stück Geschütz mit sich führten. Es war bei dieser Nachricht kein Zweifel, daß sie nicht sollte wahr sein. Ich setzte mich dahero sogleich auf mein Pferd und jagte die Linie herunter.« Barsewisch alarmierte alle Truppen. Gegen 4 Uhr morgens hörte er »eine fürchterliche Cannonade längs der ganzen Fronte der Armée ...«

Säbel oder Fernrohr?

Der Premierlieutenant Eisenhart vom preußischen Husaren-Regiment Pletz Nr. 3 vertauschte seine Uniform gegen die Zivilkleidung der romantischen Epoche. Er hatte den Befehl erhalten, sich an die fränkische Grenze zu begeben, um die Versammlung und den Anmarsch des napoleonischen Heeres gegen Preußen zu beobachten. Es war Ende August 1806, und der Krieg gegen Frankreich schien unvermeidlich.

Eisenhart ritt nach Coburg und mietete sich dort in einem Gasthof ein. Sehr bald gewann er Zugang zum Bürgertum und stellte fest, daß es zwei Parteien in der Stadt gab: Eine kleinere, fasziniert von der französischen Revolution und dem Kaiser Napoleon, der innerhalb von zwölf Jahren vom unbekannten Revolutionsoffizier zum Beherrscher eines großen Teiles von Europa aufgestiegen war, und eine zweite Partei, die mit Argwohn die Feldzüge des korsischen Emporkömmlings betrachtete. Mit Argwohn, vor allem aber mit Furcht, denn im Bamberger Raum versammelte Napoleon seine Truppen. Die Gefahr des Krieges mit Brandschatzungen und Plünderungen stand unmittelbar bevor. Der Premierlieutenant Eisenhart gewann zuverlässige Bürger, die für ihn in die Bamberger Gegend reisten, regelmäßig Bericht erstatteten und Eisenhart ein recht präzises Bild der Lage verschafften. Ständig schickte er seine Berichte an das preußische Oberkommando. Ende September 1806 hatte sich bereits ein 220000 Mann starkes französisches Heer rund um Bamberg gelagert, ein Fünftel davon waren Rheinbundtruppen. Befehligt wurde es von Napoleons besten Generalen: Soult, Ney, Bernadotte, Augereau, Berthier, Lannes, Murat, Lefebvre und Davoust.

Französische Offiziere erschienen nun schon in Coburg – sie stiegen im gleichen Gasthof ab, in dem Eisenhart logierte. Nachts hörte er sie lärmend zechen. Die napoleonische Armee rückte immer näher heran. Eisenhart setzte sich nun nach Hildburghausen ab, wo er seine Uniform wieder anzog und ein Kommando mit vierzig Husaren übernahm. Er bildete eine Vorpostenkette mit Tag- und Nachtaufstellungen und stand ständig auf dem Sprung.
Am 6. Oktober tauchte die französische Avant-Garde vor Hildburghausen auf. Eisenhart jagte sie mit seiner kleinen Schar zurück über die Grenze. Doch in der folgenden Nacht zogen stärkere französische Kräfte durch Coburg hindurch und bemächtigten sich des Sattelpasses. Eisenhart meldete sofort seinen Vorgesetzten und tat noch ein übriges: Er sorgte dafür, daß ein Sonderkurier dem preußischen König direkt diese wichtige Nachricht überbrachte – er erhielt sie tatsächlich einen halben Tag früher als auf dem normalen Meldeweg.
Die Führung der preußischen Armee allerdings reagierte auf die ziemlich genau bekannte Feindlage äußerst schwerfällig: Das Korps des Herzogs von Weimar solle mit fünf Eskadrons unter dem Befehl des Generals von Rudorff zu einer »Demonstration« vor Coburg erscheinen. Der Premierlieutenant Eisenhart setzte es durch, mit seinem Kommando als rechte Seitenpatrouille eingeteilt zu werden. Während des Marsches auf Coburg gerieten jedoch die Kolonnen in Unordnung. Ein Offizier kam auf Eisenhart zugesprengt und schrie: »Alles ist verloren, alles ist verloren! 80000 Franzosen kommen!« Auch wurde gerüchtweise bekannt, daß Prinz Louis Ferdinand gefallen sei. Auf diese in größter Aufregung verkündete bloße Vermutung hin, ließ der General von Rudorff Halt blasen und erteilte die Ordre sofort umzukehren.
Eisenhart, der erfahrene Aufklärer, beschwor den General eindringlich, zunächst einmal ein klares Bild der Lage zu gewinnen. Er, Eisenhart, sei bereit mit seinen Husaren vorzureiten, um festzustellen, wie stark der Feind tatsächlich sei. Ihm sei das Gelände bekannt, er kenne jeden Weg und Steg, ein solches Aufklärungsunternehmen biete nicht einmal sonderliche Gefahr. Der General von Rudorff aber lehnte ab – die preußische Armee ging zurück. Eisenhart ließ trotzig aufsitzen und ritt mit seinem Kommando ohne Befehl auf Coburg zu. Dicht vor der Stadt erkannte er eine

sorglose französische Wache. Er überfiel sie, und seine Husaren wüteten mit ihren Säbeln. Ein Offizier und 19 Soldaten fielen als Gefangene in die Hände des Kommandos Eisenhart, dazu noch 50 Gewehre und neun vollbeladene Pulverwagen sowie einige Pferde. Zum Abtransport der Pulverwagen benötigte Eisenhart noch einige Ochsen als Vorspann und begab sich deshalb furchtlos nach Coburg hinein: Er hielt sich vier Stunden darin auf. Die 80000 herannahenden Franzosen hatten im Wesentlichen aus der von ihm niedergehauenen Wache bestanden. Nachts um ein Uhr erreichte sein Kommando ohne Verluste, aber mit Beute beladen, Hildburghausen, wo große Unruhe wegen der angeblichen 80000 Franzosen herrschte, vor deren bloßer Erwähnung ein preußischer General mit fünf Schwadronen geflohen war. Auch in den nächsten Tagen – Eisenhart hatte weitere Truppen unterstellt erhalten – und befand sich auf dem Marsch nach Eisenach – war die Auflösung der einst ruhmreichen preußischen Armee deutlich zu erkennen. So kamen ganze Scharen »Versprengte« – und Eisenhart bemerkte in seinem späteren Bericht zur Untersuchung der Haltung des preußischen Offizierkorps – daß ihm diese Bezeichnung bis dato unbekannt war. Er gliederte die Versprengten in sein Detachment ein, merkte aber schnell, daß sie keinerlei Lust zum weiteren Kampf verspürten. Ein Versprengter wollte fortlaufen und wurde dabei von einem Feldjäger erschossen.

In 42 Friedensjahren – unterbrochen lediglich durch den »Kartoffelkrieg« um die bayrische Erbfolge ohne Kampfhandlungen und zwei Feldzüge gegen die noch unausgebildete französische Revolutionsarmee mit nur geringer Feindberührung – war die preußische Armee erstarrt.

Dem neuen, soeben heraufgekommenen Zeitalter der Massenheere von Wehrpflichtigen und des erwachenden Nationalismus zeigte sie sich nicht gewachsen. Sie zerbrach, wenngleich weniger unter dem harten Anprall des Feindes, sondern wegen ihrer gesunkenen Moral. Allenthalben kapitulierten preußische Verbände, sobald nur irgendwo französische Soldaten auftauchten. Es gab rühmliche Ausnahmen, wie etwa Kolberg oder die Festung Graudenz, wo entschlossene Führer es verstanden, den Kampfgeist von Soldaten und Bürgern wachzuhalten. Bei Prenzlau aber streckten 10000 preußische Soldaten vor höchstens tausend französischen Kavalle-

Spähtrupp, abgesessen, wahrscheinlich Ostfront. *(Bundesarchiv)*

Reiter eines Spähtrupps beim Durchschwimmen des Narew, Ostfront 1918. *(Bundesarchiv)*

Büssing-Panzerauto (Allrad-Antrieb, Doppellenkung). Westfront, August 1916. *(Austen/Bundesarchiv)*

Deutsche Panzerauto-Abteilung, Westfront, August 1916: vorn ein Büssing-Wagen mit Allradantrieb und Doppellenkung; ganz hinten ein Daimler-Wagen mit Allradantrieb, 80 PS, 8 mm-Panzerung, 8 Tonnen, 5 MG, 9 Mann Besatzung, 50 km/h. *(Bundesarchiv)*

Deutscher Erhardt-Panzerwagen, Ostfront 1918. *(Bundesarchiv)*

Erhardt-Panzerwagen, 1914/1918. *(Bundesarchiv)*

Deutsche Kavallerie auf dem Vormarsch im Westen 1914: Mißglückter Versuch einer großräumigen, strategischen Aufklärung. *(Bundesarchiv)*

Deutsche Reiterpatrouillen besetzen im Juli 1915 die litauische Stadt Schaulen. *(Bundesarchiv)*

»Straße frei! Fenster zu!« Bürgerkrieg im Deutschen Reich nach dem Ende des Ersten Weltkrieges. Auf leerer Straße: Ein Panzerwagen unbekannter Konstruktion. *(Bundesarchiv)*

Die Vorläufer der Panzerspähwagen: Personenwagen Adler Standard-6 mit Eisenblechaufbauten. Wahrscheinlich handelt es sich um die Fahrzeuge der von Guderian am 1. Februar 1930 als Kommandeur übernommenen und als Aufklärungsverband vorgesehenen 3. (preußischen) Kraftfahrabteilung der Reichswehr in Lankwitz. *(Bundesarchiv)*

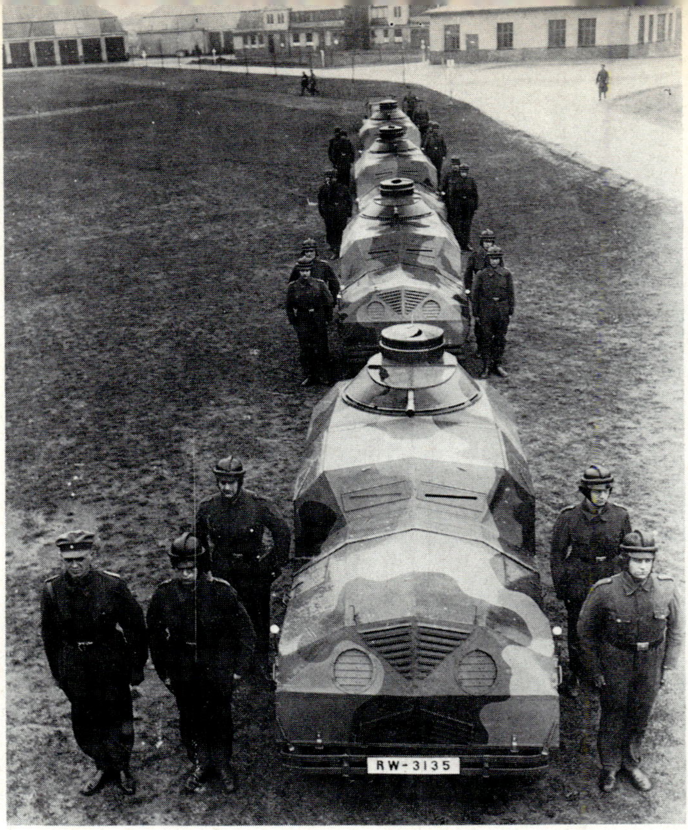

Reichswehr-Panzerspähwagen mit Eisenblech-Panzerung: Aus diesen Fahrzeugen bestand die 1. Kompanie der 3. (preußischen) Kraftfahrabteilung in Lankwitz. Abteilungskommandeur war 1930/1931 der Oberstleutnant Guderian – der erste Kommandeur einer Panzeraufklärungsabteilung überhaupt. *(Bundesarchiv)*

Wenig Freude hatte die Reichswehr an ihren unbewaffneten und vom Versailler Vertrag offiziell zugelassenen Straßenpanzerwagen. Hier ein Bild eines Manövers von 1928. *(Bundesarchiv)*

risten die Waffen. Es wurde nicht einmal der Versuch unternommen, durch Aufklärung die annähernde Feindstärke festzustellen. Die preußische Führung bei Prenzlau war, wie es in einem Bericht zur Untersuchung jener Kriegsereignisse steht, »in einem Gewebe von Trug, Kleinmuth und politischem Wahnsinn verstrikt«.
Preußen wurde von Napoleons Truppen besetzt, seine Regierung schmählicher Demütigung ausgesetzt.
In Hessen versuchte Oberst von Dörnberg einen Aufstand zu entzünden. In Preußen versuchte es der Major von Schill, der sich einen Namen als »Parteigänger«, bei Fernspähunternehmen hinter den feindlichen Linien, gemacht hatte. 1809 rückte er mit seinem Berliner Husaren-Regiment auf eigene Faust zum Halleschen Tor hinaus, zum Kampf gegen Napoleon. Er fiel bei Stralsund. Seine elf Offiziere und vierzehn seiner Soldaten wurden in Wesel erschossen, die restlichen 543 Mann in französische Kerker oder auf Galeeren verbracht.
Aber einige unter den jüngeren Offizieren der preußischen Armee, die schon vor der Katastrophe ein Reformwerk begonnen hatten, setzten in aller Stille ihre Bemühungen fort, eine neue, schlagkräftige Armee erstehen zu lassen.
An der Kriegsschule zu Berlin hielt der Major Carl von Clausewitz Vorlesungen über den »Kleinen Krieg«. Er verstand darunter einen Volkskrieg zur künftigen Befreiung des Landes von der napoleonischen Herrschaft.
Einen breiten Raum in diesen Vorlesungen nahm die Aufklärung ein. Gleich zu Beginn zitiert er den Heeresreformer, General Scharnhorst, der gesagt hatte, daß für Patrouillen »die raschesten Pferde und lebhaftesten Leute« auszuwählen seien. »Sehr wichtig ist es«, dozierte Clausewitz, »Erkundigungen bei den Einwohnern einzuziehen; denn sonst würden Patrouillen wenig Nachrichten zurückbringen.«
Sodann predigte er den ehernen Grundsatz: »Ist es möglich außerhalb dem Wege zu marschiren so ist dieß besser. In keinem Fall eine Patrouille denselben Weg zurükkehren ... Einen Weg abpatrouilliren lassen und einen daneben nicht, ist inconsequent ...«
Neben der Spähtrupptätigkeit kannte Clausewitz die gewaltsame Aufklärung, die »Rekognoßzirung«. Dazu war ein »Detaschement« zu bilden, das sich meist aus Kavallerie, Infanterie und

leichter, am besten berittener Artillerie zusammensetzen sollte. Der Führer der Rekognoßzirung »macht sich nach der Special Karte so genau wie möglich mit der Gegend bekannt. Schreibtafel, Fernrohr und Special Karten sind hier unentbehrlich ... Man bestimmt mehrere Officiere zur Beobachtung der feindlichen Stellung und Stärke und giebt ihnen kleine Trupps zu ihrer persönlichen Sicherheit, damit sie unbekümmert um den Gang des eigentlichen Gefechts die Zeit nutzen um so viel als möglich zu bemerken. Der kommandirende Officier wird wohl thun sich selbst in diesen Fall zu setzen und den Befehl über das Gefecht einem anderen Officier insbesondere aufzutragen ... Das, was man nicht sehen kann, muß man durch Nachrichten zu erfahren suchen und deswegen 1. Gefangene zu machen suchen, die man durch Officiere ausfragen läßt. 2. Die Einwohner in der Gegend der feindlichen Stellung befragen.

Die Gefangenen frägt man vorzüglich 1 nach dem Regiment, wobei sie dienen, 2 nach den vornehmen Generalen, welche sie beim Corps gesehen haben, 3 nach der Stärke der Kompagnie, bei der sie stehen, 4 nach der Stärke des Corps, 5 nach den Lebensmitteln, welche sie bekommen, 6 nach dere Stärke ihres Quartiers, nach dem Ort, wo die einzelnen Divisionen stehn, ob Schanzen da sind u.s.w. ... Die Einwohner in der Gegend frägt man, nach der Stärke der Einquartirung in den Dörfern und nach den Gegenden in welchen sich der Feind überhaupt befindet, endlich nach der Beschaffenheit der Gegend.«

Kleine Beobachtungs-Detaschements, so lehrte Major von Clausewitz den Lieutnants, die an der Allgemeinen Kriegsschule seinen Vorlesungen lauschten, sollen einige Meilen der Armee voraus dem Feind entgegen geschickt werden, um ihn zu beobachten. Andere Detaschements »von 15 bis 20 Pferden unter sehr gewandten und unternehmenden Officieren« sind in die Flanke und den Rücken der feindlichen Armee zu entsenden, »um sich dort nach Art der heimlichen Märsche herumzutreiben und Nachricht zu geben von dem, was hinter der Armee vorgeht.«

Clausewitz faßte zusammen: »Die Mittel der Armee Nachrichten zu geben sind also:

1tens eigentliche Spione

2tens die Einwohner

3tens die Beobachtungen, welche die kleinen Posten

selbst machen

4tens die gemachten Patrouillen und Recognoscirungen und endlich

5tens alles, was dem détachement begegnet.«

Als 1813 der Freiheitskrieg gegen Napoleon begann, bot die preußische Kavallerie – deren leichte Waffengattungen nach wie vor Träger der Aufklärung waren – ein trauriges Bild. Von den 255 Eskadronen, mit denen Preußen 1806 angetreten war, hatte der Friede von Tilsit nur 76 übrig gelassen. Statt 150 bis 160 Pferde hatte jede Eskadron nur noch deren 120. Eine leistungsfähige Reiterei ließ sich im Jahre 1813 nicht so ohne weiteres aus dem Boden stampfen wie die Infanterie. Preußen war arm und ausgesogen, es fehlte an geübten Reitern, das Pferdematerial war dürftig. So wurden zwar 120 Eskadronen aufgestellt, doch 66 davon gehörten zur Landwehr oder zu Neuformationen, deren Soldaten durchweg ungeübt und nicht eben sehr diszipliniert waren.

In den Befreiungskriegen gegen die Truppen Napoleons wurde denn von der leichten Kavallerie mehr der Säbel bei der Attacke, als das Fernrohr bei der Aufklärung gebraucht.

Die politische und strategische Aufklärung wurde zum Spionagekrieg, den der französische und der britische Geheimdienst untereinander austrugen. Napoleons Meisterspion hieß Karl Schulmeister, ein gebürtiger Elsäßer. Jahrelang hatte er keinen geringeren Posten als den des Chefs der Abwehr der österreichischen Armee in Wien. Seine Informationen sollen zum Sieg Napoleons bei Austerlitz erheblich beigetragen haben.

Der britische Geheimdienst wiederum erreichte es, unmittelbar nach Abschluß des Friedens von Tilsit die Geheimklauseln des Vertrages in Erfahrung zu bringen – die unter anderem die Aussperrung der Briten aus der Ostsee vorsahen. Die Folge war die Beschießung von Kopenhagen. Auf deutschem Boden operierte ein englischer Geheimagent, der »Bruder James«, ein Schotte namens James Robertson, der in der Benediktinerabtei zu Regensburg erzogen worden war und nicht nur deutsch, sondern auch bayrisch sprach. Der Major Colquhoun Grant vom Highland-Regiment brachte es sogar fertig, mit spanischen – gegen Napoleon agierenden – Guerillabanden Kontakt zu halten und die Nachricht von Napoleons beabsichtigtem Angriff auf Moskau rechtzeitig dem Herzog von Wellington zuzuspielen. Grant wurde Oberst und Chef der Nachrichtendienstabteilung des englischen Generalstabes, die über den Schlüssel zu Napoleons Geheimcode verfügte.

Von nennenswerten nachrichtendienstlichen Operationen Preußens ist nichts bekannt. Die Aufklärung der Armee bestand in jener Zeit aus der reinen Gefechtsfeldaufklärung, die recht und schlecht – den Verhältnissen einer rasch aufgestellten Armee entsprechend – im Sinne der Lehren Clausewitz' ausgeübt wurde.

Die folgenden Jahrzehnte des Friedens sahen zwar das Aufblühen einer starken preußischen Reiterei, doch der Aufklärungsgedanke trat gegenüber dem Säbelgefecht und der Attacke in den Hintergrund.

Der Feldzug gegen Dänemark des Jahres 1864 bot der Kavallerie nur wenig Gelegenheit sich bei der Attacke oder der Aufklärung auszuzeichnen. Im Wesentlichen wurde um verschanzte Stellungen gekämpft. Die Reiterei hatte die langen Küstenstrecken zu sichern. Dabei erwies sich die Bewaffnung der Kürassiere und Ulanen mit Pistolen als völlig unzureichend.

Erst im Krieg gegen Österreich von 1866 trat die Reiterei stärker in den Vordergrund. So wurde die Versammlung der österreichischen Nord-Armee jenseits der Bistriz von einer Handvoll Ulanen erkannt, die der Major des Generalstabes von Unger führte. Abgesehen davon, wurde nur wenig Aufklärungsdienst geleistet – die lange Friedenszeit und die Fixierung auf die Attacke hatte manche Lehren der Vergangenheit in Vergessenheit geraten lassen, beispielsweise auch die, daß ein geschlagener Gegner zu verfolgen ist.

Ausgezeichnet funktionierte diesesmal allerdings die preußische Geheimdienstarbeit: Wilhelm Johann Carl Eduard Stieber, ein Naturtalent der Spionage, bereiste Österreich im Auftrage Bismarcks in der Tarnung eines Hausierers, der mit religiösen Figuren handelte. Er lieferte erstaunlich genaue Informationen über die militärische Situation der k. und k. Monarchie, die das Lagebild des preußischen Generalstabes wesentlich beeinflußten und zum Sieg in dem 45-Tage-Feldzug beitrugen.

Noch während dieses Krieges von 1866 erhielt Stieber den Auftrag, eine Geheimdienstorganisation aufzustellen und zu leiten. Das neue Ziel: Aufklärung in Frankreich. Sein Agentennetz berichtete bald über die in die französische Armee neu eingeführten Chassepot-

Gewehre und die Vorläufer der Maschinengewehre, die Mitralleusen. Wichtiger waren noch die politischen Berichte, nach denen das Frankreich Napoleons III. von inneren Kämpfen zerrissen und nahezu führerlos sei. Als der Krieg von 1870/1871 ausbrach, waren es Stiebers Agenten, die dem preußischen Generalstab nahezu alle größeren französischen Truppenbewegungen rechtzeitig meldeten.
Der deutsch-französische Krieg wurde zum Höhepunkt der Kavallerieaufklärung. Verhältnismäßig kleine Reiterverbände deckten und verschleierten den Aufmarsch der deutschen Großverbände. In einem Falle wurde sogar der unbeholfene erste Versuch einer Zerstörung der französischen Eisenbahn unternommen. Der Premierlieutenant von Voigt vom 7. Ulanen-Regiment erhielt den überraschenden Befehl die Bahnlinie Saargemünd-Hagenau gründlich zu zerstören. Er erhielt keine ausreichenden Karten und keine Informationen über die bauliche Beschaffenheit der Bahnstrecke. Voigt irrte zwei Nächte mit seinem Zug im Gelände umher, entdeckte dann eine geeignete Sperrmöglichkeit in einem Einschnitt vor einem Viadukt, ließ Gleise abschrauben und Quadersteine übereinandertürmen. Letztlich fehlte es an einer für solche Aufgaben unumgänglichen Ausbildung, ständiger Übung und gründlicher Vorbereitung.
Wie so oft am Beginn eines Krieges, verliefen auch hier die ersten kleineren Einzelunternehmen sehr dilettantisch. So brach der württembergische Generalstabs-Hauptmann Graf Zeppelin (der spätere Erbauer des starren Lenkluftschiffes) mit drei badischen Dragoneroffizieren und fünf Dragonern zu einem Aufklärungsritt in Richtung Wörth auf.
Die Patrouille schickte durch einen Meldereiter die Nachricht zurück, wann und wo schwache Kräfte des 2. französischen Lancier-Regimentes gesichtet wurden, erregte indes ihrerseits zuviel Aufsehen unter der Bevölkerung. Alarmiert durch einen Ortsgendarm schwärmte eine französische Schwadron des 12. Jäger-Regiments zu Pferd aus und entdeckte die Patrouille des Grafen Zeppelin. Sie rastete behaglich im Wirtshaus des Dörfchens Schirlenberg und hatte einen Dragoner als Posten vor die Tür gestellt. Der erschoß einen heranjagenden französischen Wachtmeister, aber dann geriet die Patrouille ins Handgemenge. Ein Offizier fiel, zwei Offiziere und vier Dragoner gerieten in Gefangenschaft. Nur der

Graf Zeppelin entkam auf einem französischen Pferd.
Durchaus befriedigend verlief hingegen die erste große Aufklärungsoperation: Am frühen Morgen des 5. August 1870 brach die gesamte 4. Kavallerie-Division zur gewaltsamen Aufklärung in Richtung Hagenau und Reichshoffen auf. Sehr bald kam es zu ersten Gefechtsberührungen an mehreren Stellen, zur Beobachtung von Eisenbahntransporten, Feststellung von befestigten Stellungen und Verhauen. Zusätzliche Informationen erbrachten die Vernehmungen von eingebrachten Gefangenen. Tags darauf erhielt das Oberkommando der Dritten Armee ein zutreffendes Bild der Feindlage. Als nachteilig hatte sich dagegen die immer noch lediglich aus Pistolen bestehende Bewaffnung der Ulanen erwiesen, und selbst die Zündnadelkarabiner der Husaren waren den Chassepot-Gewehren unterlegen. Die 5. Kavallerie-Division wurde gleichfalls zur Breitenaufklärung des linken Mosel-Ufers im Großraum Metz angesetzt. Innerhalb von 24 Stunden stellte sie fest:

- Die Kavallerie-Division Forton ist von Mars la Tour nach Vionville zurückgegangen.
- Westlich Rezonville lagern starke französische Kräfte aller Waffengattungen mit geschätzter Stärke von 20000 Mann (eine Zahl, die sich als erheblich höher herausstellte).
- Die Verbindung zur Kavallerie der benachbarten Ersten deutschen Armee konnte nicht hergestellt werden.
- Starke französische Truppenbewegungen auf der Straße Metz – Verdun, jedoch ohne klares Bild des Umfanges.

Ein sehr gutes, wenngleich nicht vollständiges Bild der Lage, aus der sich tags darauf, nämlich am 16. August 1870, die Reiterschlacht von Vionville und Mars la Tour entwickelte.
Mit wachsender Kriegserfahrung, wuchsen denn auch die Leistungen der aufklärenden Husaren und Dragoner, zu denen inzwischen noch eine weitere Waffengattung, die Ulanen, getreten waren. Sie hatten sich bereits in der frühen friederizianischen Zeit aus den damals kleinen Truppenteilen der Bosnieken entwickelt.
Sekondlieutenant von Milkau ritt mit einem Zug der 3. Schwadron (neue Bezeichnung für »Eskadron«) des Ulanen-Regiments Nr. 17 als Patrouille in die Nähe der Festung Cambrai. In seinem Bericht heißt es: »Ich ließ nun meinen Zug hinter den ersten Häusern gedeckt halten und ritt mit zwei Mann, die sich freiwillig meldeten,

im Galopp durch die Vorstadt weiter. Plötzlich befand ich mich vor dem Festungsthor, und da dasselbe offen war, ritt ich hindurch, ebenso durch ein zweites, etwa 30 Schritt weiter befindliches über eine Zugbrücke. Nach Überschreiten derselben bog der Weg rechtwinklig links um auf die place d'armes, auf welcher Infanterie, offenbar zum Appell, angetreten war. Nachdem ich die Nummer 24 an den Käppis erkannt, machte ich Kehrt und jagte zurück. Mittlerweile waren an dem inneren Thor Infanteristen vorgetreten, die, ohne zu schießen, uns die Bajonette entgegenhielten, vor den anstürmenden Pferden aber zurückwichen ... Obgleich von diesen Infanteristen sowie von den Wällen der Festung hinter uns her geschossen wurde, gelangten wir doch unversehrt wieder in die Häuser der Vorstadt ... Nachdem ich nun verschiedene Einwohner, die sich in den Häusern versteckt hielten, hatte herausholen lassen, erfuhr ich von denselben, daß Cambrai mit Festungsgeschütz vollständig armirt sei und sich als Besatzung 2 Bataillone des 24. Linien-Regiments und 1 Bataillon Mobilgarden sowie etwa eine Schwadron Dragoner darin befänden.«

Nicht immer ging die Aufklärungsreiterei so glücklich aus. Tatsächlich lagen die Verluste der deutschen leichten Kavallerie – besonders jener Regimenter, die an der Loire, im Norden, Nordwesten und Osten Frankreichs eingesetzt waren – im Aufklärungsdienst wesentlich höher als die Verluste in Schlachten und Gefechten. Der Major Hermann Kunz schrieb in seinem 1895 erschienenen Buch »Die deutsche Reiterei«: »Der Reiteroffizier mit seiner an Zahl schwachen Patrouille und noch mehr der Unteroffizier oder der Gefreite mit seinen 3 bis 4 Reitern hat, wenn er seine Pflicht thut, oft auf Meilenweite keine Spur von Hoffnung auf Hülfe. Er muß sich auf Gott, auf seine eigene Tüchtigkeit und auf die Tüchtigkeit seines unzertrennlichen Gefährten, seines braven Pferdes verlassen. Jedes Dorf, jedes einzelne Gehöft, jeder Wald, jeder Busch, an dem er vorbei oder durch welchen er hindurch reiten muß, verbergen unsichtbare Gefahren, denen er kühn entgegentreten muß ... Viele Stunden lang befindet sich jeder einzelne Reiter in fortdauernder Gefahr, und was das Schlimmste ist, er sieht diese Gefahr nicht. Wenn sie in Erscheinung tritt, dann ist es oft genug auch mit dem Leben des Reiters vorbei ... Solcher Muth steht höher als der Attackenmuth!«

Lanze gegen Maschinengewehr

In den fünfzehn Mobilmachungstagen des August 1914 transportierten 28991 Eisenbahnzüge sieben deutsche Armeen und zwei Kavallerie-Korps in ihre Aufmarschräume zwischen Lörrach und Krefeld: 1,6 Millionen Mann, 900000 Pferde, 5400 Geschütze, dazu die Mengenverbrauchsgüter Munition, Verpflegung, Sanitätsmaterial und die zahllosen Troßfahrzeuge.

Jenseits der Grenze, drüben in Frankreich, bot sich ein ähnliches Bild: 1,9 Millionen Soldaten – fünf französische Armeen und das britische Expeditionskorps – bezogen ihre Posten.

Zum ersten Male in der Weltgeschichte waren Millionenheere gegeneinander aufmarschiert. Noch im deutsch-französischen Krieg von 1870/1871 hatten auf gleicher Frontlänge 484000 deutsche gegen 320000 französische Soldaten gestanden. Es war damals möglich gewesen, sie zu führen. Die Schlachten und Gefechte liefen in überschaubarem Rahmen ab und dauerten in der Regel kaum länger als einen Tag.

Die Führung von Millionenheeren, auseinandergezogen über weite Distanzen, war jedoch niemals zuvor praktisch erprobt worden. Keine Armee hätte sich Manöver von solchen Ausmaßen leisten können. Nicht mehr vom Feldherrnhügel aus waren die Schlachten zu lenken, sondern von einem Hauptquartier, weit abgesetzt von der Front. Wenn dies überhaupt möglich sein konnte, so bedurfte es dazu der damals modernsten Fernmeldemittel. Technischem Fortschritt aber standen Armee und Großer Generalstab des Deutschen Reiches recht reserviert gegenüber. Seit längerer Zeit existierte zwar eine Telegraphentruppe, sie war auch mit der damals gerade erst entwickelten Funkentelegraphie ausgerüstet, wurde aber von den Soldaten, leider auch von der Führung, herablassend behandelt. Ruhm und Ehre ließen sich dort, an Klappenschränken und Morsetasten, nicht erwerben. Eine Schlacht, das war immer noch der harte Kampf, der Sturmangriff und die Reiterattacke.

Aber da ritt einer von den 1,9 Millionen deutschen Soldaten nach Frankreich hinein, der alles, was nun geschehen sollte, in sich aufsog, wie die Vorlesungen des Generalstabslehrgangs, der wegen des Kriegsausbruchs abgebrochen wurde: Der sechsundzwanzigjährige Oberleutnant Heinz Guderian. Seine militärische Heimat war das Goslarer Jäger-Bataillon Nr. 10, das er zwei Jahre zuvor freiwillig verließ, um an einem zehnmonatigen Lehrgang im Telegraphen-Bataillon Nr. 3 teilzunehmen. Ihm war die revolutionäre Bedeutung der neuen Funkgeräte für die Kriegsführung klargeworden. Statt als junger Held einer Jägerkompanie voranzustürmen, zockelte er als Führer der Schweren Funkenstation Nr. 3 über staubige französische Straßen und hörte den Gefechtslärm der kämpfenden Truppe zunächst von Ferne.

Das Schicksal aber bot ihm einen Anschauungsunterricht, wie ihn keine Kriegsakademie auch nur annähernd bieten konnte: Guderian war zunächst der 5. Kavallerie-Division unterstellt, die zum I. Kavallerie-Korps gehörte, das seinerseits in die 2. Armee eingegliedert war. Der Oberleutnant Guderian erlebte einen Vormarsch über 250 Kilometer aus dem Blickwinkel des Divisionsstabes, für den er Meldungen absetzte und Befehle empfing.

Er entnahm auch dem Funkverkehr, welche Verluste das benachbarte II. Kavallerie-Korps am 12. August bei Haelen erlitt, als es von schwachen belgischen Kräften mit Maschinengewehren beschossen wurde. Ihm wurde auch bekannt, daß die Franzosen den Funkverkehr abhörten, den einfachen Code knackten und die deutschen Absichten durchkreuzten. Er erkannte, wie gering an Zahl und schwach an Leistung die Funkgeräte, wie überlastet die Funkverbindungen zum Hauptquartier der Obersten Heeresleitung in Luxemburg waren. Dort stand ein einziger Empfänger. Andererseits besaß die am weitesten ausholende und auf Paris zustoßende 1. Armee ihrerseits nur zwei Funkgeräte, von denen jedoch nur eines in der Lage war, bei zunehmender Entfernung die Oberste Heeresleitung zu erreichen, und das ohnedies nur durch das Zwischenschalten von Relaisstationen. Einschließlich der Zeit für das Ver- und Entschlüsseln dauerte es selbst bei Funksprüchen mit höchster Dringlichkeitsstufe bis zu 24 Stunden, ehe sie den Empfänger erreichten.

Aber auch das Feldtelefon reichte zur Verständigung kaum aus: Die in Feindesland gelegten Feldkabel erwiesen sich als sabotageanfällig. Das Zustandekommen von Telefongesprächen dauerte oft Stunden. Die ohnedies minimale Lautstärke wurde von Störungen überlagert. Entstellende Hörfehler verkehrten oft den Sinn einer übermittelten Nachricht in das Gegenteil. Die Offiziere brüllten in die Hörer, um überhaupt verstanden zu werden. Mitten im Gespräch brachen häufig die Verbindungen zusammen, und wieder dauerte es Stunden, ehe sie hergestellt wurden.

Zweimal stieß auf dem Vormarsch das I. Kavallerie-Korps mit der 5. Kavallerie-Division in eine Lücke der gegnerischen Verteidigung hinein. Guderian aber hielt keine Verbindung mehr – seine Funkenstation hatte eine zu geringe Reichweite. Die Oberste Heeresleitung wußte nichts von den Chancen, die sich boten, und das I. Kavallerie-Korps erfuhr nichts von der großen Feindlage, mithin konnte es auch nicht aus eigenem Entschluß die günstigste Marschrichtung einschlagen.

Je weiter die deutschen Armeen nach Frankreich hinein zogen, umso dürftiger wurde das Feindlagebild. Der 1. Armee war sogar noch die Masse des zur Aufklärung nötigen II. Kavallerie-Korps entzogen worden – sie tappte blind voran. Das geschah, weil der Chef der Generalstabsabteilung Fremde Heere (Feindlage) angenommen hatte, daß sich im Hafen von Boulogne das britische Expeditionskorps noch beim Ausladen der Transportschiffe befinde, mithin durch die Briten noch keine Gefahr zu erwarten sei und die Kavallerie besser bei der 2. Armee zu nutzen sei.

Die Flugweite eines damaligen Aufklärungsflugzeuges hätte ausgereicht, feststellen zu können, daß die Engländer bereits geschlossen bei Maubeuge aufmarschiert seien.

Über der 1. deutschen Armee erschien allerdings ein zerbrechlich wirkendes Flugzeug mit schnurrendem Motor, das 800 Meter hoch über den marschierenden Kolonnen das Straßennetz abpatrouillierte. Es warf keine Bomben, und die staubbedeckten deutschen Soldaten blickten nur einmal müde auf und trotteten weiter.

Sie hätten geschossen und gekämpft, wäre eine französische Reiterpatrouille drüben am Waldrand erschienen, die Säbel schwingend, oder auch kampflos zurückreitend.
Doch der Beobachter in seinem luftigen Flugzeugsitz erblickte weit mehr als die Reiterspähtrupps eines ganzen Kavallerie-Korps – er sah die entscheidende Schwenkung der 1. Armee am 3. September 1914. Die Meldungen französischer und englischer Aufklärungsflieger hatten dem Feind die entscheidenden Feindlagebrichte eingebracht. Die deutsche Armee verlor die Marneschlacht und damit wahrscheinlich den ganzen Krieg. Es hat dieses Aufklärungsergebnis die Weltpolitik bis zum heutigen Tage beeinflußt; denn der für Deutschland verlorene Erste Weltkrieg gebar den Zweiten Weltkrieg mit allen seinen fürchterlichen Folgen. Oberleutnant Guderian, der im Heerbann der 2. Armee inmitten von Staub und Rädergeknarre vor den ermatteten Zugpferden seiner Schweren Funkenstation ritt, sollte die gesammelten Erfahrung auswerten und Panzerdivisionen schaffen, die dem künftigen Zweiten Weltkrieg einen typischen Charakter verliehen.
Die Kavallerie erwies sich für den Kampf im Westen als ungeeignet: Ein Maschinengewehr war imstande, die Attacke eines Reiterregiments in einem Blutbad enden zu lassen. Doch ausgerechnet für die Attacke war die deutsche Kavallerie des Jahres 1914 im wesentlichen ausgebildet. Ungeachtet der Weiterentwicklung der Technik – der Reichweite und Feuergeschwindigkeit der Infanteriegewehre, der verheerenden Wirkung der Maschinengewehre und der Feldgeschütze mit ihrer sich in Splitter zerlegenden Geschosse – ungeachtet aber auch der blutigen Verluste, die bereits 1870 bei der Reiterschlacht von Vionville und Mars la Tour zu verzeichnen waren, enthielt das Exerzier-Reglement der Kavallerie von 1909 weiterhin die romantische Vorstellung von Massenattacken. Noch im Kaisermanöver von 1913 ritt eine ganze Division Attacke, und das in einer Lage, die den Einsatz ihrer Feuerkraft erfordert hätte. Nach diesem Reglement war das »Gefecht zu Pferde die vorwiegende Kampfweise« der Reiterei. Es sollte unter Mitwirkung von reitender Artillerie und Maschinengewehren grundsätzlich offensiv geführt werden. Als wichtigsten Gegner während der, der Schlacht vorausgehenden Operationen, nannte das Reglement die feindliche Heereskavallerie, die im Reiterkampf aus dem Felde geschlagen werden

sollte. Feindliche Maschinengewehre sollten mit möglichst geringen Kräften »gebunden« werden: »vielfach wird der Ansatz einer Eskadron genügen«.

Das Gefecht zu Fuß erschien nach Reglement und Friedensausbildung als eine mehr nebensächliche Angelegenheit: »Das Fußgefecht... bedeutet einen hohen Einsatz... Der Entschluß dazu bedarf deshalb ernstlicher Erwägung.« Diesen Kampfgrundsätzen entsprechend bestand die Bewaffnung des Kavalleristen aus Lanze, Säbel und Karabiner. Eine Kavallerie-Division verfügte über 24 derart bewaffneter Schwadronen, doch lediglich über sechs Maschinengewehre und zwölf Kanonen.

Schon die ersten Kriegstage zeigten, daß die Schwergewichte verschoben waren. Nicht die Attacke, sondern die Aufklärung wurde vom ersten Tage an die Hauptaufgabe. In der Geschichte des Ulanen-Regiments König Wilhelm I. (2. Württ.) Nr. 20 steht der Bericht über den ersten Schußwechsel der Patrouille Freiherr von Lupin: »In unmittelbarer Nähe von Villers – La Montagne erhielt die Patrouille zuerst von rückwärts einen Schuß von einem auf einer Pappel sitzenden Mann. Darauf ließ der Führer die Hälfte der Reiter absitzen, um sich des Schützen zu bemächtigen. In diesem Augenblick erhielt die Patrouille auch aus den Büschen von rechts und links Feuer derart, daß 6 Pferde zusammengeschossen wurden. Die Schützen behaupteten sich der Übermacht gegenüber, die sich schließlich zurückzog. Es mochten ungefähr 22 Infanteristen und 10 bewaffnete Zivilradfahrer gewesen sein. Bei diesem Gefecht wurde der Ulan Raiser am rechten Oberschenkel leicht verwundet. Der Führer brachte ihn in die Krankensammelstelle bei Aumetz und kehrte dann mit dem Rest der Patrouille zur Eskadron zurück.«

So harmlos ging es späterhin nicht mehr ab. Die Patrouille Ostertag war in das Schnellfeuer von französischer Infanterie geraten. In einem Bericht heißt es: »Die Patrouille war in eine ›Tasche‹ geritten; das Gelände mit Wald, Büschen, Hecken, Geländefalten bot dem Feind glänzende Deckung; er ließ nichts hören und nichts sehen, bis auch der letzte der – ganz richtig – mit großen Abständen und Zwischenräumen reitenden Patrouille ›drin‹ war. Dann ging das Schnellfeuer los, von allen Seiten. Leutnant von Ostertag blieb selbst in der Mitte dieser Hölle, bis er auch den letzten seiner Leute in die Richtung gewiesen, die noch einige Aussicht auf Entkommen

bot. Dann schloß er sich an; wie zum Lohn für sein Ausharren kam er heil zurück ... Die gefallenen Kameraden fanden wir samt Pferden in einer Geländefalte, einer Art Schlucht ohne Bach. Plötzlich waren sie vor uns. Ich blieb unwillkürlich einen Augenblick halten ... Reiter und Pferde hatten sehr zahlreiche Schüsse erhalten, darunter solche, die im Augenblick töteten, und die Starre des Todes hatte wie in einer Momentphotographie alles festgehalten in dem Stande, in dem der Feuerüberfall der Franzosen eingesetzt hatte.
Der Anblick war nicht grauenerregend, aber unbeschreiblich ergreifend, man mochte denken an das Werk eines großen Künstlers. Ein Reiter war über den Kopf gegangen, sein Pferd hatte sich überschlagen; ein anderes hinten zusammengebrochen, das rechte Vorderbein hoch herausgestreckt in der wilden Bewegung des Galoppes, ein drittes Pferd halb an den Hang gelehnt, der Reiter, mit der Lanze schräg aufwärts vorwärts in die Richtung deutend, der vierte in der Bewegung, sein in die Kniee gebrochenes Pferd wieder hochzureißen; in den Zügen der Toten keine Spur von Angst oder Schrecken, nichts als Streben nach vorwärts von Mann und Pferd, Geistesgegenwart, Entschlossenheit bis zum letzten Augenblick, ... der Ulan, der zittert nicht ... wie oft hatten wir das gesungen ...
Die Gräber geschaufelt, dann haben wir sie sorgsam heruntergehoben und hineingebettet. Darüber eine Lanze, 4 Stäbchen, tief, so gut es mit Bleistift ging, eingegraben die Namen ... Helm ab zum Gebet ... an die Pferde, aufsitzen ...«
Über die Aufklärung im August 1914 heißt es in der Geschichte der 20. Ulanen: »Eine sachliche Meldung im richtigen Augenblick auf dem richtigen Wege loszulassen, so daß zur rechten Zeit der Führer die Nachrichten in der Hand hat, deren er zur Entschlußfassung und Befehlserteilung bedarf, das will gelernt sein ... Das Bild der Lage, wie es sich vor dem geistigen Auge des Führers gestaltete, beruhte nicht allein auf den Meldungen der ›großen‹, wenn ich so sagen darf, feierlichen Patrouillen, es formte sich auch aus dem, was auf dem Umweg über die Vorhut, den Führer der Seitendeckung, unsern Regimentskommandeur direkt und indirekt von den Ulanen der Division zuging. Das war das Ergebnis der kleineren Patrouillen, die, nicht wie die großen mit einem viel Spielraum ihnen lassenden, große Selbständigkeit ihnen gewährenden Auftrag ent-

sandt waren, die vielmehr eine ganz bestimmte Frage zu beantworten, die einen ganz bestimmten, oft mit dem Finger im Gelände gezeigten Abschnitt zu erkunden hatten. Auch ihnen ist oft das Glück zuteil geworden, durch schnelles Erkennen des Vorganges beim Feinde, durch schnelles zu Papier bringen oder in Worte fassen und durch schleuniges Übermitteln an alle in Betracht kommenden Stellen, den Bataillonskommandeur, den Artillerieführer, das eigene Regiment, die Division, zu deren letzteren taktischen Erfolgen beizutragen ...«

Freilich nicht lange. In der Nacht zum 24. Oktober rückten die württembergischen 20. Ulanen an die Front ab, um ihren ersten »verstärkten Schützengraben« zu graben. Das Kriegstagebuch des Regiments vermerkt: »Es hat sich ergeben, daß 1 Spaten auf den Zug nicht ausreicht.«

Die Ulanen mußten nicht allzu lange schaufeln. Sie wurden verladen und an die Ostfront transportiert, nach Polen zuerst, dann zum Feldzug nach Serbien. Die Regimentsgeschichte bemerkte dazu: »Wie oft hat man im Manöver gesagt: ›Wenn im Kriege nur der zehnte Teil der Manövermeldungen ankommt, so kann man recht froh sein.‹ Dieses Sprüchlein erwies sich aber als falsch, denn es kamen Meldungen in überraschender Fülle an. Aber unter welchen Schwierigkeiten! Nur der Eskadronsführer hatte eine Karte, und die war recht kümmerlich und ungenau. Von ihr mußten sich die Patrouillenführer Skizzen machen und nach diesen reiten und melden. – Und sie fanden sich durch und sahen und meldeten. Aber was nützt die schönste Meldung, wenn sie nicht an ihre Adresse kommt. Und nun kommt das Erstaunliche: Die Meldereiter fanden nicht nur bisweilen, sondern fast immer durch, obgleich sie oft andere Wege als beim Hinreiten einschlagen mußten. Bei klarer Sicht wäre das ja kein Kunststück gewesen, aber es herrschte oft ein dicker Nebel, daß man keine 20 Meter weit sehen konnte.«

Die württembergischen Ulanen patrouillierten sodann durch Rußland bis ans Asowsche Meer. Ihre Hauptaufgabe auch hier: Unablässiger Aufklärungsdienst.

Ein Erfahrungsbericht, geschrieben von mehreren bewährten Patrouillenführern des Regiments, hat Anrecht auf Gültigkeit für die gesamte Kavallerie-Aufklärung des Ersten Weltkrieges: »In Frankreich: In der Regel hatte die Patrouille zu wenig Vorsprung vor dem

folgenden Ulanen-Regt., also Meldung nach Passieren der 1. Ortschaft: Vorsicht beim Durchreiten von Xville, da feindliche Radfahrer, Bevölkerung sehr verdächtig und feindlich gesinnt. Ich reite weiter auf Zcourt. Von da ab habe ich das Regt. los aund konnte stilgerecht aufklären. Die Patrouillen gestaffelt, Spitze voraus, dann Führer und 1 Ulan usw.; Signalpfeife dirigiert die Spitze betr. Weg und Gangart, alle Deckungen, insbesondere Wälder werden ausgiebig benützt; bei Rast größte Vorsicht, insbesondere bei Nacht. Zum Regt. nicht zu früh zurückkehren, lieber auf der Stelle vorher etwas füttern und Göckelesbraten, da beim Regt. keine Verpflegung und keine Ruhe. Die Mannschaften meines Zuges meldeten sich stets freiwillig auf Patrouille, da ich Sorge trug für Auszeichnung, für Vorsicht und für viel Vespern!
In Rußland: Da mangels Straßen meistens querbeet nach dem Kompaß geritten wird, war die Formation meiner Patrouille in Feindesnähe stets in die *Breite* gestaffelt: in Linie, ich als Drehpunkt in der Mitte, Abstand der Reiterpaare je ca. 100 m. Verdächtige Waldstücke werden folgendermaßen aufgeklärt: Halt auf 800 m, scheinbare Beobachtung durchs Glas vom Sattel aus, dann Pfeifensignale ›Kehrt und Galopp in Deckung zurück‹. Wenn Rußkis am Waldsaum waren, verrieten sie sich *stets* durch sinnloses Schnellfeuer. Forderung von *starken* Patrouillen an das Regt., da Kosaken sehr zahlreich umherschwärmten, Entfernungen sehr weit und über viele Defilées Aufnahmestellungen für die Meldereiter und Patrouillen sehr wertvoll. Rast nur in Schutz von Infanterie, da die Gefahr, aufgehoben zu werden, sehr groß. Zu vespern gab es meistens doch nichts, da alles leer oder abgebrannt.«
Ein Eskadron-Chef ergänzte: »Bei der Bestimmung von Mann und Pferd für Patrouillen habe ich vielleicht nur einmal ›Freiwillige vor‹ gerufen, wobei es sofort Streit unter den Offizieren gab, die sich sämtlich meldeten ...« Es kam aber auch vor, »daß Leute sich zwar nicht direkt freiwillig meldeten, aber doch irgendwie ... zu erkennen gaben, daß sie mitwollten ... Einmal erfuhr ich, daß der Betreffende geäußert hatte: ›Ja, ich melde mich nicht freiwillig, möchte aber mit, weil der A ... mit soll und der ist doch auch von Plattenhart.‹ ... Den allergrößten Wert habe ich immer darauf gelegt, daß, wenn eine Patrouille zurückkam, sich alles ordnungsgemäß vollzog. Vor allem mußte bei Ortsunterkunft oder -biwak für sie Platz

vorhanden und das Quartier auch bekannt sein, ebenso gegebenenfalls Verpflegung; nur dann erreicht man, daß die Patrouillen nicht dazu neigen, länger wegzubleiben, als geboten ist. Doch will ich dabei nicht verhehlen, daß ich das letztere gern gesehen, ja befohlen habe, wenn die Wahrscheinlichkeit bestand, daß andernfalls die Patrouille in der Nacht doch wieder an dieselbe Stelle oder nach einer anderen Ecke hinausgescheucht werden würde«.

Nicht nur an der Ostfront und auf dem Balkan wurde im Ersten Weltkrieg Kavallerieaufklärung mit Erfolg betrieben, sondern auch bei den Kämpfen in den damaligen deutschen Kolonien, am meisten in Deutsch-Südwestafrika und – bis zum letzten Tag des Krieges – in Deutsch-Ostafrika. Generalmajor von Lettow-Vorbeck, Kommandeur der Schutztruppe in Deutsch-Ostafrika, sah allerdings im Frühjahr des Jahres 1917 keinerlei Möglichkeit, seine Truppe in der Kolonie selbst zu versorgen, es mangelte an Verpflegung, Waffen und Munition.

Er beschloß, mit seiner gesamten Streitmacht kurzerhand ins feindliche, aber vom Krieg bisher unberührte Portugiesisch-Ostafrika – das heutige Mosambik – überzuwechseln. »Aber über dieses waren die Nachrichten noch spärlicher als über die Teile der deutschen Kolonie«, schrieb er in seinen »Erinnerungen aus Ostafrika«, »glücklicherweise aber waren eine Anzahl eingeborener, portugiesischer Häuptlinge aus Haß gegen ihre Bedrücker auf deutsches Gebiet übergesiedelt ... so gelang es, sich doch wenigstens ein ungefähres Bild des Gebietes östlich des mittleren Njassassees zu machen und als sehr wahrscheinlich festzustellen, daß südlich des mehrere Tagesreisen breiten, wenig bewohnten Steppengürtels des Rowuma-Flusses, in der Gegend von Mwembe, sich ein fruchtbares Gebiet befand.«

Ganz wie Moses, befahl Lettow-Vorbeck dem Major von Stuemer die Aufstellung einer Expeditionstruppe, die als Fernspähtrupp erkunden sollte, »was es für ein Land sei, ob's fett oder mager sei«. Es dauerte einige Zeit, aber dann erschien der von Major von Stuemer zur persönlichen Berichterstattung abgesandte Leutnant der Reserve Brucker in Lettow-Vorbecks Hauptquartier und schilderte, so schreibt Lettow-Vorbeck, »uns das Land als reich und berichtete, daß ... der Krieg sich dort bisher nicht fühlbar gemacht habe. Eier und Hühner gab es in dem reich angebauten Lande noch

Tankattrappen der Reichswehr bei einer Geländeübung im Februar 1933.
(Bundesarchiv)

Die Vorläufer der Kradschützen: Eine Abteilung von Reichswehr-Kraftfahrern mit Beiwagen-Krädern, Anfang der 30er Jahre. *(Bundesarchiv)*

Links: Kradschützen der Wehrmacht beim Herbstmanöver des VI. Armeekorps, im September 1935 in der Lüneburger Heide. – Rechts: Die ersten wirklichen Spähfahrzeuge: Kfz. 13 als »Maschinengewehr-Kraftwagen«, hier 1936 im Manöver. Es handelt sich um Adler Standard-6-Wagen mit leichtem Panzeraufbau. *(Bundesarchiv)*

In die Aufklärungsabteilungen der Infanteriedivisionen wurden Radfahrerschwadronen eingegliedert. Hier: Aufklärungsradfahrer beim Überqueren eines Flusses. *(Bundesarchiv)*

Aufklärungsradfahrer beim Erklettern eines Baumes. *(Bundesarchiv)*

Ausbildung im Tarnen: Panzerspähwagen werden der Feindsicht entzogen. *(Bundesarchiv)*

Der berühmte Achtradspähwagen: Schwerer Panzerspähwagen in Version Funkfahrzeug. Sd. Kfz. 232). *(Bundesarchiv)*

Bereitstellung zum Angriff auf Polen: Ein leicht gepanzerter Spähwagen in Funkausführung (Adler Standard-6) Kfz. 14. *(Bundesarchiv)*

in großer Zahl«. Zum Beweise seiner Behauptung hatte der Leutnant Brucker sogar europäische Kartoffeln mitgebracht.
Das Erkundungsergebnis gab den Ausschlag: Die deutsche Schutztruppe wechselte in die portugiesische Kolonie über und ernährte sich prächtig aus den dortigen Magazinen. Von der sonst notwendig gewordenen Kapitulation war keine Rede mehr. Erst am 13. November 1918 erfuhr die deutsche Schutztruppe vom zwei Tage zuvor in Kraft getretenen Waffenstillstand. Sie besaß zu diesem Zeitpunkt noch Munition und Chininvorräte, die bis zum Juni 1919 die Weiterführung des Krieges gestattet hätten. Doch nun gab es keine deutschen Kolonien mehr. Es gab auch bald die Armee des deutschen Kaiserreiches nicht mehr, sondern nur noch eine sehr kleine deutsche Streitkraft, die Reichswehr. Sie besaß keine schwere Artillerie, Gaskampfmittel, Panzerkampfwagen und Flugzeuge, jedoch ein Übergewicht an Kavallerie.
Am 16. Januar 1922 geschah ein gänzlich unbedeutender Vorgang: Der Hauptmann Heinz Guderian meldete sich beim Kommandeur der 7. (bayrischen) Kraftfahrabteilung als »zur Unterweisung kommandiert«. Drei Monate später wurde er in das Reichswehrministerium, zur Inspektion der Kraftfahrtruppen – zur »In 6« –, versetzt. Ein unbekannter Generalstabsoffizier des Weltkrieges war von der Telegraphie-Truppe und der Infanterie zur ruhmlosen Kraftfahrtruppe übergewechselt. Niemand, auch Guderian selbst nicht, konnte ahnen, wie schicksalhaft sich das auf den Lauf der Geschichte auswirken sollte.

Teil 2

Rad und Kette

Zwei Minuten lang waren der Leutnant Noack und sein Meldegänger einzige Augenzeugen eines Vorganges von welthistorischem Ausmaß: Als im Morgengrauen das Trommelfeuer rückwärts wanderte, sahen sie einen riesengroßen, ungefügen, graugrünen Stahlkasten über das Trichterfeld hinweg, durch Staub und Qualm hindurch, langsam und unbeirrt auf sich zuschwanken.
Der erste Panzerangriff der Kriegsgeschichte hatte begonnen. An diesem 15. September 1916 – während der Somme-Schlacht – griffen alle 49 Tanks der britischen Armee im Frontabschnitt von Flers die Stellungen des deutschen Reserve-Infanterie-Regiments Nr. 28 an, dessen 12. Kompanie der Leutnant Noack führte.
Noack hat später die Gedanken niedergeschrieben, die ihm in jenem Augenblick durch den Kopf jagten: »Unsere Nerven sind auf das äußerste gespannt. Was mag sich hinter diesem Teufelsspuk verbergen? Eine Dreschmaschine, die sich hierher verirrt hat, oder ein Autopflug zum Aufwerfen von Schützengräben? Verdammt, das Ding fährt über Granattrichter und Minenlöcher und kommt ruhig und sicher auf uns zu. Wir liegen in den Dreck gedrückt im Anschlag. Jetzt geht ein Hagel von Maschinengewehrschüssen über uns hinweg. Aha, das gilt uns!«
Der Melder hetzte los, um die Kompanie zu alarmieren. Er brüllte in die Stollen hinab: »Raus! Es kommen Ungeheuer!«[1]
In den folgenden Stunden spürten die deutschen Infanteristen ihre Ohnmacht gegenüber diesen feuerspeienden Ungetümen. Maschinengewehrgarben prallten funkensprühend am Stahl ab, Handgranaten detonierten ohne jede Wirkung. Hilflos lagen die Soldaten in

den Trichtern – wer weglief, wurde niedergeschossen, wer liegenblieb, zusammengewalzt. Ihre Waffen waren stumpf und nutzlos geworden, ihr Mut vermochte nichts auszurichten. Eine neue Waffe war auf das Gefechtsfeld gerollt, die den Verlauf des Ersten Weltkrieges stark beeinflussen, den des Zweiten Weltkrieges entscheidend mit prägen und danach zum Symbol gnadenloser Macht beim Niederschlagen von Aufständen und Freiheitsbestrebungen werden sollte.

In der Trichterwüste bei Flers wurde der Panzerschreck geboren, jene ausweglose, bis zur Panik reichende Furcht vor der unbarmherzig heranschwankenden Kriegsmaschine. Vor Flers aber formte sich bereits auch die beherzte Panzerabwehr des Einzelkämpfers. Ein namentlich nicht bekannt gewordener Soldat hatte sich von der Raupe eines Kampfwagens auf das Heck hinaufziehen lassen und den Tank von oben mit Handgranaten erledigt. Eine Batterie des Freiherrn von Watter fuhr im offenen Gelände auf und fetzte Schuß auf Schuß in die Stahlkästen hinein. Am Nachmittag waren die englischen Tanks abgewehrt und große Teile des verlorenen Geländes der mit den Tanks vorgegangenen neuseeländischen Infanterie wieder entrissen.

Von den 49 eingesetzten Tanks hatten nur 32 das Gefechtsfeld erreicht – der Rest war zuvor schon stecken oder mit Schäden liegengeblieben. Neun Tanks wurden von deutscher Infanterie oder Artillerie kampfunfähig geschossen, fünf liefen sich in den Granattrichtern fest, neun hatten Motorpannen. Nur neun Kampfwagen kehrten in ihre Ausgangsstellungen zurück.

Der Tag von Flers war der Geburtstag der englischen Panzerwaffe, in gewisser Hinsicht auch der deutschen: Die Oberste Heeresleitung entschloß sich bald danach zum Bau von Kampfwagen. Alle erreichbaren Beobachtungen wurden gesammelt, Beutetanks untersucht und militärische Forderungen aufgestellt. Am 13. November 1916 erteilte das Kriegsministerium einen Entwicklungsauftrag, und bereits sechs Wochen danach hatte der Oberingenieur und Hauptmann d.R. Vollmer das Projekt »A 7 V-Sturm-Panzer-Kampfwagen« fertiggestellt.

Die Kapazität der deutschen Industrie war jedoch mit dem Bau von U-Booten, Lastwagen und Flugzeugen so ausgelastet, daß von den geplanten 100 A 7 V-Kampfwagen nur 20 hergestellt werden konnten: Im März 1917 lief die Produktion bei Büssing und Daimler an. Die Herstellungskosten eines Wagens lagen bei 250 000 Mark. Sehr viel Zeit kosteten Erprobungen und Ausbildung der Besatzungen. Erst im Februar 1918 konnte sich Kaiser Wilhelm II. bei einer Gefechtsübung von der Kampfbereitschaft seiner Panzer überzeugen.

Nach einem erfolgreichen, kleinen Angriff bei St. Quentin rollten am 24. April 1918 während der Frühjahrsoffensive 14 A 7 V-Kampfwagen zur Unterstützung eines Infanterie-Angriffs in Richtung Villers-Bretonneux. Sie brachten mehrere hundert Gefangene ein, ein Panzer fiel, nur wenig beschädigt, dem Feind in die Hände, vier kehrten mit Kampferfolgen, aber auch mit Schäden und Pannen zurück, alle anderen Wagen blieben unversehrt. Der Wagen 2 des Leutnant Bilz führte das erste Gefecht von Panzer zu Panzer: Er vernichtete einen britischen Tank durch Volltreffer und beschädigte einen zweiten und erhielt drei Treffer in seinen eigenen Wagen, konnte aber aus eigener Kraft zurückfahren. Auch Leutnant Bitter traf mit seinem Wagen 4 auf englische Whippet-Tanks, schoß zwei in Brand und mußte sich dann, wegen eines Geschützversagers, zurückziehen.

Die deutschen A 7 V-Kampfwagen waren die modernsten Panzer jener Zeit und hatten sich bewährt. Ihre Panzerung mit schrägen, geschoßabweisenden Flächen war mit 30 Millimeter dicken Stahlplatten fast doppelt so stark wie die der britischen und französischen Tanks. Der stärkere Motor von 200 PS schaffte eine Geschwindigkeit bis 12 km/h, die Engländer brachten es mit 105 PS höchstens auf 8 Kilometer in der Stunde. In der Bewaffnung war der A 7 V seinen Gegnern ebenbürtig. Allerdings machte die Höhe von 3,30 Meter den A 7 V zu einem auffälligen Ziel, nur mäßig entwikkelt war seine Geländegängigkeit und anfangs wurde er ständig von technischen Pannen heimgesucht – später besserte sich das.

Der 7 Meter lange und 3,50 Meter breite A 7 V-Kampfwagen (Deckname: Schwere Feldküche«) benötigte eine Besatzung von 18 bis 26 Mann. Im vorderen Gefechtsraum wurde die belgische 5,7 cm-Beutekanone von drei Mann bedient, je zwei Mann standen hinter den beiden Maschinengewehren. Im hinteren Gefechtsraum waren vier MG eingebaut, davon zwei mit seitlichem Schußfeld. Hinten hielt sich auch das Nachrichtenpersonal und der Meldegän-

gertrupp auf. Im Kommandantenturm saßen der Führer (ein Offizier oder ein Feldwebel) und der Fahrer dicht nebeneinander. Der Lärm der Motoren und der schießenden Waffen war so ungeheuer, daß sich Führer und Fahrer nur durch Zuruf direkt ins Ohr verständigen konnten. Deshalb stand neben dem Kommandanten eine Gefechtsordonanz, die innerhalb des Wagens Befehle überbrachte. Feuerbefehle wurden durch Lichtzeichen übermittelt. Neben dem Fahrer war der Platz der Monteure (einer davon mit Ausbildung als Reservefahrer). Die 500 Liter Treibstoff reichten den beiden 100-PS-Daimler-Motoren gerade für eine Fahrstrecke von höchstens 35 Kilometern. Dennoch dauerten manche Kampfwagen-Einsätze bis zu acht Stunden: Im rüttelnden Wagen stand die Besatzung in dicken Asbestanzügen bei Temperaturen bis 86 Grad in donnerndem Lärm und unter stundenlangem Beschuß.
Schwierigkeiten bereiteten die Nachrichtenverbindungen. Funkapparate wurden durch die Erschütterungen bald zerstört, die nachgeschleppten Funkantennen rissen im Trichtergelände ab. Blinkgeräte bewährten sich nicht. Brieftauben erwiesen sich als das zuverlässigste Fernmeldemittel. Außerdem wurden die Verbindungen nach rückwärts, zwischen den Panzern und zur nachfolgenden Infanterie von Meldegängern aufrechterhalten, die während des Kampfes den Panzer verließen und dann wieder zu ihm zurückkehrten. Bei Kriegsende verfügte die deutsche Panzertruppe über knapp 100 Kampfwagen: 23 A 7 V und 73 Beute-Tanks. Auf alliierter Seite rollten im Herbst 1918 bereits an die 6000 Panzerkampfwagen ins Gefecht.

Doch lange bevor es Panzertruppen gab, existierten schon die Panzeraufklärer. Bereits 1903 baute Austro-Daimler in Wiener-Neustadt das erste brauchbare Panzerautomobil der Welt. Es hatte bereits Vierrad-Antrieb und -Lenkung, besaß vier Mann Besatzung, fuhr 45 km/h schnell und war mit einer 3,7 cm-Kanone im Drehturm und einem Maschinengewehr bewaffnet. Beim Kaisermanöver 1906 bewährte es sich ausgezeichnet als Aufklärungsfahrzeug. Dennoch wurde das neumodische Gefährt von Kaiser Franz Joseph und seinen Generalen abgelehnt.

Die Belgier hingegen schickten am Beginn des Ersten Weltkrieges sogleich eine Panzerauto-Schwadron zur Aufklärung der deutschen Marschspitzen aus, und auch die britische Armee verwendete ab

September 1914 Panzerautos zur Aufklärung, zum hinhaltenden Kampf und zur Flugabwehr. In England war bereits vor dem Ersten Weltkrieg die Raupenkette erfunden und parktisch angewandt worden. Die Holt Manufacturing Co. in den USA produzierte bereits ab 1904 den Caterpillar-Raupentraktor. Kein Wunder, daß bald nach dem Beginn des Ersten Weltkrieges die britische Firma Foster mit dem Bau eines Kettenfahrzeuges mit Panzerung und Bewaffnung anfing. 1915 konnte ein Prototyp »Little Willie« vorgeführt werden, aus dem der erste Kampfpanzer der Welt, der »Mark I« entwickelt wurde – als Deckname führten die Britenpanzer die Bezeichnung »Tank«, eine Bezeichnung, die den Panzerfahrzeugen in aller Welt bis zum Zweiten Weltkrieg anhaften sollte.
In Deutschland geschah nichts. Zwar hatte der Gründer der Rheinischen Metallwaren- und Maschinenfabrik (nun: Rheinmetall), Heinrich Ehrhardt, im Jahre 1906 ein gepanzertes Fahrzeug mit einer Ballonabwehrkanone auf der Berliner Automobilausstellung gezeigt, doch, so schrieb er in seinem Buch »Hammerschläge«: »... man verwarf mein Projekt als Spielerei.«
Als im Herbst 1914 belgische und britische Straßenpanzerwagen erfolgreiche Gefechtsaufklärung trieben, zog Deutschland nach. Die Firmen Büssing, Daimler und Ehrhardt konstruierten und bauten je einen Wagen. Büssing und Daimler – eingedeckt mit anderen Produktionen – gaben das Projekt auf, doch Ehrhardt produzierte weitere 32 Straßenpanzer. Sie wurden als »Panzer-Maschinengewehr-Abteilung 1« dem Kavallerie-Korps von Schmettow im Rumänien-Feldzug des Jahres 1916 zugeteilt. Es handelte sich damit um den ersten motorisierten Verband der Kavallerie und um die ersten deutschen Panzeraufklärer. Sie bewährten sich hervorragend. Es folgte die Aufstellung kleinerer, mit Beutefahrzeugen ausgerüsteter Einheiten.
Allerdings, die Geländegängigkeit der damaligen Panzerspähwagen war äußerst mangelhaft. In das Gelände zwischen den Straßen und Wegen vermochten sie nur bei günstigen Verhältnissen einzudringen. Hier also fand die motorisierte Aufklärung des Ersten Weltkrieges ihre Grenzen – den auf Ketten laufenden Spähpanzer konnten selbst die im Panzerbau an der Spitze stehenden Engländer damals noch nicht produzieren. Er war auch noch nicht erforderlich. Es ging lediglich darum, in die gegnerische Front mit Massen

von Tanks möglichst tief einzudringen und den Einbruch durch nachfolgende Infanterie konsolidieren zu lassen.
Auf deutscher Seite aber war damals weniger die Panzeraufklärung, sondern die Panzerabwehr dringendstes, aber zu spät erkanntes Erfordernis. Tanks in Massen brachten die deutsche Westfront ins Wanken. General Ludendorff schrieb später: »Der Tank gewann ... unheilvollen Einfluß ... Der Krieg war zu beendigen.«
Nach Kriegsende lösten sich die deutschen Kampfwagen-Abteilungen auf, wurden aber bald als »Freiwillige Kampfabteilung Vetter« in Berlin bei den Kämpfen gegen die Spartakisten wieder eingesetzt, nach dem Abschluß des Versailler Friedensvertrages jedoch endgültig aufgelöst.
Fünf A 7 V-Wagen mußten als Kriegsbeute an Polen ausgeliefert werden. Sie rollten von 1919 bis 1920 im polisch-russischen Krieg – eingegliedert in das Panzer-Regiment der Pilsudski-Armee – gegen sowjetische Kavallerie-Attacken.
Ein A 7 V-Kampfwagen geriet als Attraktion eines Kinderspielplatzes nach London. Über den Verbleib der wenigen deutschen Radspähpanzer ist nichts bekannt.
Der Versailler Vertrag untersagte Deutschland den Besitz und die Weiterentwicklung von Kampfwagen. Lediglich 150 Straßenpanzer wurden der Schutzpolizei zur Beherrschung innerer Unruhen zugestanden. Die Schupo-Sonderwagen VP 21 wurden ab 1921 bei Benz in Gaggenau gebaut. Erst später wurde der Reichswehr eine kleine Zahl von Straßenpanzern genehmigt, nämlich 105 gepanzerte Mannschaftstranportwagen. Krupp-Daimler bauten dieses »Sonder-Kraftfahrzeug 3« (Sd.Kfz. 3) für die Reichswehr. Es besaß keine Bewaffnung, keine Rückwärtssteuerung, keine geschoßabweisend schräggestellten Panzerflächen und war deshalb nicht feldverwendungsfähig. Innerhalb der Kraftfahrtruppe wurde das Fahrzeug zur Panzerdarstellung und als Funkfahrzeug benutzt. Beim Niederschlagen der innerdeutschen Aufstände am Beginn der zwanziger Jahre leistete es gute Dienste. Die genehmigte Zahl von 105 Wagen wurde jedoch von der Reichswehr nicht beschafft – der Wagen war nicht kosteneffektiv.
Träger der Aufklärung in der Reichswehr waren die Reiterspähtrupps der Kavallerie. Sie hatten, so gut es ging, die taktische Aufklärung der im Fußmarsch-Tempo operierenden Infanterie-

Divisionen zu besorgen.
Mit ihrem 100000-Mann-Heer war die Reichswehr nicht annähernd imstande, das Deutsche Reich mit Erfolg zu verteidigen. Der Zwang der durch den Versailler Vertrag geschaffenen Verhältnisse, die fehlenden Flugzeuge, Panzerkampfwagen, schwere Waffen, die teilweise künstliche Truppengliederung, das Verbot einen Generalstab zu besitzen, beflügelten das Nachdenken, die schöpferische Phantasie und die Neigung zur Analyse einzelner Phasen des jüngst vergangenen Großen Krieges. Statt der 40000 aktiven Offiziere der alten Armee konnte die Reichswehr nur deren 4000 unter den Fahnen halten. Diese aber waren ausgesiebt, erprobt und nach mancherlei Kriterien handverlesen. Mehr als gemeinhin gewannen viele dieser Offiziere die schöpferische Freiheit, aus ihrer praktischen Fronterfahrung heraus nun praktikable Theorien zu entwikkeln.
Dies tat auch der Hauptmann Guderian, versetzt zu der ruhmlosen Kraftfahrtruppe. Sie bestand aus 7 Kraftfahrabteilungen (Abteilung = Bataillon) und wurde zusammen mit den 7 Fahrabteilungen (pferdebespannt) vom »Inspekteur der Verkehrstruppen« im Reichswehrministerium betreut, dem hierzu die »Inspektion der Fahr- und Kraftfahrtruppen (In 6)« zur Verfügung stand.
In der Gliederung der Armee stand je eine Kraftfahr- und Fahrabteilung einer der insgesamt 7 Infanterie-Divisionen der Reichswehr zur Verfügung. Ihre Aufgabe: Heranführen von Nachschub. Es war das, was früher leicht verächtlich von den Frontsoldaten der »Train« genannt wurde. Doch bei der Reichswehrkraftfahrtruppe waren im Offizierkorps Flieger, Luftschiffer, Infanteristen, Artilleristen, Pioniere, Nachrichtenleute, Eisenbahner, ja es war sogar ein Kraftfahrer untergekommen.
Ihnen allen war klar, daß der Anteil der Verkehrstruppen, also des »Train«, der Nachschubtruppen, ebenso zu hoch war, wie der von 3 Kavallerie-Divisionen, im Verhältnis zu den Kampftruppen und der Artillerie. Sie erklärten sich das Mißverhältnis, sicher nicht zu Unrecht, aus den Absichten der Alliierten, die deutschen Verteidigungsmöglichkeiten so gering als nur irgend denkbar zu halten – denn auch die Gliederung der Reichswehr war vom Versailler Vertrag dem Deutschen Reich diktiert worden.
Dienstlich bearbeitete der Hauptmann Guderian die »Vorschrift

für Werkstatt- und Instandsetzungszüge«, daneben aber studierte er alle schriftliche Unterlagen über Technik und Taktik des Panzerkampfs im Ersten Weltkrieg. Er war durchaus entschlossen, aus der Kraftfahrtruppe eine Kampftruppe werden zu lassen.
Er erkannte bald, daß die Tanks der Aliierten stets von der Fußgängergeschwindigkeit der Begleitinfanterie abhängig waren. Fuhren sie der Infanterie davon, konnten sie erobertes Gelände weder halten, noch gar darin weiter vorstoßen, weil sie dann zu Opfern der Verteidiger wurden. Die Tanks brauchten den Schutz der Infanterie gegen entschlossene feindliche Nahkämpfer. Die Tanks der Alliierten waren also imstande gewesen, die deutschen Truppen zurückzudrängen, aber nicht, den entscheidenden Durchbruch zu erzielen, an den sich die Vernichtungsschlacht hätte anschließen müssen. Britische Militärschriftsteller – vor allem Liddel Hart – hatten das Problem auch erkannt und vorgeschlagen, die Tanks von der Infanterie loszulösen und aus ihnen eine eigenständige Truppe zu formieren. Gedanken wie diese nahm Guderian auf, verfolgte sie und dachte sie zu Ende.
Nachdem das Deutsche Reich mit der UDSSR den Vertrag von Rapollo abgeschlossen hatte, traf auch die Reichswehr mit der Roten Armee ein geheimes Ausbildungsabkommen: In der Sowjetunion entstand in Lipezk eine Fliegerschule, bei Saratow eine Gaskampfschule, bei Kasan am Fluß Kama die Panzerschule »Kama«. Dort begannen Mitte der zwanziger Jahre Reichswehroffiziere mit Erprobungen der ersten deutschen Panzer-Prototypen und mit praktischer Ausbildung. Dies stellte juristisch keine Verletzung des Versailler Vertrages dar, weil in Kama weder Panzer hergestellt noch von dort ins Deutsche Reich eingeführt wurden. Bis zur Auflösung der Panzerschule Kama im Jahre 1933 wurde dort ein Stamm von Lehroffizieren herangebildet, ohne den der rasche Aufbau der ersten Panzer-Lehr-Einheiten 1934/1935 kaum möglich gewesen wäre.
Freilich, als Mitte der zwanziger Jahre Guderian vorsichtig von den Kraftfahrern als einer Kampftruppe sprach, herrschte ihn der Inspekteur der Kraftfahrtruppe, Generalmajor von Natzmer, an: »Zum Teufel mit der Kampftruppe! Mehl sollt ihr fahren!«
Keineswegs wollten die Kraftfahrtruppen-Offiziere Mehl fahren: Ab 1928 unterrichtete Guderian beim Kraftfahrlehrstab in Berlin-

Moabit außerplanmäßig Panzertaktik. Aber schon zuvor übte die Reichswehr-Infanterie die Abwehr von Panzerangriffen an auf Fahrrädern gesetzten Papp-Attrappen. Im April 1927 wurde die 2. Kompanie der Kraftfahr-Abteilung 6, Hannover, als erste Kompanie der Reichswehr mit motorisierten »Kampfwagen-Nachbildungen« ausgestattet. Die 1. Kompanie dieser Abteilung wurde Kraftradschützen-Einheit (Krad-Schützen), die 3. zur Panzerspäh-(Nachbildungs-)Kompanie.

In dieser Zeit formten sich Guderians Vorstellungen endgültig: Die Panzer müssen sich nicht nach der Infanterie, sondern die Infanteristen nach den Panzern richten; es müssen Panzer-Divisionen gebildet werden, in denen die Panzer Vorrang haben. Alle anderen Waffen und Waffengattungen der Division haben der Unterstützung der Kampfwagen zu dienen.

Die Gedanken an selbständig operierende Panzer-Divisionen faszinierten den Major Heinz Guderian derart, daß er das ihm in Aussicht gestellt Kommando über das Goslarer Jäger-Bataillon ausschlug. Das muß ihm schwer gefallen sein, denn sein Vater hatte das Bataillon einst geführt und er selbst dort seine Leutnants – und später seine Kompanie-Chef-Zeit verbracht. Statt dessen bemühte er sich, eine als Aufklärungsformation vorgesehene Kraftfahr-Abteilung zu erhalten. Am 1. Februar 1930 übernahm Guderian als Kommandeur die 3. (preußische) Kraftfahr-Abteilung in Lankwitz. Sie verfügte über Fahrgestelle des Personenwagens Adler Standard 6, denen Eisenblechaufbauten das Aussehen von Panzerspähwagen verliehen. Bei Guderians Ideen der beweglichen, rasch vorprellenden Panzer-Division spielte die dazu unerläßliche Panzeraufklärungstruppe eine wichtige Rolle: Wenn Vollmotorisierung die Marschgeschwindigkeit eines Verbandes auf der Straße und im Gelände wesentlich erhöht, muß die Aufklärung entsprechend rascher erfolgen, müssen also die Aufklärungskräfte über die schnellsten Fahrzeuge des Verbandes verfügen.

Naturgemäß befaßte sich auch die Kavallerieinspektion der Reichswehr mit Fragen der Aufklärung. Der Major Faber du Faur vom Reiter-Regiment 4 in Potsdam, hatte schon seit langer Zeit im Militärischen Wochenblatt für eine teilweise Motorisierung von Kavallerie-Truppenteilen plädiert. Tatsächlich hatte 1929 die Kavallerieinspektion einen Truppenversuch befohlen: Die 3. Eskadron des Reiter-Regiments 4 wurde mit Unterstützung der Inspektion der Kraftfahrtruppen in eine motorisierte Aufklärungs-Eskadron umgewandelt und mit dem handelsüblichen, straßengebundenen leichten Personenwagen »Dixi« ausgerüstet. Dabei blieb es jahrelang, mehr geschah nicht.

Die Kraftfahrtruppen unternahmen allerdings mannigfache Versuche mit Kradschützen-Kompanien, Späheinheiten und schweren Waffen, ausgestattet freilich mit kaum geländegängigen, für den zivilen Bedarf hergestellten Fahrzeugen.

Erst ab 1932 erschien bei der Truppe – in geringer Zahl – das »Kfz. 13« als mittlerer gepanzerter Pkw. »Maschinengewehr-Kraftwagen« und das »Kfz. 14« als »Funkwagen« – beide mit einem leichten Panzeraufbau versehene Adler-Standard-6-Wagen. Die ersten Kader der Panzeraufklärungstruppe hatten ihr erstes, wenngleich nur unter sehr günstigen Bedingungen und mit viel Glück feldverwendungsfähiges Kampffahrzeug. Immerhin: Beide Typen waren noch im Polenfeldzug mit dabei.

Guderian führte allerdings nur anderthalb Jahre lang die Berlin-Lankwitzer Kraftfahr-Abteilung 3, die er umgegliedert hatte in: 1. Panzerspähwagen-Kompanie, 2. Kampfwagennachbildungs-Kompanie, 3. Panzerabwehr-Kompanie und 4. Kradschützen-Kompanie. Nach seiner Kommandeurszeit wurde er Chef des Stabes der Inspektion der Kraftfahrtruppen unter Generalleutnant Lutz, der Guderians Ideen förderte – was durchaus nicht der Normalfall war. In konservativen Kreisen der Kavallerie und des Truppenamtes wurden Guderians Vorstellungen als »Utopie« und »Unsinn« abgetan. Es blieb nicht aus, daß Guderian mit den hartnäckigen Kavalleristen heftige Kontroversen austrug. Für ihn war die Kavallerie ein »Rießentroß mit unzulänglicher Bedeckung«, der schnellstens modernisiert und motorisiert werden müßte. Vornehmlich unter den jüngeren Reiteroffizieren aber fanden sich immer mehr Anhänger der Guderianischen Ideen.

Im großen Reichswehr-Herbstmanöver 1932 gingen Pferde durch und es rafften die Herren in hohen Stäben rasch ihre Karten zusammen, als unvermittelt der böse Manöverfeind vor ihnen auftauchte: Erstmals wurde eine zusammengesetzte motorisierte Aufklärungs-Abteilung eingesetzt, auch kurvten nun mehrere Panzernachbildungs-Kompanien, wenngleich langsam und vorsichtig,

im ebenen, hindernisfreien Gelände herum und demonstrierten einen Panzerangriff.
Die geistigen Grundlagen, wie die waffentechnischen Entwicklungen der künftigen Panzertruppe waren bereits lange vor Hitlers Machtübernahme entstanden. Doch als Hitler in die Reichskanzlei eingezogen war, rückte die praktische Verwirklichung näher. Guderian fand Verständnis beim Reichswehrminister von Blomberg und dem Chef des Ministeramtes, dem Obersten von Reichenau.
Mit einem Male ging alles überraschend schnell: Im April 1934 beschloß von Reichenau, inzwischen Generalmajor, mit Hilfe und Personal der Kraftfahrtruppe die gesamte 3. Kavallerie-Division zu motorisieren. Ausgerechnet am Pfingstsonnabend erging der Aufstellungsbefehl für die ersten drei Panzer-Divisionen. Das »Kraftlehrkommando Zossen« begann umgehend mit der Heranbildung von Fahrlehrern. Allerdings standen nur geländegängige Räderfahrzeuge und landwirtschaftliche Raupenschlepper zur Verfügung. Gleichzeitig fanden – erst in Wustrow, dann in Putlos – die ersten Panzer-Schießlehrgänge statt. Ab Frühjahr 1934 kamen schon die ersten Fahrgestelle des Panzers I zur Truppe. Durch Zellteilung vermehrte sich die Keimzelle der Panzertruppe rasch: Am 1. Oktober 1934 setzte die Aufstellung von 2 »Kraftfahr-Kampf-Brigaden« ein, jede bestand aus 3 Aufklärungs- und 6 Panzerabwehr-Abteilungen. Gleichzeitig formierte sich eine »Kampfwagen-Brigade« mit zwei Panzer-Regimentern.
Nach und nach sattelten die meisten Reiter-Regimenter ab, und aus ihnen wurden Kradschützen-Bataillone, Schützen-Regimenter (mot.), Panzer-Abteilungen, aber auch motorisierte Aufklärungs-Abteilungen für Panzer- und für Infanterie-Divisionen.
Die Aufklärer der Infanterie-Divisionen setzten sich zunächst aus einer Reiterschwadron (1934 waren die »Eskadronen« in »Schwadronen« umbenannt worden), einer Radfahrerschwadron mit einer MG.-Staffel auf Beiwagenkrädern und einer schweren Schwadron (Panzerspähzug, Kavallerie-Geschütz-Zug, Panzerabwehr-Zug und Nachrichten-Zug) zusammen. Wie schon zuvor hatte jedes Infanterie-Regiment einen Reiter-Zug zur Gefechtsaufklärung.
Als vordringlich galt die Aufstellung der Aufklärungsverbände für die Panzer-Divisionen, denn diese neuen Großverbände benötigten für ihre raschen Vorstöße eine sowohl blitzschnell funktionierende

als auch zuverlässige Feindaufklärung als Voraussetzung für den Erfolg.
Bereits wenige Jahre nach dem Ersten Weltkrieg hatte Guderian seine Ansichten über die Aufklärung niedergeschrieben; nach denen dann ausgebildet und schließlich auch gekämpft wurde:
»1. Die operative Aufklärung dient der oberen Führung und obliegt in erster Linie der Luftwaffe. Diese kann jedoch nicht einwandfrei feststellen, ob ein Raum besetzt ist oder nicht; gute Tarnung des Gegners, Nacht, Nebel, schlechtes Wetter, große Gebirgs- und Waldzonen sowie ausgedehnte Ortschafen können ihre Aufklärung erschweren oder gar unmöglich machen. Die ständige Überwachung, das Fühlunghalten mit dem Feinde, ist nicht gewährleistet. Deshalb kann trotz der Vorzüge der Luftaufklärer, die in ihrer damaligen Unempfindlichkeit gegen Abwehr, ihrer Schnelligkeit und großen Reichweite bestehen, auf die Ergänzung der Luftaufklärung nicht verzichtet werden.
2. Bereits zu Beginn des ersten Weltkrieges hatte es sich gezeigt, daß die Erwartungen, die man in die strategische Aufklärung großer Kavalleriekörper gesetzt hatte, zu hoch gespannt waren. Es war ihnen im allgemeinen zwar gelungen, die feindlichen Sicherungslinien festzustellen, nirgends aber hatten sie vermocht, sie zu durchstoßen und Einblick in die Vorgänge *hinter* der Front zu gewinnen.
3. Auch gepanzerte Aufklärungskörper sind im Ernstfall die ersten am Feinde. Sie haben bei Eröffnung der Feindseligkeiten nicht nur ihre erste, sondern vielleicht auch ihre größte und überraschendste Erfolgsaussicht; denn niemand kann voraussagen, wie sich die Dinge nach den ersten Zusammenstößen weiter entwickeln können. Daher ist es wichtig, daß die einzelnen Teile der Aufklärungskörper gut aufeinander eingespielt sind, daß Führer und Truppen sich kennen, daß die Panzerspähbesatzungen mit ihren Nachrichtenmitteln und Ergänzungswaffen vollkommen vertraut sind. Aufklärungskräfte müssen deshalb bereits im Frieden so gegliedert sein, wie sie im Ernstfall eingesetzt werden sollen.
4. Bei unvermutetem Zusammenstoß mit dem Feind werden Panzerspähtrupps und Aufklärungsabteilungen meist *angriffsweise* verfahren, wozu sie durch Panzerung und Bewaffnung befähigt sind. Sie werden zwar in der Aufklärung den Kampf nicht suchen, um sich nicht von ihrem Aufklärungsauftrag ablenken zu lassen,

dürfen ihn aber nicht scheuen, wenn sich günstige Gelegenheiten zum Schädigen des Feindes darbieten. Diese grundsätzliche Haltung braucht nicht zu hindern, in Ermangelung anderer Kräfte gelegentlich auch Aufklärungsabteilungen mit Kampfaufträgen zu versehen. Dies kann z. B. notwendig werden zur Verfolgung, zur Deckung eines Rückzugs, zur Verschleierung und zur Sicherung von Flanke und Rücken.

5. *Panzerspähtrupps* besitzen die Fähigkeit, ständig – auch bei Nacht – Fühlung mit dem Feinde zu halten und ihre Wahrnehmungen durch Funkspruch zu melden. Die Ergebnisse der Aufklärung haben für die Führung nur Wert, wenn sie rechtzeitig in ihren Besitz gelangen. Daher ist die Ausstattung der Aufklärungskräfte mit Nachrichtenmitteln sorgsam zu überlegen. Die größtenteils mit Panzerfahrzeugen ausgestatteten Panzeraufklärungsabteilungen stellen die Meldesammelstelle für ihre Panzerspähtrupps dar. Sie sorgen für ihre rechtzeitige Ablösung und müssen reichlich mit Reserven an Panzerspähwagen ausgestattet sein, damit sie eine mehrtägige Aufklärung und unter Umständen ein überraschendes Abdrehen in eine neue Richtung aus eigener Kraft durchführen können.«[2]

Im Herbst 1935 existierten bereits alle drei Panzer-Divisionen, und Oberst Heinz Guderian wurde Kommandeur der 2. Panzer-Division in Würzburg. Im Oktober 1937 formierten sich in Wuppertal, Gera und Cottbus 3 »leichte Divisionen«, später kam noch in Wien eine weitere dazu. Eine leichte Division war – gemessen an einer Infanterie-Division – eigentlich eine schwere. Leicht war sie jedoch gegenüber einer Panzer-Division, die über vier Panzerabteilungen verfügte, während die leichte Division, neben den auf Lastwagen beweglich gemachten Schützen-Regimentern nur eine Panzerabteilung besaß – und natürlich eine Aufklärungs-Abteilung.

Um die Aufklärer, Kradschützen, Schweren Kompanien, aber auch die Reiter für die Aufklärungs-Abteilungen der Infanterie-Divisionen in Lehrgängen umzuschulen und auszubilden, verlegte ein Teil der Hannoverschen Kavallerieschule nach Döberitz und bildete 1937 dort eine »Lehr- und Versuchsabteilung«, die später nach Krampnitz verlegt zur »Panzertruppenschule II« und zur »Universität« der Aufklärer wurde.

Ihr wichtigstes Lehrbuch nannten sie »Tante Frieda«, nach der

Kradschützer einer Aufklärungsabteilung kämpfen sich durch eine polnische Ortschaft hindurch, September 1939. *(Bundesarchiv)*

Der erste Tote: Der tödlich getroffene Beifahrer eines Krad-Gespanns wird von Sanitätern geborgen. Polenfeldzug, September 1939. *(Bundesarchiv)*

Der Sechsrad-Spähwagen als Kanonenwagen mit einer 2 cm-Kanone im Drehturm, im September 1939 in einer polnischen Ortschaft. Sd. Kfz. 231. *(Bundesarchiv)*

Immer wieder üben Kradschützen im November/Dezember 1939 den Angriff auf Frankreich. *(Bundesarchiv)*

Vorübung für den Frankreichfeldzug: Kradschützen durchfurten ein Gewässer auf einem schweren BMW-R 12 Gespann. Baujahr: 1935/1941, 750 ccm SV. 20 PS, Frühjahr 1940. *(Bundesarchiv)*

Der Westfeldzug hat begonnen: Im Mai 1940 durchquert ein Vierrad-Spähwagen in Funk-Ausführung einen Fluß in Luxemburg. *(Bundesarchiv)*

Kavallerieaufklärung im Westfeldzug Mai 1940. *(Bundesarchiv)*

Außer Gefecht gesetzter französischer Panhard P 204 im Westfeldzug Juni 1940. *(Bundesarchiv)*

Panzerspähwagen Fu (Funkwagen) mit 2 cm-Kampfwagen-Kanone im Drehturm und Bügelantenne während des Frankreichfeldzuges: Nach Gefechtsberührung nebelt sich der Wagen ein und fährt zurück. *(Bundesarchiv)*

Sechsrad-Panzerspähwagen Sd. Kfz. 231 mit 2 cm KwK, MG und Drehturm, dahinter Vierrad-Spähwagen (Funkfahrzeug) im Frankreichfeldzug Mai/Juni 1940. *(Bundesarchiv)*

Vierrad-Spähwagen im Frankreichfeldzug Juni 1940. *(Bundesarchiv)*

Radfahrerschwadron als Besatzungstruppe in Frankreich 1941. *(Bundesarchiv)*

Abkürzung (T.F.) des Jahres 1936. 28 Seiten waren darin dem Thema »Aufklärung« gewidmet. Unter Ziffer 120 hieß es: »Die *Aufklärung* soll so schnell, so vollständig und so zuverlässig wie möglich ein Bild über den Feind beschaffen. Ihre Ergebnisse bilden die wichtigste Grundlage für die Maßnahmen der Führung und für die Ausnutzung der Waffenwirkung.«
Die Vorschrift nannte zwei Formen der Aufklärung:
Die Operative- und die Taktische Aufklärung, jedesmal unterteilt in solche aus der Luft und von der Erde aus. Mit der Entfaltung der Truppen zum Gefecht hatte sodann die *Gefechtsaufklärung* einzusetzen, für die jede Truppe ihre eigenen Kräfte einzusetzen hatte.
Die Vorschrift besagte: »Die *operative Aufklärung* umfaßt die Überwachung des Aufmarsches des Feindes, besonders seines Eisenbahnaufmarsches, des Vormarsches oder Abmarsches, An- oder Abtransports feindlicher Heeresteile, des Ausbaus von Feld- oder ständigen Befestigungen und des feindlichen Fliegeraufmarsches. Frühe Feststellung größerer motorisierter Verbände des Feindes, vor allem auf offenen Flügeln, ist wichtig.«
In Ziffer 147 befahl die H.Dv. 300/1: »Die *taktische Aufklärung* umfaßt die nähere Feststellung der Versammlung des Gegners oder seines Anmarsches, der Gliederung, Verteilung, Ausdehnung seiner Kräfte nach Breite und Tiefe, seines Nachschubs, seiner Verstärkungsanlagen, seiner Luftlage, insbesondere neuer Flughäfen und seiner Flugabwehr. Wichtig ist zeitiges Melden motorisierter Kräfte des Feindes ... Je mehr man sich dem Gegner nähert, um so mehr hat sich die taktische Aufklärung auf Einzelheiten zu erstrecken.«
Die folgenden Ziffern betreffen die Aufklärungsabteilungen, denen entweder Aufklärungsstreifen oder, »um sie unabhängiger zu machen oder um ihnen Richtungsänderungen zu erleichtern«, lediglich ein Aufklärungsziel zugewiesen werden können.
Nicht viel anders als für die leichte Reiterei Friedrichs des Großen hieß es: »Aufklärungsabteilungen haben Kämpfe, die nicht zum Vertreiben der feindlichen Aufklärung oder zum Erzwingen der Aufklärung nötig sind, zu vermeiden ...« Noch eine Ähnlichkeit mit den Reglements für Husaren und Dragoner wies die Ziffer 157 auf: »Im Feindesland müssen für den Rückzug oft andere Straßen gewählt werden. Straßenpunkte und Orte, die für die Bewegung wichtig sind, müssen erforderlichenfalls gesichert werden.«

Die *Gefechtsaufklärung*, als ein Teil der taktischen Aufklärung, sollte die Einzelheiten beim Feinde feststellen: Verlauf der vordersten Linie, Positionen von Maschinengewehrnestern, Standpunkte von Artilleriestellungen, Nachschubbewegungen, Ablösungen, Nummern der gegenüberliegenden Truppenteile – jedes Detail kurzum. Spähtrupps der Infanterie konnten Erkenntnisse sammeln, die Gefechtsfeldbeobachtung der Führer und Posten der vordersten eigenen Linie sie ergänzen und dazu mußten noch die Meldungen der Artilleriebeobachter wie der Nahaufklärer der Luftwaffe kommen, möglicherweise auch die von Fesselballon-Beobachtern.
Solchermaßen ergab sich ein verhältnismäßig engmaschiges Aufklärungsnetz, das noch enger geknüpft wurde durch – wie die Vorschrift es nannte – »Nachrichtengewinnung durch besondere Mittel«. Damit war einmal der *Flugmeldedienst* gemeint, der die feindliche Lufttätigkeit zu überwachen hatte, aber auch die *Nachrichtenaufklärung* der Nachrichtentruppe »durch Überwachung des feindlichen Nachrichtenverkehrs in der Luft und auf der Erde mittels Horch-und Lauschstellen, Blinksuchtrupps und Anschalten an Leitungen. Sie bedarf einheitlicher Leitung, besonders geschulter Leute und strenger Geheimhaltung.« Aber auch »über feindwärts gelegene Fernsprechämter« können vom eigenen Lande aus, »wenn auch oft auf Umwegen, wertvolle Nachrichten eingeholt werden, die den Einsatz von Nachrichtenmitteln ersparen«. Desgleichen, so riet »Tante Frieda«, kann im Feindesland das »Einschalten der Aufklärungsorgane in die Fernsprechleitungen des öffentlichen Verkehrs von Nutzen sein.«
Nicht nur das, auch »Die fremde Presse ist zu überwachen«, ferner lassen sich wertvolle Erkenntnisse aus der Vernehmung von Gefangenen ebenso gewinnen wie bei der »Auswertung erbeuteter Papiere (Befehle, Karten, Sold- und Notizbücher, Briefe, Zeitungen, Lichtbilder, Filmrollen usw., die bei Gefallenen, Gefangenen, Brieftauben, Meldehunden, in Ortschaften, Stellungen, erbeuteten Fahrzeugen, Flugzeugen, Ballonen usw. gefunden werden und erforderlichenfalls vor Vernichtung zu schützen sind) ... Geschickte und rasche Einzelvernehmung der Gefangenen ist von großer Bedeutung ... Anwendung von Zwangsmitteln ist völkerrechtlich nicht erlaubt. Papiere, mit Ausnahme von Schriftstücken militärischen Inhalts, sind nach Durchsicht den Gefangenen zurückzuge-

ben ... Einwohneraussagen können wertvolle Angaben enthalten. Das Durchsuchen von Bahnhöfen, Post- und ähnlichen Anstalten kann zum Auffinden von Telegrammstreifen militärischen Inhalts, Geheimschlüsseln, Rufzeichen usw. führen ...«.
Andererseits aber fordert die Vorschrift strikte Geheimhaltung im eigenen Bereich: »Im Aufklärungs- und Sicherungsdienst und im Gefecht sollen in der vordersten Linie keinerlei Befehle, Schriftstücke und Vorschriften, die für den Feind von Wert sind, mitgeführt werden. Soweit im Aufklärungsdienst das Mitführen schriftlicher Befehle oder von Karten mit Einzeichnungen nicht zu vermeiden ist und diese nicht unverfänglich gehalten werden können, ist es Pflicht, sie bei Gefahr zu vernichten.«
Nur scheinbar weniger wichtig als die Vorschrift, war ein 1938 ergangener Befehl, wonach die Soldaten aller Aufklärungsabteilungen fortan die goldgelbe Waffenfarbe der Kavallerie zu tragen hatten. Tatsächlich kam die Mehrheit der Offiziere von der Reiterei, aber auch große Teile des Unteroffizierkorps und sehr viele Mannschaftsdienstgrade hatten zuvor bei der Kavallerie gedient. Die goldgelbe Farbe hob den Korpsgeist und schuf ein Zusammengehörigkeitsgefühl. Der Waffenstolz steigerte sich noch, als wirklich feldverwendungsfähige Fahrzeuge in größerer Stückzahl zur Truppe kamen. An die Stelle des provisorischen MG-Wagen auf dem Adler-Standard-Fahrgestell – von den Aufklärern »Badewanne« genannt – rollten die ersten Sechsrad-Spähwagen mit einer 20 mm-Kanone und einem koaxialen MG auf die Übungsplätze. Die grundlegenden Ideen für diese Fahrzeuge waren bereits Ende der 20er Jahre von deutschen Offizieren und Konstrukteuren in der Panzerschule »Kama« in der Sowjetunion festgelegt worden. Allerdings waren die Fahrzeuge zu schwer, untermotorisiert und mithin nur ungenügend geländegängig. So martialisch sie auch aussahen, die Fahrzeuge für die leichten Spähtrupps, die Horch-4-Rad-Wagen, bewährten sich besser. Sie besaßen Allradantrieb und Allradlenkung. Die Ausführung als Waffenwagen hatte einen oben offenen Drehturm mit 20 mm-Kanone und MG, das Funkfahrzeug ein 5-Watt-Gerät.
Das für die Panzeraufklärungstruppe der Wehrmacht charakteristische Fahrzeug aber wurde ab 1936/1937 der schwere Panzerspähwagen mit acht Rädern, einer 2 cm-Kampfwagenkolonne mit ko-

axialgelagertem Maschinengewehr in einem Zwei-Mann-Drehturm. Dieses Sd. Kfz. Nr. 232 war sehr schnell, vor allem ausreichend geländegängig. Es besaß Heckmotor, Allrad-Antrieb und -Lenkung. Die Besatzung bestand aus Kommandant, Schütze, Vorwärts- und Rückwärtsfahrer. Im Kriege wurde es mehrfach verbessert, mehrere Varianten gelangten zur Truppe, sogar mit der kurzen, dann der langen 7,5 cm-Bordkanone. Auf dem 8-Rad-Fahrgestell entstand außerdem eine Funk-Gegenstelle zu den Spähtrupps. Der Rückwärtsfahrer bediente in seiner Hauptfunktion als Funker das 100-Watt-Gerät, in einer weiteren Ausrüstungs-Version mit einem 80-Wattgerät.

Bereits vor Kriegsbeginn aber zeigten sich technische Schwierigkeiten in Verbindung mit den taktischen Forderungen, die sich während des Krieges verschärften: Die Fahrzeuge der Panzeraufklärer sollten schnell, geländegängig und so stark bewaffnet sein, daß sie sich selbst gegen überlegene feindliche Panzerkräfte behaupten konnten. Gleichzeitig aber war ein möglichst geräuschloses, zumindest aber geräuscharmes Fahren anzustreben. Doch mit der Geländegängigkeit und der Geräuscharmut haperte es immer, meist auch mit der Bewaffnung: Die industrielle Fertigung der Kampfpanzer war vordringlich, der Ausstoß an schweren Panzerspähwagen mit 7,5 cm-Kanonen deshalb zu gering, die spätere Verwendung von leicht gepanzerten Halbkettenspähwagen ein Behelf.

Erst gegen Ende des Krieges erhielten die Panzeraufklärer das dringend benötigte Vollkettenfahrzeug: Den Aufklärungspanzer »Luchs« auf dem Fahrgestell des Panzers II. Jedoch: Die vorhandenen »Luchse« reichten gerade aus, um zwei Versuchskompanien damit auszurüsten; die 2 cm-Bordkanone des »Luchs« gestattete jedenfalls nicht, gegen die in der Masse mit T-34-Panzern ausgestatteten sowjetischen Panzernverbände aufzuklären und dabei noch eine Überlebenschance zu haben.

Der Geburtsfehler ließ sich nicht beheben: Für die Wehrmachts-Panzeraufklärer galt nicht die Kette, nur das Rad.

Polen und Frankreich

Der wahrscheinlich erste Tote des Zweiten Weltkrieges war ein stellvertretender Spähtruppführer, der Unteroffizier Kappenhagen von der 3. Schwadron des Reiter-Regiments 1. Weil die 1. Kavallerie-Brigade damals die gesamte deutsche Heeres-Kavallerie darstellte, jedoch insgesamt nur über sechs leichte Panzerspähwagen des Typs »Badewanne« verfügte, mußten die Reiter-Regimenter zusätzliche Aufklärungskräfte stellen. So wurde am 25. August 1939 der Leutnant Bialke als Führer eines Spähtrupps eingeteilt, der vom ostpreußischen Grenzgebiet aus, ohne die Grenze zu überschreiten, das polnische Territorium gegenüber von Füstenwalde/Ostpreußen beobachten sollte. Die Männer des Spähtrupps bezogen eine genau bezeichnete Position, danach nahm Leutnant Bialke seinen Stellvertreter, den Unteroffizier Kappenhagen, zu einer Einweisung in Grenznähe mit. Er wies ihn auf einen Grenzzipfel hin, und begab sich dann zum Spähtrupp zurück. Kappenhagen jedoch wurde nach einiger Zeit vermißt. Eine sofort eingeleitete Suche blieb vergeblich. Am nächsten Tag übergaben polnische Grenzbeamte die Leiche des Unteroffiziers, der offenbar erschlagen und dann aus nächster Nähe durch zwei Pistolenschüsse getötet worden war. Kappenhagen muß sich versehentlich auf polnisches Gebiet verirrt haben und bewaffneten polnischen Zivilisten in die Hände gefallen sein.

Um 4.45 Uhr des 1. September begann der Krieg in aller Härte. Naß von Tau und Nebel waren Gras und Kartoffelkraut auf den Feldern. Über sie hinweg pflügten die Gleisketten der deutschen Panzer-Divisionen. Ihnen voraus rollten die Aufklärer, die »hauptamtlichen« der Aufklärungsabteilungen, wie die »nebenamtlichen« der Kradschützenbataillone und der leichten Züge der Panzerregimenter. Als dünner Schleier schoben sie sich ins feindliche Gelände vor, zwangsläufig mußten sie als erste Soldaten den irgendwo gut getarnt lauernden polnischen Verteidigern als Ziel dienen. Zum ersten Mal erlebten deutsche Aufklärer das Gefühl ins Ungewisse zu rollen, dem Tod oder dem Sieg nahe zu sein, der hinter Nebelschwaden sich versteckte.

Oberleutnant Buchterkirch war mit seinem leichten Zug der I. Abteilung des Panzer-Regiments 6 (I./P.R. 6) zur Gefechtsaufklärung gut 15 km weit nach Polen vorgeprescht, ehe er am Ortseingang des Dorfes Zahn die ersten polnischen Soldaten erblickte und sofort das Feuer eröffnete. Es handelte sich um eine Kolonne von Troßfahrzeugen, die auseinanderstoben. Losgerissene Pferde jagten über die Felder davon. Der sich dichter zusammenziehende Nebel verhüllte die Toten und die Blutenden.

Der Panzerzug Buchterkirch rasselte weiter – ein Motorrad raste aus dem Nebel heraus auf ihn zu: Zwei polnische Offiziere. Sie wurden die ersten Kriegsgefangenen der 3. Panzer-Division. Fast zur gleichen Zeit starben auch ihre ersten sieben Soldaten: Aus einem Waldstück bei Groß-Klonia feuerten polnische Panzerabwehrkanonen (Pak) aus hervorragend getarnten Stellungen aus naher Entfernung auf die deutschen Panzer.

Artillerie schoß in die Baumwipfel, und bald danach knatterte eine Kradschützenkompanie heran, saß ab und kämmte den dichten Wald durch. Sie brach den Widerstand. Der Preis: Ein reglos am Boden liegender Kradschütze.

Glück hatte dagegen der Unteroffizier Petreins: Er stellte mit seinem Krad-Spähtrupp einwandfrei fest, daß der Weg nach Groß-Klonia feindfrei war. Gegen Abend setzten die Kradschützen mit Pionierhilfe auf Floßsäcken über die Brahe. Bei der Ortschaft Hammermühle gelang es der Aufklärungsabteilung 3 (A. A. 3) die Brahe-Brücke in Besitz zu nehmen. Noch in der Nacht wurde der Major von Wechmar, Kommandeur der Aufklärungsabteilung 3, mit der Führung einer Vorausabteilung betraut: Außer seiner A. A. 3 gehörten eine Batterie des Artillerie-Regiments 75 und einige Panzer der Panzer-Lehr-Abteilung dazu. Ziel: Die Weichsel. Kurz nachdem die Vorausabteilung und auch das Kradschützenbataillon 3 (K. 3) abgefahren waren, griffen starke Teile zweier polnischer Divisionen und eine Kavallerie-Brigade den deutschen Brükkenkopf Hammermühle an. Im polnischen MG-Feuer gab es keine Ausweichmöglichkeit. Divisionsstab, Nachrichtensoldaten und Artilleristen erlitten erste Verluste. Erleichterung vom Feinddruck verschaffte die zufällig heranmarschierende vorderste Schwadron der Aufklärungsabteilung einer Infanterie-Division des zweiten Treffens.

Unbekümmert um den Gefechtslärm weit hinten, preschten die A. A. 3 und die Kradschützen des K. 3 weiter nach Osten voran. Unheimlich wirkten die ausgedehnten Wälder. In riesigen Wolken quoll gelber Staub auf den sandigen Straßen auf und legte sich als Puder auf Fahrzeuge, Uniformen und die Gesichter der Männer. Am Nachmittag regnete es dann – die Aufklärer donnerten weiter, mitten durch erschrockene polnische Truppenteile hindurch, die voller Überraschung die Gegenwehr unterließen. Von Stukaangriffen zerschmetterte Kolonnen sperrten die Wege, zerfetzte Bäume lagen quer, und vor Rozana stoppte polnisches Gewehr-Feuer den Vormarsch.

Polnische Kavalleristen verteidigten zähe den Gutshof Poledno, den die Batterie zusammenschoß und die Panzerspähwagen angriffen. Der Leutnant Adam fiel an der Spitze seines Aufklärungszuges. Rittmeister von Prittwitz und Gaffron wurde durch Bauchschuß schwer verwundet. Gelbrote Flammen loderten aus dem in Brand geschossenen Rozana, vor dem die A. A. 3 ihre Fahrzeuge zu einer Wagenburg zusammengestellt hatte. Die Kradschützen und die Pioniere der Division eilten den Aufklärern zu Hilfe – am nächsten Morgen jagten sie weiter ihrem Ziele zu. Das taten auch die Kradschützen. Doch als deren 1. Kompanie am Bahndamm hinter Belno eine Rast einlegen wollten, dampfte ein Zug heran, die Kradschützen hielten ihn an. Sie ließen die Passagiere aussteigen: vier polnische Offiziere und 128 Mann.

Die A. A. 3 fuhr inzwischen parallel zur Weichsel in Richtung auf Graudenz weiter. Kradschützen und Spähwagenbesatzungen hatten sich nun an die Gefahr gewöhnt und waren dabei, sie als nahezu alltäglich anzusehen. Versprengte polnische Soldaten feuerten mitunter aus Gehöften oder Scheunen. Eine geschlossene Führung hatten sie bereits nicht mehr. Mitunter ließen einige Feuerstöße aus den Maschinengewehren die polnischen Soldaten aus Strohhaufen, Gärten, Büschen und Häusern auftauchen und die Hände heben. So fuhren die Aufklärer durch Staub, Gewehrfeuer, durch Sonnenglut und empfindlich kalte Nächte. Sie hatten sich das Schlafen nahezu abgewöhnt, ihre Augen brannten vor Müdigkeit. Die Straßen waren in erbärmlichem Zustand und die Schlaglöcher verlangten Aufmerksamkeit. Es brachen Benzinleitungen oder Federn. Am 5. September setzten die Kradschützen als erste über die Weichsel nach Graudenz über, ihnen folgte die ganze 3. Panzer-Division: Sie hatte den polnischen Korridor von West nach Ost kämpfend durchquert und marschierte nun ein Stück durch Ostpreußen, um dann erneut zum Stoß nach Polen, diesesmal über den Narew hinweg in Richtung Brest-Litowsk, anzusetzen.

Die 2. Leichte Division (2. L.Div.) besaß – der Gliederung leichter Divisionen entsprechend – nur eine Panzerabteilung, dafür jedoch ein Aufklärungsregiment (Aufkl.R. 7). Es setzte sich aus je einer Abteilung Kradschützen und Panzerspähwagen zusammen. Aus einem Verfügungsraum nordwestlich der oberschlesischen Städte Gleiwitz und Hindenburg heraus, trat die Division ihren Vormarsch nach Polen an – auch er in typischer Weise auf ihre Aufklärungskräfte abgestützt: Am Abend des ersten Kriegstages nahm das Aufkl.R. 7 bereits Kosieglowy ein, und schuf damit die Voraussetzungen für den weiteren Angriff der nachfolgenden Division. Ruhelos ging es weiter: Im Morgengrauen des 3. September besetzten die Aufklärer im Handstreich Lelow, womit die feindlichen Grenzsicherungen durchbrochen waren und die Division in die Richtung Jedrzejow abdrehen konnte. Als die Kavallerie-Schützen des Regimentes 6 noch heftig um das zäh verteidigte Jedrzewo kämpften, raste das Aufklärungsregiment 7 bereits, unbekümmert um alles was in seinem Rücken und an den Flanken geschah, auf Kielce zu, überwand die dichten Waldungen der Lysa Gora, erreichte Radom und säuberte den gewonnenen Raum von versprengten Feindteilen. Der Polenfeldzug war die große Probe für das Kommende: Nach Rückkehr in die Garnisonen wurde die 2. Leichte Division zur 7. Panzer-Division. Das Aufklärungsregiment 7 zerfiel damit in das Kradschützen-Bataillon 7 und in die Panzer-Aufklärungs-Abteilung 37. Monate später erhielt die Division einen neuen Kommandeur, den Generalmajor Erwin Rommel.

Ein Feldzug der Panzeraufklärer war der Kampf gegen Polen auch für die 1. Panzer-Division, die aus dem Raum des oberschlesischen Rosenberg heraus gegen die polnische Armee antrat. Die 1. Schützenbrigade griff voraus an: Es galt das Liswarte-Flüßchen zu erreichen. 30 Minuten nach Kriegsbeginn rollten bereits drei Spähtrupps über rasch geschlagene Notübergänge und überwanden geschickt die versumpften Wiesen. Am späten Vormittag stießen die Spähtrupps der zur 1. Panzer-Division gehörenden Panzer-Aufklärungs-Abteilung 4 bei Truskoljassy auf Feindwiderstand. Doch hartnäckiger als dieser, war der Widerstand des Geländes: Schlechte Straße, zerfahrene Flußübergänge hemmten den Fluß der Kolonnen. Es kam zu Stauungen und heillosem Durcheinander. Die Panzer-Aufklärungs-Abteilung 4 (Pz. A. A. 4) jagte indessen weiter, um die drei Warthebrücken bei Garnek, Gidle und Plawno in die Hand zu bekommen – es gelang jeweils nur im letzten Augenblick und unter lebensgefährlichem Einsatz: Der Leutnant Metzger wurde schwer verwundet.
Nervenkraft und Mut kostete die Brücke bei Garnek: Als der Spähtrupp des Leutnants Graf Dürckheim gerade die Brücke erreichte, setzten polnische Pioniere die Zündschnur in Brand. Die Pioniere wurden durch Feuer vertrieben, aber in jeder Sekunde brannte die Zündschnur einen Zentimeter weiter. Es gelang, sie kurz vor der Explosion der Sprengladung zu durchschneiden.
Nach Bildung von Brückenköpfen schwärmten die Panzerspähtrupps wieder aus. Einer stoppte einen nach Tschenstochau fahrenden Eisenbahnzug auf freier Strecke – er war mit soeben einberufenen polnischen Reservisten gefüllt. Die Aufklärer donnerten weiter ins Land hinein und erlebten in manchen Dörfern einen erstaunlich freundlichen Empfang durch die Bevölkerung: Frauen standen winkend da und überreichten Blumen. Die Begeisterung legte sich rasch, als die Polen erkannten, daß es sich um deutsche und nicht um die erwarteten englischen Soldaten handelte. Das änderte sich bald: Bei Wola Rozkowa erlebten die Aufklärer erstmalig bewaffneten Widerstand polnischer Zivilisten, der bald gebrochen wurde. Die Kradschützen kämpften sich verbissen durch die Häuser eines Dorfes; die Panzeraufklärer gerieten sogar mehrfach in polnische Bombenangriffe. Probleme warf auch das Nachschubwesen auf: Auf den erbärmlich schlechten Straßen kam der Betriebsstoff nicht

schnell genug nach – die Luftwaffe warf daraufhin Kanister ab.
Die Aufklärung fügte sich bald in den Kriegsalltag ein: Sie fühlte vorsichtig vor, ob Radomsko feindfrei sei. Die Aufklärer riskierten ihr Leben, um das Feindfeuer herauszulocken. Kein Schuß fiel – die Vorsicht erwies sich als Zeitverschwendung. Doch anderentags ermittelte die Aufklärung feindliche Kräfte hinter einem Bachabschnitt an der Straße nach Petrikau – unvorsichtiges Handeln hätte zu erheblichen Verlusten führen können. Vorsichtig bei größtmöglicher Geschwindigkeit: Die 1. Panzer-Division marschierte an einem Tag 100 Kilometer weit – stets in kleinere Gefechte verwickelt – bis sie als erste deutsche Truppe südlich Warschau die Weichsel überschritt. An der Spitze: Das Kradschützen-Bataillon und die Panzeraufklärer.
Eine Bewährungsprobe war der Polenfeldzug aber auch für die aus den Kavallerie-Regimentern abstammenden Aufklärungs-Abteilungen der Infanterie-Divisionen. Die Aufklärungs-Abteilung 17 – aus dem GöttingerKavallerie-Regiment 3 hervorgegangen – lieferte ihrer 17. Infanterie-Division eindeutige, klare Aufklärungsergebnisse, die einen raschen Vormarsch gewährleisteten. Auch hier wurde in typischer Taktik die feindliche Widerstandslinie durch Abtasten und Herauslocken des Feuers festgestellt. Danach traten die Kampfverbände der Division zum Angriff an, die den Feind aus seinen Stellungen vertrieben und zum Rückzug zwangen. Die Aufgabe der Aufklärer war es nunmehr, die Fühlung mit den weichenden Gegnern zu halten, dort indes, wo sie verloren gegangen war, den Kontakt wieder herzustellen. Dabei geschah etwas im Zweiten Weltkrieg, auf deutscher Seite zumal, Anachronistisches: Die Reiterschwadron der Aufklärungs-Abteilung 17 erkannte eine zurückgehende polnische Batterie. Tatsächlich setzten die Reiter mit blanker Waffe zur Attacke an und erbeuteten mehrere Geschütze.
Am Morgen des 18. September 1939 erhielt die Aufklärungs-Abteilung 17 den Befehl zu raschem und rücksichtslosen Nachstoßen in den Kessel von Kutno hinein. Daraufhin wurden die üblichen Sicherungsmaßnahmen zugunsten beschleunigten Vorgehens zurückgestellt, zumal nach den Erfahrungen der letzten Tage mit stärkerem Feindwiderstand nicht mehr zu rechnen war – die polnische Armee lag bereits geschlagen am Boden.

Es sollte sich bald die Zwangslage zeigen, in die jeder Aufklärungsführer geraten kann: Rasches, risikoreiches Nachstoßen nimmt dem Feind die Zeit, sich zu nachhaltigem Widerstand festzusetzen, kann jedoch hohe eigene Verluste kosten. Vorsichtiges, zögerndes Verfolgen des Feindes, am sichersten im überschlagenden Vorgehen und überwacht von den schweren Waffen, ist zeitraubend, und gestattet dem Feind den Aufbau einer Verteidigungslinie.
An diesem Tag geriet die Aufklärungs-Abteilung 17 in der Ortschaft Zaluskow in den die Dorfstraße überschwemmenden Strom von etwa tausend soeben in Gefangenschaft gehenden polnischen Soldaten. Dadurch zog sich die A. A. 17 weit auseinander, die einzelnen Spähtrupps und Einheiten verloren weitgehend die Verbindung untereinander.
Als die Reiterschwadron der A. A. 17 vollständig den Ortsrand erreicht hatte, erfolgte völlig überraschend ein Feuerüberfall von drei Seiten aus Maschinengewehren und Karabinern. Die Reiter saßen ab, ließen ihre Pferde los, vermochten aber in der Verwirrung und dem Durcheinander keine geordnete Verteidigung aufzubauen. Die Radfahr-Schwadron eilte zu Hilfe. Doch ihr schlug bereits bei der Annäherung heftiges Gewehr-, bald sogar Artilleriefeuer entgegen. Derweilen kämpften die Reiter innerhalb des Dorfes, ohne Hoffnung auf eine Rettung, weiter, die dann aber doch kam: Nach mehrstündigem Kampf setzten sich die Polen ab, weil ihnen die Umgehung durch eine andere deutsche Division drohte.
Die Aufklärungs-Schwadron aber hatte von ihren 120 Mann 35 Gefallene – darunter beide Offiziere – 8 Vermißte und 41 Verwundete zu beklagen. Ebenso groß war die Einbuße an getöteten, verwundeten und entlaufenen Pferden, nahezu die Hälfte ihres Bestandes. Die Schwadron war nur noch bedingt verwendbar.
Doch dies war kein Einzelfall. Am gleichen Tag geriet die Aufklärungs-Abteilung der 19. Infanterie-Division bei dem Dorfe Henrikow in eine sehr ähnliche Situation und erlitt ebenso hohe Verluste.
Der Feldzug in Polen hatte erstmalig den Beweis erbracht, daß die von Guderian vertretene Idee der in Divisionen gegliederten Panzergroßverbände richtig ist. Sie vermochten in selbständigem Handeln und bei überlegener, durch Funk erfolgender Führung in erstaunlich rascher und wendiger Weise zu kämpfen, und das Gesetz des Handelns auf dem Gefechtsfeld an sich zu reißen. Die

unabdinglich zum System der Panzer-Divisionen gehörenden Aufklärungs-Kräfte hatten sich durchaus bewährt. Einerseits zeigte sich, daß die – normalerweise nicht zu den Aufklärern zählenden Kradschützen-Bataillone – als schnellster Verband der Division gleichfalls zur Aufklärung zu verwenden waren, vor allem im Zusammenwirken mit gepanzerten Spähtrupps, andererseits setzten sich die ungeschützten Kradschützen einem höheren Gefährdungsrisiko aus, als ihre in Spähwagen sitzenden Kameraden.
Hervorragend bewährt hatte sich die Zusammenarbeit zwischen der in jeder Panzer-Aufklärungs-Abteilung vorhandenen Kradschützen-Kompanie mit den gepanzerten Einheiten des Verbandes. Aber auch die teilmotorisierten Aufklärungs-Abteilungen der Infanterie-Divisionen 1. und 2. Welle hatten höchste Leistungen erbracht. Als unzureichend erwies sich freilich der einzige bei jeder A. A. vorhandene Panzerspähtrupp mit dem Kfz 13 (»Badewanne«), oben offen und lediglich mit einem MG 34 bewaffnet. Ein Panzer-Späh-Zug mit mehreren Späh-Trupps in 6- oder 8-Rad-Spähwagen mit 2-cm-Bordkanone wäre das Minimum gewesen. Doch dazu kam es auch später niemals.
Wieder als Erste am Feind: Die Aufklärer mit der goldgelben Waffenfarbe brachten auch im Frankreichfeldzug des Jahres 1940 die ersten Opfer. Es war ein Krieg der Panzeraufklärer: Weit voraus den eigenen Kampftruppen, in Geländeteile einfahrend, die Hinterhalte sein konnten, um das Feindfeuer herauszufordern, Brücken im raschen Zugriff nehmend, Flanken sichernd, stets aber in rascher Bewegung den Gegner nicht zur Ruhe kommen lassend.
Einen Einblick in die Aufklärer-Atmosphäre gewähren selbst die zumeist recht trockenen Gefechtsberichte. Im Kriegstagebuch der 1. Panzer-Division ist ein Bericht über den Angriff auf die, der Festung Belfort vorgelagerte, Ortschaft Hericourt enthalten, geschrieben offenbar vom Führer der Vorhut der Panzer-Aufklärungs-Abteilung 4:
»Die Panzer-A. A. 4 hatte am 18. 6. 40 den Auftrag, über Hericourt auf Belfort vorzugehen. Durch Aufklärung am 17. 6. abends war bekannt, daß Hericourt voll von feindl. Truppen war, und sich feindl. mot. Kolonnen von Hericourt nach Belfort bewegten, ferner, daß am Südeingang Hericourt eine Pak stand. Während der Nacht vom 17./18. 6. war der Spähtrupp von Milititz als Sicherung

südl. Hericourt eingesetzt, während die Abteilung mit der Masse bei Aibre zur Ruhe übergegangen war.
Am Morgen des 18.6. trat die Abteilung den Vormarsch auf Hericourt an. Als Spähtrupp vor der Spitze wurde Oberfeldw. Dölling eingesetzt. Die Vorhut der Abteilung unter Führung von Hauptmann Stephan bestand aus folgenden Einheiten (zugleich Marschfolge):

Panzerspitze,
Führer Vorhut,
1. Kradschützenzug,
Geschützzug,
Pakzug,
2. Kradschützenzug,
1 Pi.-Gruppe.

Kurz vor Erreichen des Waldstückes südl. Hericourt meldete der Spähtrupp vor der Spitze: ›M.G.-Feuer aus dem Waldrand an der Straße.‹ Ich zeigte dem Führer des 1. Kradschützenzuges die ungefähre Stellung des feindl. M.G. und setzte ihn zum Angriff dagegen an. Das M.G. hatte sich inzwischen jedoch zurückgezogen. Die Vorhut trat nun zum Angriff gegen Hericourt an. Der Geschützzug erhielt den Befehl, in Stellung zu gehen und den Südrand des Dorfes unter Feuer zu nehmen, während je ein Kradschützenzug rechts und links der Straße vorging. Der Spähtrupp vor der Spitze sicherte auf der Straße, der Pakzug und die Pionier-Gruppe blieben zunächst zu meiner Verfügung hinter einer kleinen Höhe an der Straße. Vorhut-Gefechtsstand war die kleine Höhe südl. des Ortes, dort auch Feuerstellung des Geschützzuges.
Durch Meldung des Uffz. Lampert vom Spähtrupp Miltitz erfuhr ich, daß der Panzerspähwagen von Leutnant v. Miltitz einen Paktreffer erhalten hatte. Der Geschützzug erhielt Befehl, sein Feuer auf die Stellung der Pak zu legen, die hinter einer Kurve am Ortseingang richtig vermutet wurde. Seitliche Beobachtung durch Kradschützen ergab, daß während des Feuers die Besatzung der Pak in die Häuser sprang, um nach dem Feuer die Pak wieder zu besetzen. Während weiteren Geschützfeuers auch in den Ort, drangen die beiden Kradschützenzüge in den Ort ein. In einem Park westl. der Straße stieß der links angesetzte Kradschützenzug auf 3 französische le. Panzerkampfwagen, deren Besatzungen die Fahr-

zeuge verließen und wegliefen. Widerstand im Park wurde durch Handgranaten beseitigt. Der rechts angesetzte Kradschützenzug war inzwischen ostwärts der Straße in den Ort eingedrungen. Die Meldung von feindlichem Widerstand im Ostteil des Ortes und von flankierendem Feuer aus Gärten und Häusern veranlaßte mich, die Pi.-Gruppe im Anschluß an den rechten Kradschützenzug einzusetzen.

Inzwischen kamen etwa 100 Gefangene aus dem Ort, darunter zwei Offiziere. Die feindl. Pak am Ortseingang war bei dem Angriff der Kradschützen verlassen worden, sodaß die Panzerspitze (Oblt. Lienau) in den Ort fahren konnte, während der Spähtrupp Dölling zur Sicherung gegen ein evtl. Vorgehen des Gegners in den Flanken am Südrand des Ortes zur Sicherung eingesetzt wurde. Der Pakzug ging am Südeingang H. in Stellung. Oberleutnant Lienau nahm im Ort Verbindung auf mit den Kradschützen und meldete laufend über deren fortschreitenden Angriff. In einem Fabrikhof wurden etwa 150 bewaffnete Franzosen festgestellt, die durch das mutige Vorgehen einiger Leute auf die Straße getrieben und entwaffnet wurden. Der Gefechtsstand war inzwischen vom Südrand des Dorfes an die große Straßenkreuzung im Ort verlegt worden, wo auch der Geschützzug in Stellung ging. Auf die Meldung von feindl. Panzerkampfwagen, die sich jedoch nicht bestätigte, wurde auch der Pakzug an der Straßenkreuzung eingesetzt.

Weitere Aufklärung durch Oblt. Lienau ergab jenseits der Brücke hinter einer Straßenbiegung 4 feindl. M.G. in Häusern, je 2 auf jeder Straßenseite und 2 Pak nebeneinander in Verlängerung der Straße auf einem kleinen Platz. Oblt. Lienau nahm sofort mit seinem leichten Panzerspähwagen die Pak unter Feuer, erzielte mehrere M.G.-Treffer, mußte dann jedoch, da der Wagen einen Paktreffer erhielt und fahrunfähig wurde, das Fahrzeug verlassen. Ein Geschütz wurde auf der Straße soweit nach vorn gezogen, daß es die Pak in direktem Beschuß bekämpfen konnte. Bei den ersten Einschlägen verließen die Pakbesatzungen ihre Kanonen. Durch Feuer des Geschützes in jene Häuser, in denen die M.G. festgestellt worden waren, wurden auch diese zum Schweigen gebracht. Im Anschluß an die Beschießung der Pak auf dem freien Platz griff der rechts eingesetzte Kradschützenzug den Platz an und säuberte ihn restlos. Der Ort war damit in unserer Hand.

Kurz vorher war der 3. Kradschützenzug, von anderer Verwendung kommend, eingetroffen, den ich zu meiner Verfügung behielt. Nachdem der Ort Hericourt eingenommen war, traf der Abteilungsbefehl: ›Neuer Auftrag. Loslösung vom Gegner!‹, ein.
Die im Park stehenden feindl. Panzerkampfwagen wurden durch die Pi.-Gruppe gesprengt.
Ergebnis: Etwa 400 Gefangene, 80 Franzosen tot, wie nachträglich festgestellt wurde. Etwa ebensoviel Verwundete. 8 feindl. M.G., 10 Pak konnten als eingesetzt festgestellt werden, von denen letztere jedoch nicht alle zur Wirkung kamen.
Eigene Verluste: 1 Offizier, 1 Unteroffizier tot, 1 Unteroffizier und 4 Mann verwundet.«[3]
Am folgenden Tag setzte der Chef der verstärkten 3. Kompanie der Panzer-Aufklärungs-Abteilung 4 zum Angriff auf den Berg Ballon d'Alsace an. Auch in seinem Gefechtsbericht wird die Erregung des Kampfes spürbar:
»Am 19. 6. 40 bekam ich von meinem Abteilungskommandeur in Chaux den Auftrag, um 6.00 Uhr antretend über Lepuix die Paßhöhe 1244 zu nehmen.
Es wurde mir hierzu unterstellt:

der Geschützzug der 4. Kompanie
1 Zug Panzer-Abwehr 37
1 Zug Pioniere 37
6. Batterie Artillerie-Regiment 73 und die
3./A. R. 697

Am Nordrand Lepuix ging die verstärkte 3. Kp. in Bereitstellung: mit 2 Zügen am rechten, mit 2 am linken Talhang. Das Beziehen der Bereitstellung mußte im schwierigsten Gelände unter starkem Feindfeuer erkämpf werden. Hierbei wurden Ltn. Scheibe, 1 Schütze und 1 Mann aus der Infanterie-Geschütz-Bedienung verwundet.
Nach kurzem Artillerievorbereitungsfeuer trat die verstärkte Kp. zum Angriff an. In dünner Schützenkette, immer auf gleicher Höhe haltend, kämmten die Züge das dichte Unterholz durch. Die Straße selbst war nicht zu begehen, sodaß die schweren Waffen zurückblieben.
In vorderster Linie gingen die beiden Batteriechefs vor, sodaß ich auf jede Meldung, ein Zug stieße auf Widerstand, das Feuer vor seine vordersten Teile legen konnte. Bis zum Engpaß 3½ km

nördlich Lepuix hatte sich ein Bataillon Pyrenäenjäger in mehreren Widerstandsnestern äußerst geschickt eingenistet. In Hohlwegen hatten sie ihre Pferdekarren und gut eingeschossenen Granatwerfer aufgestellt und ließen uns auf nächste Entfernung herankommen. Der Gegner schoß nie vor Handgranatenwurfweite. Besonders stark zeigte sich der Widerstand an meinem rechten Flügel, der ohne das gut sitzende Artilleriefeuer niemals vorgekommen wäre. Beim Sturm auf einen eingebauten Minenwerfer fiel der erste Funker des Batteriechefs 6./A. R. 73.

Gegen 19.00 Uhr hatte sich die Kp. bis zum Engpaß vorgekämpft. Ich sammelte die Züge. Die Zugführer meldeten 3 Verwundete. Vom Pakzug, der von der Straße her das Vorgehen unterstützte, war 1 Mann gefallen.

Nach kurzer Umgruppierung setzte die Kp. zum Angriff auf den Engpaß an. Zwei große Baumsperren wurden unter dem Feuer der Granatwerfer genommen.

Inzwischen war es dunkel geworden, wir hatten den Tag nichts gegessen und getrunken und die Fels- und Waldkletterei unter dauerndem Feindbeschuß hatte die Leute bis aufs Letzte ausgepumpt. In Filafurt ließ ich unterziehen und nächtigen.

Als die Kp. am 20. 6.00 Uhr antrat, hatte sich der am Vortag so zäh kämpfende Gegner, es waren Pyrenäenjäger in Stärke eines Btl. und zwei Kp. Pioniere, ergeben. Um 6.30 Uhr zog die Kp. in langer Schützenreihe die Paßstraße hoch. Vom Tal hämmerten die Granaten einer 2 cm Flak in das Berghotel. Nach zweistündigem Marsch stieß die Spitzengruppe auf die erste Baumsperre. Eine MG-Garbe saß ausgezeichnet auf der Straße. Meine Melder Junghans und Klein mußten mit Arm-und Beinschuß zurückgebracht werden. Im MG-Feuer kam der Abteilungskommandeur im Graben angerobbt. Der Feindwiderstand auf der Hotelhöhe verstärkte sich von Schritt zu Schritt. Da trieb ein Feuerüberfall der unterstellten Artillerie den Gegner aus seinen Nestern. Fast widerstandslos konnte die Kp. das Hotel du Ballon und die Paßhöhe in Besitz nehmen. In unmittelbarer Nähe des Berghotels fielen uns 200 Gefangene, 8 MG, 3 Geschütze und ein leichter Renault-Kampfwagen in die Hände ...«[4]

Der Gefechtsbericht vom letzten Tag des Frankreichfeldzuges, dem 25. Juni, endet mit einem Erfolg der Panzeraufklärer der 1. Panzer-Division in Pontarlier an der französisch-schweizerischen Grenze.

In Erwartung der alliierten Invasion: 3-Tonnen-Schützenpanzerwagen einer Aufklärungsabteilung an der französischen Mittelmeerküste 1943. *(Bundesarchiv)*

Blitzkrieg auf dem Balkan: Kradschützen holpern über einen schnell gelegten Knüppeldamm. 1941. *(Bundesarchiv)*

X - 5. PD

Ein Achtrad-Panzerspähwagen (Fu) nach dem Kampf in Griechenland, 1941. *(Bundesarchiv)*

Die ersten deutschen Soldaten in Nordafrika: Achtrad-Spähwagen der Aufklärungsabteilung 3. Das Foto wurde am 20. März 1941 beim Marsch durch die Wüste aufgenommen: Vier Tage später begann Rommels erste Offensive damit, daß die Aufklärer die Engländer aus El Agheila vertrieben. *(Bundesarchiv)*

Ebenfalls am 20. März 1941 aufgenommen: Ein Sd. Kfz. 231-Achtrad-Panzerspähwagen mit 2 cm KwK auf dem Marsch durch die Wüste. *(Bundesarchiv)*

Nordafrika im April 1941: Die Vorausabteilung Knabe auf dem Marsch durch den Raum Capuzzo-Sollum. Die Kradschützen fahren die schweren Gespanne BMW-R 12, 20 PS, 750 ccm SV. Gebaut wurden die Kräder von 1935 bis 1941. *(Bundesarchiv)*

Nordafrika, Mai 1941: Die Vorausabteilung nimmt englische Soldaten gefangen. *(Bundesarchiv)*

Panzer-Spähwagen Vierrad, Sd. Kfz. 222 in Nordafrika, Mai 1941. *(Bundesarchiv)*

Tunis 1942: Achtrad-Panzerspähwagen mit 7,5 cm KwK L/24, Sd. Kfz. 234 *(Bundesarchiv)*

Tunesien 1942: Achtrad-Panzerspähwagen mit der kurzen 7,5-cm-KwK L/24, Sd. Kfz. 234, links: ein italienischer leichter Panzer. *(Bundesarchiv)*

Ein Vierrad-Panzerspähwagen (Sd. Kfz. 222), im Jahre 1943 in Tunesien. *(Bundesarchiv)*

Italien 1943: Ein Vierrad-Panzer-Spähwagen vor einem Großraum-Transportflugzeug Messerschmitt »Gigant«. *(Bundesarchiv)*

Er lautet:
»Am 25. Juni stand am Nordausgang Pontarlier die gesamte Festungsbesatzung des Forts des Lormont und des Forts de Joux unter Führung ihrer Offiziere angetreten, wie es der Parlamentär der Panzer-Aufklärungs-Abteilung 4, Obltn. Lösch, am Vortage mit dem Festungskommandanten vereinbart hatte.
Es waren 40 Offiziere, 1500 Mann und gegen 60 bespannte Feldwagen, die Hptm. v. Kuczkowski sammelte und an die Nebelabteilung zum Weitertransport nach Besancon übergab.
Nach dem Abfließen des Gefangenenstromes fuhr der Kommandeur der Pz.A.A. 4 mit dem Fortkommandanten, 2 Kompaniechefs und 2 Kradschützenzugführern nach La Chuse et Mijoux und stieg nach Umgehung der gesprengten Bahn- und Straßenübergänge auf das Fort de Joux. 1 Kr.Sch-Zug folgte.
Hier übergab ihm der franz. Festungsverwalter:

2 Kanonen 15,5 cm
3 Kanonen 10,5 cm
4 Granatwerfer 7,5 cm
2 Marinegeschütze 4,7 cm
4 Stokes-Werfer 8,1 cm
ca 25 MG
ca 250 Gewehre
ca 30 Pistolen
1000 Schuß 15,5 Munition
800 Schuß 8,1 Munition
1400 Schuß 7,5 Munition
300 Schuß 10,5 Munition
150000 MG-Magazine
36 Kisten Fleischkonserven

Ein Minenplan wurde nicht ausgehändigt, da derselbe angeblich nicht vorhanden war.«[5]
Ein grandioser Sieg war errungen worden. Es regnete Anerkennungen, die deutsche Bevölkerung jubelte. Die Truppe erhielt Auszeichnungen, Beförderungen außer der Reihe wurden ausgesprochen. Es wurde aber auch kritisiert.
Die 7. Panzer-Division des Generalmajors Rommel, von den französischen Gegnern die »Gespensterdivision« genannt, reichte einen Erfahrungsbericht ein, darin hieß es über die Panzeraufklärung:
»Die Pz. A.A. konnte sowohl im Polenkrieg wie im Westfeldzug

die Anforderungen *bezgl. Aufklärung*, die an sie gestellt wurden, in den meisten Fällen nicht erfüllen. Der Grund ist hierfür einzig und allein, wie schon nach Beendigung des Polenfeldzuges gemeldet, das mehr oder weniger unbrauchbare Aufklärungsfahrzeug. Der Panzerspähwagen in seinen verschiedenen Typen ist weggebunden und wird daher fast immer sehr bald auf Panzerabwehr oder Sperren stoßen. Seine Panzerung ist so schlecht, daß sie nicht einmal s.m.K.- sicher und daher allen Waffen des Gegners unterlegen ist. Der ungeheuer hohe Ausfall an Pz.-Spähwagen schon nach Ablauf der ersten Woche des Westfeldzuges, bestätigt die vorstehend gemachten Erfahrungen. Die Pz. A.A. der Division verfügte am 8. Kriegstage nur noch über 9 Panzerspähwagen.

Es wäre falsch, aus dieser Tatsache den Schluß zu ziehen, daß die Pz. A. A. keine Lebensberechtigung hätte. Sie muß vielmehr für die der Division unentbehrlichen Erdaufklärungsaufgaben mit Fahrzeugen ausgestattet sein, die sie befähigen, abseits der Wege die feindl. Pz.-Abwehr oder die feindl. Sperren zu durchbrechen. Während des Westfeldzuges ist die Pz.A.A., weil sie als geschlossene Abteilung für die Aufklärung infolge des hohen Fahrzeugausfalles nicht mehr zu verwenden war, mit größtem Erfolg eingesetzt worden:

a) zum Erreichen und Besetzen wichtiger Abschnitte vor und seitwärts der Division, wozu sie auf Grund ihrer Schnelligkeit besonders befähigt ist,

b) zur Abschirmung und Verdichtung des Panzerangriffs und

c) zur Flankensicherung.

Die Gliederung zu 2 Pz.-Späh-, einer Kradsch.- und einer schweren Komp. hat sich voll bewährt. Diese Zahl der Kompanien wird für ausreichend gehalten. Eine Verstärkung würde nur die Wendigkeit und Beweglichkeit der Abteilung schwächen.

Im einzelnen hat aber der Einsatz die Notwendigkeit der Ausstattung mit folgendem gegeben:

1. *Funksprechgerät*:
   a) Innerhalb der Spähtrupps (bisher Verständigung durch Zurufe, Ausbooten usw. angesichts des Feindes),
   b) vom Abt.Führer zu den Späh-Chefs als Verbindung auf dem Marsch und im Einsatz mit den Panzern.

2. *1 Pak-Zug* mit mindestens 3 5-cm-Pak. Der 2-cm-Spähwagen ist zur Abwehr feindl. Panz.Fahrzeuge *nicht* geeignet.
3. *Minen-Suchgerät* für Pi.Zug, um *vor* der Division bereits verminte Straßen usw. schnell und ohne Aufenthalt freimachen zu können.
4. Als schwere Waffe *eine zweite schw. Granatwerfergruppe.*
5. Als Ersatz für die bei der Truppe z. Zt. befindlichen Pz.Sp.Wagen wird gefordert: ein Räderraupenfahrzeug (Zwitter) mit einer Geschwindigkeit auf der Straße von mindestens 50 bis 60 km/std. (Gummistollen) und einer Bewaffnung von 2 cm oder 4,7 cm Pak plus M.G. im Turm und 1 bis 2 M.G. in Blenden nach vorn *und hinten.* Mit diesem Fahrzeug werden sich alle Aufträge, die an ein Pz.Spähfahrzeug gestellt werden können, voll durchführen lassen.

Als Gliederung der Pz. A.A. wird demnach vorgeschlagen:

Stab mit Nachrichten-Zug (dabei zusätzlich Funksprech),
2 *Pz.Spähkomp.* in bisheriger Gliederung, jedoch mit Zwitterfahrzeugen,
1 *Kradsch. Komp.* in bisheriger Gliederung,
1 schwere Komp. zu
 1 Infanterie-Geschütz-Zug
 1 Pakzug
 2 schwere Granatwerfer-Gruppen
 1 Pionier-Zug (dabei Minensuchgerät).

Die Pz. A. A. als *Aufklärungs-* Abteilung steht und fällt mit der Entwicklung eines voll brauchbaren Panzerspähwagens.«[6]
Ein ahnungsvoller Satz war dem Erfahrungsbericht vorangestellt: »Die Panzer-Aufklärungs-Abteilung wird ganz unentbehrlich sein bei Verwendung der Panzer-Division auf ostwärtigen Kriegsschauplätzen.«
Die Panzertruppe, und mit ihr die Aufklärer, hatten beispiellose Leistungen vollbracht, oft mit den Motoren als die entscheidende Waffen. So hatte die Panzergruppe Kleist in knapp acht Wochen Frankreichfeldzug 3000 Kilometer kämpfend zurückgelegt. Die 10. Panzer-Division stellte einen Tagesrekord von 370 Kilometern Vormarsch auf. Nach der ersten Phase des Frankreichfeldzuges dankte General Guderian seinen Soldaten in einem Tagesbefehl: »Siebzehn Kampftage in Belgien und Frankreich liegen hinter

uns... Die Kanalküste und der Atlantische Ozean ist erreicht... Ich hatte euch aufgefordert, 48 Stunden nicht zu schlafen. Ihr habt 17 Tage durchgehalten. Ich hatte euch gezwungen, Flanken- und Rückenbedrohung auf euch zu nehmen. Ihr habt nie gewankt...«
Mit solcher Truppe war das Traumziel aller Feldherren mehr als nur einmal zu erreichen: Eine Vernichtungsschlacht zu schlagen, wie jene bei Cannae. Innerhalb von neun Tagen gelang es, die in Nordostfrankreich stehenden französischen Armeen einzukreisen und eine halbe Million Mann gefangen zu nehmen. In der zweiten Phase des Frankreichfeldzuges stießen die zwei Korps der Panzergruppe Guderian tief in den Süden Frankreichs vor, drehten dann um 90 Grad in Richtung Schweiz, Elsaß, Deutschland ein. Doch von dort her rückte die deutsche 7. Armee vor – es war die bis dahin größte Vernichtungsschlacht der Weltgeschichte – und die am wenigsten blutige: Vernichtung hieß Gefangenschaft, und mehr als fünfhunderttausend Franzosen erlitten dieses Los. Die Verluste der Panzergruppe Guderian an Gefallenen lagen bei 0,52 Prozent von 104 000 Mann. In Polen hatten die Verluste an Toten 1,6 Prozent von 54 000, im ersten Teil des Frankreichfeldzuges 1,16 Prozent von 55 000 Soldaten betragen.
Fortan ging der deutschen Panzertruppe der Ruf voran, unbesiegbar zu sein – die Soldaten glaubten selbst daran, mehr noch aber ihre oberste Führung, die das Wort »unmöglich« aus ihrem Sprachschatz tilgte, wie Guderian in seinen »Erinnerungen« feststellte. Kaum beachtet wurde in der obersten Führung eine Warnung des Generalstabes des Heeres (Ausbildungs-Abteilung) vom 7. 10. 1940: »Es muß aufgepaßt werden, daß nicht Einzelerfahrungen der Truppen, die ihre Ursache in besonderen Verhältnissen des Westfeldzuges haben, fehlerhaft verallgemeinert werden. Die Truppe ist im allgemeinen zum Kampf gegen einen gleichwertigen Gegner auszubilden.«
Zunächst war dieser Gegner keineswegs gleichwertig, und das Selbstbewußtsein der deutschen Soldaten konnte sich weiter festigen. Vor allem dann, wenn ein in der Kriegsgeschichte einmaliger Vorgang geschah, nämlich, daß ein Spähtrupp eine feindliche Hauptstadt eroberte.
Das geschah im Jugoslawien-Feldzug. Er begann am 11. April 1941, vormittags um 9.05 Uhr. Bereits am Vormittag des folgenden Tages

hatten die vordersten Teile der Waffen-SS-Division »Das Reich« das Südufer der Donau im Raume Belgrad erreicht. Jedoch: Ein Übersetzen schien wenig erfolgversprechend – die vorgeprellten Einheiten erhielten den Befehl, wieder zurückzugehen. Doch den Hauptsturmführer Klingenberg vom Kradschützen-Bataillon erreichte der Befehl nicht mehr. Er hatte ein Motorboot entdeckt und war mit zehn Soldaten der 2. Kradschützen-Kompanie über die Donau getuckert und mit seiner winzigen Truppe mutterseelenallein in die feindliche Hauptstadt Belgrad einmarschiert. Vor dem Kriegsministerium brachte er seine zwei Maschinengewehre in Stellung.

Just in diesem Augenblick wurde Klingenberg von einem älteren, weißhaarigen Herrn auf deutsch angesprochen. Er war ein Angestellter der deutschen Gesandtschaft, der ihn bat, den Schutz des deutschen Gesandtschaftspersonals zu übernehmen. Klingenberg zog mit seinen Soldaten dorthin und meldete sich beim deutschen Militärattaché, dem Oberst Toussaint. Der ließ den Belgrader Bürgermeister kommen, dem Klingenberg einen Stuka-Angriff androhte, falls die Stadt nicht sofort kapituliere. Um 18.45 Uhr ergab sich die Hauptstadt Jugoslawiens einem Hauptsturmführer und zehn Mann.

Division und Armeekorps erhielten zwar einen Funkspruch über die Einnahme Belgrads durch einen Spähtrupp, was den erfahrenen Stabsoffizieren denn doch zu unwahrscheinlich klang. Die Division »Das Reich« bekam den Befehl, Übersetzmöglichkeiten zu erkunden.

Doch anderentags war kein Zweifel mehr möglich: Ein verdreckter Kradmelder – direkt aus Belgrad kommend – überbrachte dem Divisionsstab ein Schreiben des deutschen Militärattachés in Belgrad: »...Hauptsturmführer Klingenberg hat am 12.4. 16.45 Uhr mit zehn Mann Belgrad besetzt... Bisher rund 1000 Gefangene. Eine gefangengenommene serbische Pionierkolonne wird in dieser Nacht an der zerstörten Donaubrücke Pancevo zum Fährenbau eingesetzt...«[7]

Klingenberg erhielt das Ritterkreuz und wurde Belgrads Stadtkommandant. Am 18. April kapitulierte Jugoslawien.

Derweilen kämpfte sich die Aufklärungs-Abteilung der Division »Leibstandarte Adolf Hitler« (LAH) 250 Kilometer weit durch die

Gebirge Griechenlands. Ihr Kommandeur war der seinerzeit legendäre Sturmbannführer Kurt Meyer (»Panzermeyer«). Nach dieser, mit größter Schnelligkeit zustande gebrachten Gewalttour stand Meyer am Golf von Korinth in Navpakos – allein mit seinen Aufklärern, die Funkverbindung zur Division war abgerissen.
Weit drüben, am anderen Ufer, dräuten die dunklen Berge des Peloponnes, und der Hafen Patras wurde soeben von Stukas bombardiert. Patras aber war überfüllt mit britischen Soldaten, die sich auf dem Rückzug befanden.
Meyer ließ eine Gruppe Soldaten, Beiwagenkräder und eine Pak auf zwei kümmerliche Fischkutter verladen und nach Patras fahren, ein Wahnsinnsunternehmen.
Das fand auch Sepp Dietrich, Kommandeur der Leibstandarte. Er, der stets für waghalsige Unternehmen eintrat, brüllte Kurt Meyer an: »Sie gehören vor ein Kriegsgericht gestellt! Wie kommen Sie dazu, so leichtsinnig mit meinen Soldaten umzugehen!« Meyer kam nicht vor das Kriegsgericht – das Unternehmen Patras gelang. Glück für Meyer und noch mehr für seine Kradschützen: Britische Truppen in Patras wurden gefangen genommen, die Masse zog sich weiter zurück. Meyer setzte seine ganze Aufklärungs-Abteilung nach Patras über und raste mit ihr weiter – bis zur Siegesparade in Athen.
Deutsche Aufklärer waren zuvor schon in einer Landschaft erschienen, wo sie keineswegs zu vermuten waren: In der Libyschen Wüste. Am 21. Februar 1941 hatte ein britisches Aufklärungsflugzeug dort ein seltsames Panzerfahrzeug mit acht Rädern entdeckt, das gewiß nicht italienischer Herkunft war. Es war ein Spähwagen der Stahnsdorfer Panzer-Aufklärungs-Abteilung 3 der 3. deutschen Panzer-Division. Bereits im Herbst 1940 war diese ganze Division dazu ausersehen worden, nach Afrika zur Unterstützung der italienischen Verbündeten verlegt zu werden. Untersuchungen auf Tropentauglichkeit wurden durchgeführt, doch inzwischen sah sich das Oberkommando des Heeres veranlaßt, einen »Sperrverband« für den Afrika-Einsatz aufzustellen, der keine Operationen großen Ausmaßes durchführen sollte. Keine Panzer-Division also, sondern eine eigens für Afrika gebildete leichte Division. Die 3. Panzer-Division hatte an diese »5. leichte Division« jedoch fünf komplette Verbände abzugeben, darunter ihre Panzer-Aufklärungs-Abtei-

lung unter ihrem Kommandeur, dem Oberstleutnant Freiherrn von Wechmar. Am 11. Februar 1941 wurden die Aufklärer in Tripolis ausgeschifft. Sie waren die ersten deutschen Soldaten auf afrikanischem Boden.
Tage später erhielt die britische Aufklärung eine Nachricht, wonach in Tripolis nunmehr ein größerer Panzerverband, wahrscheinlich ein Regiment, ausgeladen werde. Die Nachricht war korrekt: Es handelte sich um die beiden ersten Abteilungen des Panzer-Regiments 5, das die 3. Panzer-Division an die 5. leichte Division hatte abgeben müssen. Am 8. März erhielten die britischen Nachrichtenoffiziere in Nordafrika eine Meldung mit dem Namen des deutschen Oberbefehlshabers in Afrika, die sich gleichfalls als zutreffend erweisen sollte: Es handelte sich um den Generalleutnant Erwin Rommel, der im Frankreichfeldzug die 7. Panzer-Division, die »Gespensterdivision«, geführt hatte. Außer der »5. leichten« war Rommel nun auch noch die neuaufgestellte 15. Panzer-Division unterstellt worden. Beide Großverbände zusammen bildeten das »Deutsche Afrika-Korps«, dessen Truppen allerdings nicht vor Ende Mai in Nordafrika vollständig angelandet sein konnten.
Rommel begann seine Offensive mit allem was er hatte, und das war am 24. März nicht viel mehr als die Aufklärungs-Abteilung 3 und das Panzer-Regiment 5. Die Aufklärer erschienen urplötzlich vor dem Wüstenfort El Agheila und vertrieben die verdutzten Engländer, die mit dem Auftauchen der Deutschen noch nicht gerechnet hatten. Am 31. März umging Rommel die nächste britische Bastion, die Stellungen um Mersa Brega. Dabei wandte er seinen berühmt gewordenen Trick an und ließ durch mehrere Fahrzeuge riesige Staubwolken aufwirbeln. Die Engländer in Mersa Brega zählten die Wolken, glaubten sich von einer gewaltigen Streitmacht nahezu umzingelt und zogen sich kampflos zurück. Rommel ließ weiter vorgehen, obgleich das dem Befehl Hitlers nicht entsprach. Oberstleutnant von Wechmar hatte sich mit seinen Aufklärern bereits aufgemacht. Allgemeine Marschrichtung: Benghasi, die in britische Hände gefallene Hauptstadt von Italienisch-Nordafrika. Wechmar beschwor Rommel, der eine Warnung des Oberkommandos der Wehrmacht erhalten hatte, nicht nach Benghasi vorzurücken, die Aufklärer weiterrollen zu lassen. Rommel genehmigte den abenteuerlichen Zug seiner Aufklärungs-Abteilung 3. Unter dem Jubel der

italienischen Einwohner brummten die Panzerspähwagen, knatterten die Beiwagenmaschinen der Kradschützenkompanie, am Morgen des 4. April durch Benghasi. Wechmars Aufklärungs-Abteilung hatte nicht einen Mann verloren. Rommel selbst fuhr an der Spitze der Panzerspähwagen. Es war die hohe Zeit der Panzeraufklärer. Sie ging zu Ende, als die britischen Gegner nach und nach örtliche Luftüberlegenheiten und später die Luftherrschaft über dem ganzen nordafrikanischen Raum errangen.[8]

Rußland: Vormarsch

Die deutschen Kenntnisse über das militärische und wirtschaftliche Potential der Sowjetunion waren gering und, schlimmer noch, oft genug falsch. Der sowjetisch-finnische Krieg im Winter 1939/1940 hatte in hohem Maße dazu beigetragen, die russische Rote Armee zu unterschätzen. In einem für Hitler angefertigten OKW-Bericht über den finnisch-sowjetischen Krieg, datiert am 31. Dezember 1939, wurde die Rote Armee so bewertet:

»Quantitätsmäßig: gigantischer Militärapparat; Organisation, Ausrüstung und Führung: mittelmäßig; Befehlsprinzipien: gut; Offizierkorps: zu jung und unerfahren; Verbindungen und Nachrichtenwesen: schlecht; Truppe: ungleich und ohne Initiative; einfache Soldaten: guter Geist, bedürfnislos; Kampfgeist der Truppe: zweifelhaft. Im ganzen gesehen, ist das russische Volk kein Gegner für eine modern ausgerüstete und hervorragend befehligte Armee.«[9]

Als am 22. Juni 1941 die Panzeraufklärer den Truppen des Heeres voraus nach Rußland hineinzustürmen begannen, erlebten sie bereits in den ersten Tagen des Feldzuges, als die Rotarmisten noch überrumpelt auf dem Rückzug waren, einen ungewöhnlich harten Widerstand. Ein unter dem Eindruck des Erlebten am 28. Juni 1941 niedergeschriebener »Bericht über die Vormarschstraße des 26. und 27. Juni 1941« schildert die schon in den ersten Kampftagen auftretende Mühsal:

»Der Auftrag der Panzer-Aufklärungs-Abteilung 13, die in Anbetracht und der Wichtigkeit der geplanten Operation um 1 Kradschützen-Batl. und 1 Artillerie-Abt. und einen zusätzlichen Pionier-Zug verstärkt worden war, ging dahin, am 26. 6. 41, 4.00 Uhr,

aus Luck abzumarschieren, der Kampfgruppe Panzer-Regiment rechts gestaffelt voraus einen Bachübergang südlich Rowne zu nehmen und auf dem jenseitigen Ufer einen Brückenkopf zu bilden. Gleich beim Heraustreten am Ausgang von Luck trat die erste Feindberührung ein, deren Niederkämpfung erhebliche Schwierigkeiten bereitete, weil die der Pz. A.A. 13 unterstellten Teile noch fehlten. Trotzdem gelang es aber der besonders eifrigen und schneidigen Bedienung der Pak-Selbstfahrlafette, wie auch einer einfachen Pak, die angreifenden russischen Panzerkampfwagen zu vernichten... Trotz Teilnahme an den Feldzügen Polen und Frankreich war der Pak-Zug noch nie in eine derartige Lage gekommen und löste diese durch den erwähnten Abschuß hervorragend und stärkte das Vertrauen der Truppe zu dieser Waffe. Dieser erfolgreiche Auftakt verlieh selbst dem jüngsten Ersatzmann Schwung, und alles blickte zuversichtlich der Überwindung der annähernd 100 km langen vor uns liegenden Strecke mit vollem Vertrauen entgegen...
Der Vormarsch wird bei stechender Sonne und wüstenartigem Staub fortgesetzt.
Es ist gegen 16 Uhr geworden, als beim Einbiegen auf die nach Rowne führende Straße die Spitze aus einem Dorf Feuer erhält. Daraufhin wird die vorderste Kompanie auch noch aus der Flanke beschossen. Es muß der Vormarschweg erst wieder freigemacht werden. Der Abteilungskommandeur zieht eine Kompanie (Hauptmann Fau) des Kradsch-Btl. an die Spitze. Die Kompanie erhält den Befehl, die Häuser im Straßenkampf anzugreifen, zu säubern und nach Südwesten den Flankenschutz zu übernehmen, damit die verstärkte Pz.-Aufkl.Abt. durchziehen kann.
Selbstverständlich waren auch zwei Pak eingesetzt, nachdem mehrfach feindliche Pz.-Spähwagen auf der Straße den Widerstand der Russen mit ihrem Feuer unterstützen. Wieder sind es die Selbstfahr-Lafette und 1 Pak, die – seitwärts der Straße geschickt vorpirschend – 2 Pz.-Spähwagen vernichten.
Mit einem weiteren Nachdrängen in dieser empfindlichen Flanke, einem sehr ungünstigen Gelände, mußte gerechnet werden, und das einzige Mittel sich dieser Gefahr zu entziehen, hieß: ›vorwärts!‹
Inzwischen waren auch Teile des Gros durch plötzlich auftretenden Feind, der die Pz. A. A. erst einmal hatte durchmarschieren lassen, in Kämpfe verwickelt worden. Das Lösen vom Feinde war dadurch

sehr schwer, weil der Feind, als er die Absicht bemerkte, energischer wurde.
Das neue Gelände entlang der großen Straße war nunmehr übersichtlicher, und auch infolge der langsam hereinbrechenden Dunkelheit eine neue Taktik notwendig war. In die Spitze wird, außer 2 Pz.Spähwagen und der Pak der Vorhut, eine Kanone der zugeteilten II./A.R. 13 gesetzt und das Zeichen zum Antreten gegeben.
Der Pz. A. A. 13 ist es gelungen, mit allen Teilen die Straße zu erreichen und mit Tempo 30 nach Norden vorwärts zu fahren. Plötzlich das Zeichen: ›Halt! Scharf rechts 'ran, Panzergefahr von rechts!‹ Und richtig, aus südlicher Richtung sieht man Staub, und mit scharfem Glas erkennt man 7 Kolosse im Anrollen. Es gilt nun, die Abwehrwaffen geschickt einzusetzen, damit der anrollende Feind, ganz gleich aus welcher Talmulde er auftauchte, mit Sicherheit erledigt werden konnte. Kanone, Selbstfahrlafette und Pak, die sich in Deckung befinden, lassen, schußbereit, mit größter Ruhe und vertrauend auf ihre Treffsicherheit, die russ. Panzer anlaufen. Der erste geht neben einer Hausecke in Stellung, ist noch dabei den Turm in die Marschrichtung der an der Staubentwicklung erkannten Abteilung zu richten, – 5 Sekungen später brennt er. Der zweite Panzer wird von der Kanone der 5. Batterie unter persönlicher Feuerleitung des Obltn. Schröder außer Gefecht gesetzt, den nächsten Panzer schießt die Pak des Uffz. Dittmann ab, den vierten die Kanone der Artl. Dann wurde noch die Zugmaschine eines zwischen den Panzern fahrenden Geschützes zusammengeschossen. Die restlichen Panzer suchen ihr Heil in eiliger Flucht.
Zeichen: ›Aufsitzen! Marsch!‹
Es ist jetzt so dunkel geworden, daß der vorn fahrende Pz.-Spähwagen mit der Optik nichts mehr erkennen kann. Es muß deshalb die Selbstfahrlafette die Spitze übernehmen, dann Weitermarsch.
Befehl: ›Straße freimachen!‹ – Wieder ein dunkler Punkt, 2 Schüsse. Ohne Aufenthalt geht es weiter. Im Vorbeifahren erkennt man 2 Lkw, beladen mit Munition und dergleichen. Plötzlich Feuer von vorn – ein russ. Pz.-Spähwagen. Die Selbstfahrlafette schießt besser. Das Feuer schweigt schnell. Die Masse der Abteilung merkt von den Ereignissen nichts, da immer weitermarschiert wird.
Das Tagesziel ist nicht mehr zu erreichen. Die Hitze hatte den

Maschinen enorm zugesetzt, selbst die gute Straße brachte für die Kräder keine Erleichterung.
Es wurde versucht, mit dem Panzer-Regiment, das nicht allzu weit nördlich von uns stehen sollte, Verbindung aufzunehmen, um über Nacht in die Abwehr zu gehen und das zurückgebliebene Kradsch. Batl. aufschließen zu lassen. Ein entsprechender Funkspruch geht an die Division. Eine Antwort abzuwarten erübrigt sich, weil die Spitze wiederum auf 2 nicht genau erkennbare Kfz trifft, die durch Schüsse der Selbstfahrlafette brennen. Um das Feuer zu löschen, wird die Pioniergruppe nach vorn geholt. Die Kfz stehen so ungünstig auf der Straße, daß es wenig ratsam schien, in der Dunkelheit einen Umgehungsweg zu schaffen. Der Abt.Kommandeur befiehlt: ›Aufrücken der Abteilung nach vorn, von der Straße herunter, in einen Obstgarten, tarnen und igeln!‹ Nach vorn kann die Straße vermint werden, nach Südwesten und rückwärts nicht.
Alle Mann sind todmüde. Führer und Unterführer nehmen alle Energie zusammen, um die Sicherung und Abwehrbereitschaft herzustellen. Bis der Igel fertig ist wird es 01.30 Uhr.
Um 3.00 Uhr wollte die Abteilung den Vormarsch fortsetzen. Der Befehl zum Fertigmachen ist schon gegeben, als mit zunehmender Helligkeit auf den Höhen rechts und links der Vormarschstraße feindliche Infanterie bei Schanzarbeiten erkannt wird. Die Vormarschstraße war somit gesperrt und zunächst auch nicht angriffsweise zu öffnen. Anscheinend hatten wir den Feind eher bemerkt, als er uns. Das Geschütz geht in Stellung und zerstreut feindl. Ansammlungen.
Notwendig benötigen wir Verstärkung durch das Kradschützen-Batl. und die gleichfalls noch zurückhängende Artillerie. Befohlen wurden Maßnahmen zur Ausweitung des Igels, zum Instellunggehen, zur Verteilung der schweren Waffen. Während diese Befehle gerade ausgeführt werden, fährt eine starke russ. Kolonne mit Pz.-Spähwagen, Lkw, Pz.-Kampfwagen auf. Es beginnt ein heftiges Gefecht. Das hoch auf den Feldern stehende Korn erleichtert dem Feind die Annäherung. Während der ersten Phase griff der Feind nur vom Südwesten an, als er aber dort nicht durchkam, versuchte er uns von Nordwesten und von Südosten zu umgehen. Die wenigen einsatzfähigen Pz.-Spähwagen übernahmen den Flankenschutz und die Paks schießen die angreifenden Späh- und Kampfwagen

zusammen, das zusammengefaßte Feuer der beiden Infanterie-Geschütze liegt auf der Straße, daß die Lkw der Russen auch nicht mehr vorwärts können. Aber immer neue Angriffe setzten ein. Die ersten Verluste sind zu beklagen. Ein Gedanke herrscht vor: Die Verteidigungsstellung des Igels unter allen Umständen zu halten, anderenfalls die Fahrzeuge der Abteilung verloren gehen mußten und dann die Pz. A A. für die Dauer dieses Feldzuges außer Gefecht gesetzt wäre. Der Zufall hat gewollt, daß die Igelstellung der Abteilung in Richtung auf den angreifenden Feind etwas am Hinterhang liegt, was auch den Nachteil hat, als der schanzende Feind besten Einblick hatte und uns durch Scharfschützen auch Verluste zufügte.

Der Schwerpunkt der russ. Angriffe lag verschieden. Es bedurfte jeweils des Umgruppierens einzelner Waffen, wobei die Pz.-Spähwagen die Gefechtsaufklärung in ausgezeichneter Weise lösten, oftmals entscheidend mit starker Abwehr eingriffen.

Als beobachtet wurde, daß 3 Panzerwagen von 3 verschiedenen Seiten auf die Abteilung zufuhren, bedurfte es größter Kaltblütigkeit und des rücksichtslosen Einsatzes, eine Panik, die zur eigenen Vernichtung geführt hätte, zu verhindern, und dieses gelang vollkommen.

Nur der Einsatzbereitschaft und Aufmerksamkeit sowie Wendigkeit der Selbstfahrlafette unter Führung des Obfeldw. Uhlmann (Geschützführer Uffz. Melzer) ist es zu danken, daß alle 3 Panzer abgeschossen wurden, und der Angriff damit wieder gestoppt wurde.

Die Munition fing an knapp zu werden, und die Lkw-Fahrer saßen hinter einem Steinhaus, vor sich die Munitionskisten, gurteten die M.G.Trommeln der Pz.-Spähwagen, die auch – nachdem sie sich verschossen hatten – mit neuer Munition versehen wurden. Kein Einziger durfte tatenlos herumstehen, sondern jeder an seinem Platz mit ganzer Person mithelfen.

Zeitweilig war die Lage mehr als bedrohlich, und Hilferufe zur Entlastung und Unterstützung wurden an Divisionen und Panzer-Regiment gefunkt. Kurz nach 3.00 Uhr des 27. 6. hatte der Kampf begonnen, und gegen 9.00 Uhr erschienen unsere Panzer fern am Horizont und wurden durch weiße Leuchtkugeln in unsere Richtung geleitet. Zum Eingreifen in den Kampf kamen sie zu spät.

4 Panzer I und II trafen gegen 10 Uhr bei der Abteilung ein. Trotzdem war es eine große Beruhigung, da die Munition sehr knapp geworden war, vor allem fehlte panzerbrechende Munition. Besonders hervorzuheben wegen ihres Einsatzes und ihrer Tapferkeit:

- Oberleutnant von Boehn, Chef 3./Pz. A.A.13, der in der B-Stelle seines I.G.-Zuges durch Kopfschuß gefallen ist, nachdem er dort das Feuer geleitet hat,
- der Oberfeldw. Uhlmann sowie der Uffz. Melzer mit seiner Bedienung
- der Selbstfahrlafette,
- die I.G.-Bedienung unter Führung des gleichfalls verwundeten
- Stabsfeldwebel Lange und später des Feldw. Bein,
- die M.G.-Staffel der 2. Kompanie, und der Unterarzt Wille, der persönlich mit den Krankenträgern in der vordersten Linie die Schwerverwundeten zu bergen half,
- der Pionier-Zug des Pz.Pi.Batl. 4 unter Leutnant Wildaur, der bei der Abwehr und bei einem Gegenangriff verwundet wurde.

Dieses sind einige, die erwähnt werden mußten. Eine große Zahl hat sich ebenfalls so hervorragend bewährt, daß sie namentliche Erwähnung verdienen, doch kann im Drange des Gefechts der Name nicht festgestellt werden. Evtl. Vorschläge zwecks Auszeichnung werden nachgereicht. Nicht zu vergessen sei die Arbeit des Nachrichten-Zuges, da die Funker in ihren meistens ungeschützten Fahrzeugen die ganze Zeit des 6-stündigen Gefechts an ihren Geräten blieben, obwohl mehrfach Schüsse die Fahrzeuge trafen.

In den frühen Nachmittagsstunden war es erst möglich, beim Eintreffen der Schützenbrigade das Kampfgelände näher anzusehen. Dort lagen zerschossene Panzer, Pz.-Spähwagen, Lkw. In einem Chausseegraben alleine, wie an einer Schnur gereiht, über 30 Leichen und viele Verwundete, und mit Stolz wird jeder Angehörige der Abteilung an den 27. 6. 41 zurückdenken, und die an diesem Morgen gefallenen Kameraden in besonderer Erinnerung bewahren.«[10]

Als dieser Bericht geschrieben wurde – wahrscheinlich vom Kommandeur der Pz. A. A. 13 und ganz sicher im Zustand völliger Übermüdung – war der Rußland-Feldzug ganze sechs Tage alt.

Nur wenige Tage später, am 1. Juli 1941, hatten Teile der zur

Waffen-SS-Division »Das Reich« gehörenden Panzer-Aufklärungs-Abteilung eine typische Alltagsaufgabe vormarschierender Aufklärer zu lösen: Die Brücke von Puchowiece im Handstreich zu nehmen und am jenseitigen Ufer des Flüßchens Switocz einen Brückenkopf zu bilden. Diese 60 Kilometer von Minsk entfernte Brücke ist für den weiteren Vormarsch der gesamten Panzergruppe Guderian von entscheidender Bedeutung.

Um zwei Uhr nachts sind die übermüdeten, verstaubten und verschwitzten Soldaten der 2. Kradschützenkompanie auf ihren Beiwagenkrädern losgefahren. In der Morgendämmerung knattern ihre Kräder mit 70 km/h durch die menschenleeren Dorfstraßen von Borod und Plon, dann rasen sie durch Puchowiece. Vom Ortsausgang sind es nur noch wenige hundert Meter über eine Kuppe hinweg zur Brücke.

Die von Unterscharführer Manfred Renz geführte Spitzengruppe reißt die Kräder in einer »Stellungskurve« nach links – und die heftige Zentrifugalkraft unterstützt das Herausspringen der Soldaten aus den Beiwagen nach rechts während der Fahrt. Die Fahrer donnern mit den Krädern wieder hinter die Kuppe in Deckung.

Die abgesessenen Soldaten aber rennen der Brücke entgegen, Renz betritt sie als erster. Am rechten Brückenrand liegt etwas Schwarzes – eine Sprengladung samt Zündschnur. Renz kickt sie kurzerhand ins Wasser hinab. Er poltert weiter über die Holzbohlen, hinter ihm seine Gruppe, dann dichtauf der Kompaniechef, Obersturmführer Vogt, und die Gruppe Öchsner. Schlagartig beginnen russische Gewehre und Maschinengewehre durch die Morgenstille zu hämmern. Querschläger jaulen. Die Soldaten rennen um ihr Leben – sie haben die Brücke hinter und deckungsloses Gelände vor sich.

Vom hinter ihnen liegenden Ufer aus halten die zwei Achtrad-Spähwagen der Kompanie, dazu das unterstellte Sturmgeschütz »Schill« und die Panzerabwehrgeschütze der 4. Kompanie der Aufklärungs-Abteilung mit ihrem Feuer den Feind nieder. Auch die Fahrer der Beiwagenmaschinen beteiligen sich inzwischen am Feuergefecht. Nun rasseln noch die Sturmgeschütze »Lützow« und »York« ans rückwärtige Ufer und schießen Nebelgranaten zwischen den Feind und die weiter stürmenden Kradschützengruppen, die bald in Deckung gehen und sich eingraben müssen: Das russische Abwehrfeuer hat sich weiter gesteigert. Niemand kommt mehr lebend über die 150 Meter lange, verfluchte Brücke von Puchowiece. Der helle Tag ist angebrochen. Die Sonne knallt auf die Stahlhelme. Da klappern ein Panzerspähwagen und das Sturmgeschütz »Schill« über die Brücke. Gellend prallen die Infanteriegeschosse von den Panzerplatten ab. »Schill« dringt zwei Kilometer weit in den Brückenkopf vor und aus ihm heraus, überrennt russische Feldposten, walzt über Deckungslöcher.

Aus einem Waldstück schwankt ihm ein Russenpanzer entgegen. Die schweißüberströmten Sturmartilleristen laden Panzersprenggranaten. Nach dem dritten Schuß bleibt der Russenpanzer liegen, aber hinter ihm brummt der nächste heran und wird durch einen Volltreffer zerstört. »Schill« greift nun flüchtende sowjetische Kolonnen an. Russische Pak blitzt am Waldrand. Zwei Granaten prallen an der Bugpanzerung ab, eine dritte durchschlägt die rechte Seitenwand. Zwei Kanoniere werden leicht verwundet. »Schill« besitzt nur noch zwei Granaten.

Am Ortsausgang Puchowiece beobachten die Geschützführer der Sturmgeschütze »York« und »Lützow«, wie jetzt drüben sowjetische Panzer aus einem Wald hervorbrechen. Gleichzeitig eröffnen hervorragend getarnte russische Panzerabwehrkanonen das Feuer auf die Sturmgeschütze. Es blitzt drüben zwischen den Bäumen, und fast gleichzeitig detonieren mit trockenem Krachen die Geschosse in der Nähe. Die Sturmgeschütze schießen. Beim Abschuß rucken sie rückwärts, Feuerlohe wabert für Sekunden aus dem zuckenden Geschützrohr, Pulverqualm weht fort.

Die beiden Sturmgeschütze vernichten sieben Panzer – drüben lodern Fackeln, quillt schwarzer Qualm aus zerborstenem Stahl, drüben sterben Menschen. Es stirbt, wer am langsamsten schießt oder schlecht zielt. Es überlebt, wer schnell und gut schießt – ein grausames Spiel mit einfachen Regeln. Es stirbt aber auch, wer müde wird und in seiner Aufmerksamkeit nachläßt. »York« und »Lützow« schießen ungerührt weiter, nun auf die Pak. Fünf Panzerabwehrgeschütze der Russen fallen durch Volltreffer aus.

Vorn im Brückenkopf aber liegen in der vor Hitze flimmernden Luft noch immer die paar Kradschützen, die jetzt von russischen Panzerspähwagen angegriffen werden. Der eigene Achtrad-Spähwagen läßt die 2-cm-Kanone stockern. Der vorderste russische Spähwagen brennt sofort. Gluthitze umfängt ihn, eine pechschwar-

Italien, September 1944: Ein brennender italienischer Panzer-Spähwagen. *(Bundesarchiv)*

Nordafrika 1942: Der leichte Schützenpanzerwagen »Greif«, (Sd. Kfz. 250), zeitweilig Rommels Befehlswagen, der im ganzen Afrika-Korps berühmt war. Rommel: mit Schirmmütze, vorn. *(Bundesarchiv)*

Nordafrika 1942: Panzerspähwagen Sd. Kfz. 260/261, Funkwagen mit Rahmenantenne. *(Bundesarchiv)*

Nordafrika, 10. April 1942: leichter deutscher Panzerspähwagen (Sd. Kfz. 221) auf der Höhe 102, 22 km westlich El Gazala. *(Bundesarchiv)*

Englische Infanteristen in Deckung eines abgeschossenen Panzerspähwagens (Fu) mit Drehturm und Bügelantenne. Nordafrika 1942. *(Bundesarchiv)*

Beutefahrzeuge:

Erbeuteter französischer Panhard 204 4-Rad-Panzerspähwagen mit Rahmenantenne auf Schienenrädern als Aufklärungsfahrzeug vor einem Panzerzug eingesetzt. *(Bundesarchiv)*

Am 12. Juni 1940: Bei St. Hilaire haben deutsche Aufklärer soeben einen leichten französischen Panzerspähwagen Panhard 204 erbeutet und in Dienst gestellt. *(Bundesarchiv)*

Ein Panhard 204 als Beutefahrzeug in deutschen Diensten bei einer Übung im Frankreich des Jahres 1942. *(Bundesarchiv)*

Südfrankreich, Herbst 1943: Ein Achtrad-Panzerspähwagen von Austro-Daimler, der im ehemaligen österreichischen Bundesheer gefahren wurde. *(Bundesarchiv)*

Frankreich, 27. Juni 1944: Ein mit Granatwerfern bestückter britischer Panzerspähwagen, der bei Caen abgeschossen wurde. *(Bundesarchiv)*

Frankreich, September 1944: Ein während der Invasion von deutschen Truppen erbeuteter US-amerikanischer Panzerspähwagen M-8. *(Bundesarchiv)*

Ein bei der Invasion in Frankreich erbeuteter amerikanischer M-8-Panzerspähwagen, der nun mit deutscher Besatzung gefahren wurde. *(Bundesarchiv)*

Ein vom Deutschen Afrikakorps 1941 erbeuteter Panzerspähwagen, dessen Typ nicht bekannt ist. *(Bundesarchiv)*

ze Wolke brennendes Öl hüllt ihn ein. Ein ausbootender Russe fällt im Feuer der Kradschützen, ein zweiter entkommt robbend im Straßengraben. Der zweite Russenpanzer fährt eilends im Rückwärtsgang vom Gefechtsfeld.
Die Schießerei läßt nach. Vereinzelt tocken noch Gewehrschüsse, manchmal ploppt langsam und dunkel ein russisches Maschinengewehr.
Die Handvoll Kradschützen und ihr Spähwagen sind immer noch allein im Brückenkopf. Das munitionslose Sturmgeschütz »Schill« ist befehlsgemäß über die Brücke zurückgerappelt. Eine Stunde vergeht. Mittagszeit. Pralle Sonne noch immer und erst recht. Die Erregung des Kampfes fällt ab, die Müdigkeit droht die Soldaten zu übermannen: Die ganze Woche hatten sie keine Ruhe gehabt, gestern gleich zwei schwere und verlustreiche Gefechte überstanden, dann einen Spähtrupp und in der Nacht aufgebrochen zu diesem Unternehmen.
Es vergeht wieder eine Stunde. Die Landser dösen in ihren Löchern. Da schreit der Unterscharführer Renz auf: Die eigene Infanterie kommt! In Schützenkette, Gruppe neben Gruppe, Zug neben Zug kommen die Infanteristen von der Brücke her und ziehen in den Brückenkopf ein. Kein Schuß fällt mehr da drüben beim Russen.
Die Kradschützengruppen Renz und Öchsner aber erhalten den Befehl, zurückzugehen und sich beim Abteilungsgefechtsstand zu melden. Langsam klettern sie aus ihren Deckungslöchern, nehmen die Waffen auf und gehen zurück. Sie sind müde, abgekämpft und erleichtert. Dumpf trampeln ihre Stiefel über die Holzbrücke von Puchowiece. Sie haben wieder einmal Glück gehabt. Sie werden still, als sie auf dem Westufer – dicht neben der Brücke – den ausgebrannten Achtrad-Spähwagen des Oberscharführers Schulte stehen sehen: Schulte und die ganze Besatzung sind tot. Volltreffer der russischen Pak.
Die vormarschierenden Truppen rollen heran, holpern über die Brücke von Puchowiece. Für sie ist es irgend eine verdammte Brücke in diesem verdammten Land. Menschen sind gestorben wegen einer lumpigen Brücke aus Holz, die über ein unbedeutendes Flüßchen führt. Für die Panzergruppe Guderian aber ist es die Öffnung eines Vormarschweges. Der Heerwurm wälzt sich weiter nach Rußland hinein.

Rußland – das größte Land der Erde, unermeßlich weit und für die Panzeraufklärer ein schier unbegrenzter Bewegungsraum. Unerschöpflich schienen die ihnen gestellten taktischen Aufgaben. Doch bald sollte sich zeigen, daß ein reines Spähen – ein Sehen, ohne gesehen zu werden – verhältnismäßig selten wurde. Häufiger und wichtiger wurde die gewaltsame Aufklärung, bedingt durch die Verhältnisse aber füllten Nebenaufgaben, wie Flankenschutz und Sicherung, den Alltag bis zur Erschöpfung und Auszehrung aus.
Die Panzer-Aufklärungs-Abteilung 13 hatte vom 18. bis zum 21. Juli 1941 die linke Flanke der angreifenden 13. Panzer-Division abgedeckt. Dann aber sammelte sich die Division nach Erfüllung ihres Auftrages, und die Aufklärer hatten nun, mit der Kradschützen-Kompanie des Oberleutnants von Maltzan, den Großverband nach Nordosten zu sichern. Sie taten es in routinierter Weise.
Der 22. Juli verging ohne größere Kampfhandlungen. Im Nordosten waren lediglich einige sowjetische Spähtrupps erschienen. Das Bild änderte sich am 23. Juli, und der Gefechtsbericht der Pz. A.A. 13 vermerkte: »... gegen 08.00 Uhr meldeten die angesetzten Gefechtsaufklärer und die Gefechtsvorposten erhöhte Spähtrupptätigkeit feindlicher Reiter und Schützen aus nordostwärtiger Richtung und Bewegungen größerer Feindkolonnen aus Richtung Welikaja Motowilowka und Slobodka.
Vor dem Druck dieses Feindes mußten die eigenen Spähtrupps und die Gefechtsvorposten gegen 09.30 Uhr die vor der Stellung liegenden Höhen aufgeben, sodaß die Feindbewegungen im Hintergelände nun nicht mehr kontrolliert werden konnten.
Nachdem auf der überragenden Höhe zuerst nur schwache russische Spähtrupps beobachtet wurden, waren ab 10.00 Uhr stärkere Feindgruppen, vor allem beobachtende Offiziere zu Fuß und zu Pferde, erkannt. Etwas später wurde das Instellunggehen von 2 kleineren Feldgeschützen bemerkt. 2 feindl. Panzer fuhren auf der Höhe auf, feindl. Gefechtsaufklärung zu Fuß und zu Pferde wurde über die Höhe in breiter Front in Marsch gesetzt.
Nach dem Verhalten des Feindes zu urteilen, war sich dieser über Stärke und genaue Stellung unserer durch den Infanterie-Geschütz-Zug und die 2 Pak verstärkten Kradschützen-Kompanie in keiner Weise im klaren. Die Kompanie hatte Schußverbot und Befehl, sich vollkommen ruhig und getarnt in ihren Stellungen zu verhalten.

Als sich die feindlichen Spähtrupps etwa auf 600 m der Kompanie genähert hatten, trat von der Höhe aus der Feind in Stärke von einer Kompanie entfaltet und in der Tiefe gestaffelt an und ging mit der Masse links der Straße vor. Granatwerferfeuer des Feindes streute vereinzelt die Stellung der Kompanie ab, ohne Schaden anzurichten.
Auf 400 m herangekommen, wurden die feindl. Spähtrupps durch kurzen Feuerüberfall mit l. M.G. schlagartig bekämpft und zum Hinlegen gezwungen. Im linken Abschnitt gelang es, zurückeilende Melder abzuschießen; rechts war dieses wegen des Geländes nicht möglich.
Im gleichen Moment, da die Spähtrupps durch die l. M.G. bekämpft wurden, machte die s. M.G.-Gruppe auf die jetzt auf 1000 m herangekommene Infanterie einen Feuerüberfall. Die Russen gingen sofort weit auseinander und griffen mit 2 Zügen rechts und 1 Zug links der Straße an. Feindliche Pak, die die Infanterie begleiteten, eröffneten das Feuer. Ebenso lag die Kompanie unter dem Feuer der beiden auf der Höhe in Stellung gegangenen Geschütze. Die eigenen Infanterie-Geschütze bekämpften die feindlichen Geschütze und die Pak. Die s. M.G. hielten vor allen Dingen den Feind im linken Abschnitt nieder und brachten dem vorgehenden Gegner schwere Verluste bei, sodaß der Angriff liegen blieb. Russische Offiziere, vielleicht auch Kommissare, z. T. zu Pferde und mit gezogenem Säbel, vermochten selbst durch Dreinschlagen mit der Klinge und durch Hineinschießen in ihre Leute nicht, den Angriff wieder in Gang zu bringen.
Zu diesem Zeitpunkt wurde das Antreten einer weiteren russischen Kompanie von der Höhe aus – und zwar nur rechts der Straße – erkannt. Die auf dieser Seite befindlichen Teile der anderen russ. Kompanie hatten sich jetzt bis auf 900 m der deutschen Stellung genähert. Zusammengefaßtes Feuer der I.G. und der s. M.G. zwangen den Gegner immer wieder in Deckung zu gehen. Trotzdem kam der Angriff weiter vorwärts. Nur an einzelnen Stellen wurden rückläufige Bewegungen erkannt, die aber sofort, anscheinend von Offizieren, unterbunden wurden.
Der links der Straße liegende Feind bekämpfte mit l. M.G. die Beobachtungsstelle der I. G. und die Feuerstellung der s. M.G. Ein über den Hang springender schw. M.G.-Zug des Feindes, der am

Vorderhang in Stellung gehen wollte, wurde durch die eigenen s. M.G. vernichtet, ohne selbst zum Schuß gekommen zu sein.
Der rechts im Kornfeld vorgehende Feind war trotz großer Verluste bis auf 600 m herangekommen. Unter Einwirkung des I.G.- und s. M.G.-Feuers versuchte er nach rechts eine Umgehung, wurde hieran aber durch einen in der linken Flanke des Feindes schneidig arbeitenden Pz.Spähtrupp des Leutnant Franke gehindert, der immer wieder von der Seite und zum Teil von halb rückwärts den Gegner bekämpfte.
Der Russe links der Straße begann jetzt eine Flankenbewegung nach links einzuleiten, und das unter Ausnützung einer Schlucht. Dieser Bedrohung konnte im Moment nur durch erhöhte Aufklärung in der linken Flanke der Kompanie durch schnell zusammengeraffte Schützen begegnet werden.
Als der Feind im rechten Abschnitt bis auf 500 m herangekommen war, eröffnete der verstärkte Zug des Ltn. Nicolai aus allen M.G. das Feuer auf den Angreifer, unterstützt durch die I.G. und s. M.G. Die Wirkung war überraschend: Der Angriff kam ruckartig zum Stehen. Teile des Gegners gingen zurück. Deutlich war zu erkennen, wie eine Pak-Bedienung ihr Geschütz im Stich ließ und sich fluchtartig zurückzog. Eine eigne, links der Straße eingesetzte Pak, schoß die feindliche zusammen.
In dieser Zeit wurde auch die Bewegung des Feindes in der linken Flanke der Kompanie abgewehrt, es waren dies nur schwache Kräfte.
Der feindliche Angriff war zum Stehen gekommen. Die vordere Kompanie der Russen ging äußerst geschickt und vorsichtig bis auf 800 m zurück und grub sich, im Feuer der I.G. und s. M.G., ein. Dieses Lösen unterstützte eine in der Gegend Slobodka stehende russische Batterie, die in schneller Schußfolge, aber ohne Verluste zu erzielen, die deutsche Stellung beschoß. Die zweite russische Kompanie ging ebenfalls bis hinter die Höhe zurück, und entzog sich so den Blicken und dem gezielten Feuer der verstärkten Kradschützenkompanie.
Das Gefecht beschränkte sich im weiteren Verlauf nur auf den Kampf der schweren Waffen und auf kurze Feuergefechte der von beiden Seiten angesetzten Spähtrupps.
Der Rest des Tages und die darauf folgende Nacht verliefen ruhig.

Am nächsten Tag wurde die Kompanie während erneut auflebender russischer Gefechtstätigkeit von der Aufklärungs-Abteilung einer Fußdivision abgelöst.
Verluste sind in diesen Tagen nicht eingetreten. Der Munitionsverbrauch war gering.«[12]
Im Nordabschnitt der Ostfront lagen die Männer der Panzer-Aufklärungs-Abteilung 4 im Verband der 1. Panzer-Division im Orte Ssabsk – einem über den Fluß Luga in Richtung Leningrad vorgetriebenen Brückenkopf. Erstmalig erlebten die Aufklärer hier eine feindliche Luftüberlegenheit. Sie zerrte an ihren Nerven, raubte ihnen offensichtlich aber nicht den Humor. So funkte der Kommandeur der Pz. A.A. 4, Oberstleutnant von Scheele, am 17. Juli 1941 an die Führungsstaffel der 1. Panzer-Division:

»Der Russenflieger über uns sehr viele,
sie suchen uns im Tiefangriff zum Ziele.
Wo bleibt Professor Messerschmitt?
Wir machen sonst hier nicht mehr mit!«

Der 1. Generalstabsoffizier (1a) der Division forderte eigene Jagdflieger an und fragte dann, gleichfalls in gereimter Form, per Funk bei den Aufklärern an:

»Sind jetzt eigene Jäger da? Oder nur die Ratata?
Hat die Flak schon einen runter?
Oder bombt der Feind noch munter?«

Die Aufklärer funkten mürrisch zurück:

»Einen hat sie runter, zehne bombten munter;
und der deutschen Jäger zwei, – waren leider grad vorbei!«

Oberstleutnant i. G. Wenck, der 1a der 1. Panzer-Division, benachrichtigte das vorgesetzte XXXXI. Panzer-Korps über das Ausbleiben der deutschen Jagdflieger wiederum mit einem Vers:

»Hurra, hurra, hurra – endlich sind mal Jäger da!
Leider keine Nazi-Flieger, alles Bolschewisten wieder!«

Die Reime bewirkten mehr als bittere Proteste: Am Abend flogen endlich deutsche Jagdflieger an und sorgten für ein angenehmeres Leben ohne russische Tiefangriffe.[13]
Am 7. August 1941 war es, als eine Vorausabteilung der 3. Panzer-Division unter Major Frank sich zu einem Fernunternehmen fertigmachte: Die Aufklärungs-Abteilung 1, eine Kompanie der Panzer-

jäger-Abteilung 521, ein Zug Artillerie und Zug der 3./Pionier-Bataillon 39 marschierten durch Wälder und Sümpfe aus der Raume des Osterflusses gute 100 Kilometer weit ins feindliche Hinterland hinein, sprengten bei Kletnja die Eisenbahnlinie und kehrten nach 5 Tagen wieder zur Division zurück.

Als die 3. Panzer-Division wenig später zum Angriff trat – der Ende August in die große Schlacht von Kiew einmünden sollte – besetzte die Vorausabteilung am 19. August das Städtchen Starodub. Der Zufall wollte es, daß dort eine kurze Zeit lang eine ganz andere Art der Aufklärung betrieben werden konnte: Ein Nachrichtensoldat erhielt den Befehl, in Starodub einen Telegrafenmast zu ersteigen und die Fernsprechleitungen zu kappen, damit etwa noch bestehende Verbindungen zum Feind zerstört würden. Der Soldat auf dem Mast hörte durch Zufall auf den Leitungen noch Fernsprechbetrieb und holte einen Dolmetscher, der feststellte, daß es sich um militärische Gespräche handelte.

Wie der Oberleutnant Günther Heysing in einem Bericht der Propaganda-Kompanien beschrieb, wurde im Postamt Starodub die entsprechende Leitung und Klappe ausfindig gemacht. Fortan war es möglich, die Dienstgespräche der von Marschall Timoschenko geführten sowjetischen Heeresgruppe abzuhören. Aber auch das Amt Starodub wurde vom sowjetischen Führungsstab angerufen. Es meldete sich der Dolmetscher, der sofort einen Anpfiff von einem unbekannten, aber offenkundig hohen Sowjetoffizier erhielt, »weil er solange geschwiegen« hätte. Der Dolmetscher reagierte geschickt und erklärte in gekränktem Ton, daß er der Unterleutnant Mirow sei und gerade eben erst die Deutschen aus Starodub vertrieben hätte. Über 250 Mann und eine Batterie verfüge er. Tatsächlich brachte der russische Heeresbericht alsbald die Nachricht von der Rückeroberung Starodubs durch die Rote Armee.

Der sozusagen »heiße Draht« in Timoschenkos Hauptquartier brachte erstaunliche Aufklärungsergebnisse. Die Decknamen-Verschleierung war einfach zu durchschauen und so konnten die Standorte mehrerer höherer Stäbe, darunter die Lage eines Artillerie-Kommandos lokalisiert werden. Auf sie erfolgten deutsche Sturzbomberangriffe. Ferner gelangte die deutsche Führung in den Besitz abgehörter russischer Befehle und das Städtchen Starodub blieb tagelang von den Angriffen sowjetischer Flugzeuge verschont, weil die Russen lange Zeit fest daran glaubten, diesen Ort selbst in Besitz zu haben.[14]

Die Panzer-Aufklärungs-Abteilung 13 befand sich inzwischen wieder auf dem Vormarsch: Am 6. August, morgens 5.00 Uhr trat sie an, wurde prompt von russischen Flugzeugen im Tiefflug angeflogen, jedoch nicht beschossen, und marschierte weiter in Richtung auf Krementschug. Wieder kommt es zu den schon gewohnten Bildern dieses Feldzuges: Die russischen Tiefflieger nun doch im Angriff. Abwehrfeuer aus der Kolonne. Absturz eines Jagdflugzeuges. Dörfer mit Ziehbrunnen. Staubige Straßen. Schüsse aus Katen. Seitwärts schwenkende Maschinenwaffen. Feuerstöße. Kradschützen laufen durch Gärten. Rotarmisten heben die Arme.

Am Dnjepr allerdings endete die Routine und Neues kam auf die Aufklärer zu. Der Auftrag: Unterbinden von Fährbetrieb und Schiffahrt. Nordwestlich des Ortes Datscha richteten die Aufklärer eine Beobachtungsstelle ein, von der sie den Dnjepr und das Hinterland weit überblicken konnten. Reger Betrieb herrschte: Schiffe und Fähren belebten den Strom. Hauptmann Fau vom Kradschützen-Bataillon 43 sah sich plötzlich vor die Notwendigkeit gestellt, mit seinen Kradschützen und zwei unterstellten Geschützen der Batterie Kuklick so etwas wie Marine-Artillerie zu spielen. Westlich des Nordrandes von Derejewka gingen die Geschütze in sorgfältig getarnte Stellungen. Sie versenkten mit gut gezieltem Feuer in verhältnismäßig kurzer Zeit einen bewaffneten großen Passagierdampfer, ein kleineres Frachtschiff und vier Schleppkähne. Im Morgengrauen des 8. August übernahm der im Nordteil von Derejewka liegende verstärkte Kradschützenzug des Oberfeldwebels Hilski die Seekriegsführung: Er ließ eine der beiden ihm unterstellten Panzerabwehrkanonen (Kaliber 5 cm) dicht ans Ufer vorziehen. Drei Frachtschiffe versenkte die Pak. Ihnen folgte ein größeres Transportschiff, dessen Maschinenanlage durch Pak-Treffer beschädigt wurde. Oberfeldwebel Hilski entsandte nun einige Kradschützen als Prisenkommando auf das Schiff, das sich als Lazarettschiff, jedoch ohne Kennzeichnung, auswies. Die etwa 40 an Bord befindlichen Verwundeten wurden samt Pflegepersonal dort belassen.

Leutnant von Groeling von den Aufklärern, löste den Kradschützenzug Hilski ab. Auch Groeling hatte schwere Waffen unterstellt

erhalten: Je ein Zug Pak und Artillerie. Auch diese versenkten Schiffe, Schlepper und Lastkähne – insgesamt wurden in zwei Tagen von den schweren Waffen 2700 Bruttoregistertonnen russischen Schiffsraumes versenkt.
Leider ging das nicht ohne Verluste ab: Leutnant von Groeling hatte den Befehl erhalten, ein Motorboot mit Freiwilligen zu besetzen und die vorüberfahrenden Schiffe zu kontrollieren. Das ging auch ohne Schwierigkeiten, und bei dieser Arbeit als Prisenkommando näherte sich Groeling mit dem Motorboot immer weiter dem jenseitigen Dnjepr-Ufer. Feind war dort nicht zu erkennen – im Leutnant von Groeling erwachte sofort der Aufklärer-Drang. Er beschloß, anzulanden und als Spähtrupp vorzugehen. Unmittelbar am Ufer setzte der Bootsmotor aus. Als die Soldaten gerade versuchten, ihn zu reparieren, begann von der Landseite her eine Schießerei. Das eigene Maschinengewehr entglitt bei den ersten Feuerstößen ins Wasser.
Mit einem Male war aus einem beinahe übermütigen Unternehmen ein drohendes Verhängnis geworden. Wer nicht abgeschossen werden oder in Gefangenschaft fallen wollte, mußte schwimmen – ohne Schwimmweste, in Uniform und unter dem Feuer der Russen. Der Dnjepr war 900 Meter breit und hatte eine mächtige Strömung. Sie sprangen ins Wasser und schwammen: Die Leutnante von Groeling und Nicolai, der Fahnenjunker-Gefreite Otto und zwei Soldaten. Leutnant Nicolai erreichte eine Sandbank außerhalb der Reichweite von Handfeuerwaffen. Er wartete dort zwei Stunden. Von seinen Kameraden sah und hörte er nichts. Der weitere Verlauf der Kampfhandlungen ließ die angesetzte Rettungs- und Suchaktion nicht zur Ausführung kommen.
Das Kradschützen-Bataillon war nämlich aus dem Dnjepr-Bereich herausgezogen und zur Sicherung einer Lücke zwischen der eigenen 13. Panzer-Division und der benachbarten 14. Panzer-Division. Die Lücke war 23 Kilometer breit. Um den Auftrag erfüllen zu können wurde das Vorgelände bis zu einer Tiefe von 35 Kilometern ständig von kampfkräftigen Spähtrupps durchstreift. Sie wurden täglich in drei Aufklärungswellen, beginnend mit dem Morgengrauen und sich einander ablösend eingesetzt und durchgehalten jeweils bis zum Eintritt der Dunkelheit. Einem von Leutnant Korkhaus geführten Spähtrupp gelang es, einen russischen Melde-

reiter abzufangen. Durch seine Aussagen und die bei ihm gefundenen Unterlagen ging hervor, daß die 26. sowjetische Kavallerie-Division auf der großen Straße längs des Dnjepr nach Nordosten vorstieß.
Tatsächlich meldeten bald danach Spähtrupps der Pz.A.A. 13 Zusammenstöße mit Marschsicherungen des als Spitze anrückenden 125. sowjetischen Kavallerie-Regiments in der Gegend von Kuzewolowka. Die von den Aufklärern angeschossenen Marschsicherungen drehten ab und gerieten wiederum bei Jassinowatka und bei Berestki erneut an die Spähtrupps der Aufklärer.
Die deutsche Sicherungslinie wurde daraufhin vorverlegt. Der Leutnant Kannicht drang nun weit hinter die feindlichen Linien bis Kalushino und Michurin Rog vor. Das Feindbild war von Anfang an klar und deutlich. Meldung folgte auf Meldung. Doch am 12. August setzte heftiger Regen ein – die Wege weichten auf und wurden für Kraftfahrzeuge ungangbar. Die Panzeraufklärer gaben nicht auf, sondern stiegen von ihren Achtrad-Spähwagen auf pferdebespannte Panjewagen um. »Hüh!«, riefen sie und die Räder matschten durch den Schlamm.[15]
Es war ein harter, mühseliger und verlustreicher Kampf, aber er verlief – noch – siegreich. Im Kriegstagebuch der 6. Panzer-Division künden davon die von den Funkern der Divisions-Führungsstaffel aufgenommenen und im Klartext niedergeschriebenen Funkmeldungen der Aufklärungs-Abteilung 57. Am 15. August 1941 reichte sie die Meldungen ihres Spähtrupps Krüger der Division weiter:
»1745 Standort 2 km ostwärts *Prologi,* Wald eigenes Artilleriefeuer, biege westlich aus«. (Die vierstellige Zahl am Beginn jeder Meldung gibt die Uhrzeit an).
Der Spähtrupp Krüger berichtet lapidar, was in Wirklichkeit eine spannungsvolle, lebensgefährliche Unternehmung war:
»1900 *Kuljnewo* feindfrei«.
Hingegen:
»1955 *Knjashewo* feindbesetzt, 2 feindl. Kampfwagen, Ort unter eigenem Artilleriefeuer.«
Dann schwieg der Spähtrupp Krüger. Erst am anderen Morgen konnten die Funker der Divisions-Führungsstaffel notieren:
»0830 Wald 2 km ostwärts *Treskowizy.* Mulde Baumsperre mit

Schützen. Durchfahren unmöglich. Biege nördlich aus. 2 Gefangene.«
Krügers Soldaten, so läßt sich vermuten, waren müde, hungrig, durstig. Sie fuhren von einer Gefahr zur nächsten. War ein Ort feindbesetzt, gerieten sie ins Feuer. Näherten sie sich einem Ort, aus dem kein einziger Schuß fiel, konnte ein Pakgeschütz auf sie lauern, das aus sicherer Entfernung die Wagen des Spähtrupps in Brand schoß und den Männern des Spähtrupps Krüger einen schrecklichen Tod brachte. Es konnte – beim Einfahren in das Dorf – aber auch der Spähtrupp in einen Hinterhalt geraten, die Wagen konnten auf Minen fahren, die Besatzungen in Gefangenschaft geraten. Gerüchte gingen damals um, was gefangenen Aufklärern geschah: An Scheunentoren gekreuzigt, mit Hammern erschlagen, lebendigen Leibes verstümmelt. Die Furcht, in Gefangenschaft zu geraten war oft größer als die, zu fallen.
Deswegen bedeuten die nächsten Funksprüche des Spähtrupps Krüger Nervenanspannung, Angst, Überwindung der Furcht, Lösung der inneren Spannung, neue Probleme, Erleichterung und Hoffnung auf einen guten Ausgang dieser Aufklärungsfahrt:
»1130 Standort 100 mtr. südlich *Chimossowo.* Ort feindbesetzt.«
Eine Stunde später:
»1230 Standort *Chimossowo.* 25 Gefangene, 1 s. M.G., 1 l. M.G. erbeutet. Funkwagen Reifenschaden.«
Um 13.30 Uhr meldete nun ein anderer, der Spähtrupp Hasenbeck:
»... K-Rollen-Hinderniss für Kampfwagen beiderseits der Straße. Auf Straße 500 m nordwestlich *Chotynizy* beiderseits Minensperren. Bleibe als stehender Spähtrupp.«
Der Spähtrupp Krüger schien ohne Verluste zurückgekehrt zu sein, oder war er noch an einer erfolgreichen Operation beteiligt? Die Aufklärungs-Abteilung berichtete – ohne Nennung von Namen – der Division am gleichen Tage:
»*Araljulj* um 2100 genommen. Wald nördlich *Chimossowo* noch vereinzelt Gegner. Beim Morgengrauen Säuberung des Waldgebietes und weitere Ausführung des Auftrages.«
In den frühen Morgenstunden des 17. August 1941 ließ die Führungsstaffel einen Befehl an die Aufklärungs-Abteilung 57 absetzen: »Juchtenleder in 74«. Die Verschleierungstabellen jener Tage sind nicht erhalten geblieben. Die im Klartext ins Kriegstagebuch

eingetretene Antwort der Aufklärungsabteilung läßt jedoch den Befehlsinhalt erahnen: »Juchtenleder« bedeutete wohl »Aufklärung ansetzen in...« und »74« einen willkürlich in der Karte bezeichneten Raum, etwa ein Planquadrat, denn sie quittierte den »Juchtenleder«-Spruch mit: »0445 Spähtrupp angetreten«.
Fortan berichtete die Aufklärungs-Abteilung Erfolge: »1235 Bisher insgesamt 200 Gefangene« und um 19.50 Uhr: »Tagesbeute 400 Gefangene, teils in *Prologi,* teils in *Arakjulja* abgestellt. Übernommen I./4. Etwa 100 Tote. Ein Kampfwagen, Kanone 4,7, Ortsausgang *Konochowizy* abgeschossen. 7 M.G., etwa 100 Gewehre, zwo Geschütze mit Protzen, ein Lkw, wahrscheinlich unbrauchbar, eine Kiste Panzerabwehr-Flaschen, ungezählte Infanterie-Minen.«[16]
Die Wehrmacht errang im Osten einen Sieg nach dem anderen – dennoch dauerte der Rußlandfeldzug noch an.
Nach dreimonatigem Ringen, am 22. September 1941, zog der »Oberbefehlshaber des Heeres/Ausbildungs-Abteilung« in einem Bericht »Erfahrungen des Ostfeldzuges« eine erste Bilanz des Unternehmens »Barbarossa«. Darin heißt es:
»... Immer wieder muß auf die Wichtigkeit genügender Gefechts-Aufklärung hingewiesen werden. Besonders bei unzureichender Ausstattung mit Luftaufklärungs-Kräften kommt ihr erhöhte Bedeutung zu.
Oft läßt der Russe Aufklärungsorgane durch oder er eröffnet auf kurze Entfernung gut gezieltes Infanteriefeuer. Dadurch entstehen häufig hohe Verluste an Offizieren und Unterführern. Daher müssen Spähtrupps genügend stark sein und mit schweren Waffen ausgestattet werden. Von den Hauptkräften ist ihr Vorgehen zu überwachen und der Feuerschutz sicherzustellen.
Eine russische Äußerung über deutsche Aufklärung sagt folgendes: ›Die deutsche Aufklärung tarnt sich schlecht und bewegt sich zu auffällig. Unsere Beobachter können sie genau verfolgen. Die Aufklärung tritt aus den Stellungen immer auf ein- und demselben Weg heraus, anstatt uns durch Wechsel des Weges zu täuschen.‹«[17]
Der Weg des deutschen Heeres führte in Richtung Moskau und damit zur ersten und einschneidenden Niederlage. Am 18. November bereits meldete die 2. Panzerarmee: »... traten uns Gelände-und Klimaschwierigkeiten von bisher unbekanntem Ausmaß entgegen.« Dennoch: Es schien, als ob die deutschen Panzer auch im

Osten noch immer weiter siegten – durch Überraschung, Geschwindigkeit, bewußt offen gelassene Flanken, Einkesselung. Doch immer erschreckender stieg die Abnützung an: Verluste, Motorenverschleiß. Treibstoffknappheit, Ausfälle an Panzern, gepanzerten Fahrzeugen durch Beschuß, Schlamm und Kälte.
Erst in Rußland zeigten sich die Grenzen der Panzertaktik durch Überforderung von Mensch und Material sowie durch Nachschubmängel. Eine Lagebeurteilung der 20. Panzer-Division besagte: »Nach den bisherigen Erfahrungen verursachte die Inbesitznahme einer Ortschaft ... einen Ausfall von etwa 60 Mann.«
Flußübergänge, Schlamm, Eis und Minenfelder hemmten oder verhinderten Panzeroperationen. Beispiele: Die 6. Panzer-Division meldete telefonisch an die Heeresgruppe Mitte: »Der Angriff der 6. Panzer-Division am 2. 12. 1941 konnte nicht erfolgen, da ... die Vormarschstraßen vollkommen vermint sind und das Gelände beiderseits der Straße sumpfig ist.« Oder auch die Eintragung im Kriegstagebuch der 3. Panzer-Division am 14. 12. 1941: »Das Panzer-Regiment 6 verfügt nunmehr noch über sechs einsatzbereite Panzerkampfwagen, für die jedoch keine Eisstollen vorhanden sind.« Ohne Eisstollen aber ließen sich selbst geringe Schneeverwehungen, leicht, ansteigende, vereiste Straßen und glatteisbedeckte Brücken von Panzern kaum überwinden.
Zum erfolgreichen Panzerkampf gehört indes auch die Lösung der Nachschubprobleme, die bereits im Frankreichfeldzug zu erheblichen Schwierigkeiten geführt hatten. Die Nachschubkolonnen der Panzer-Divisionen leisteten Erstaunliches. Doch die immer länger werdenden Versorgungslinien, die Witterung und schließlich die bedrohlich anwachsende Partisanengefahr führten zu Feststellungen wie: »Die Truppe kann sich von Eisenbahnendpunkten nicht weiter entfernen, als diese durch Schlitten und Pferde zu erreichen sind.« Oder: »Die materielle und personelle Kampfkraft der Verbände ... läßt die Durchführung weitreichender Operationen nicht mehr zu.« Schließlich noch: »Der Angriff der Panzerbrigade 5 mußte zurückgestellt werden, da kein Treibstoff vorhanden war.« Trostlos sah es oft genug mit Ersatzteilen aus, wie aus einem Bericht der 4. Panzer-Division hervorgeht: »Die höhere Führung hat sich daran gewöhnt, Notschreie der Truppe bezüglich Kraftfahrzeug-Material usw. zur Kenntnis zu nehmen, ohne Abhilfe zu schaffen,

weil es ja immer wieder trotzdem noch weiterging und die Division das Unmögliche möglich machte und leistete ...« Es mangelte aber nicht nur an Ersatzteilen. Im November 1941 meldete der Verbindungsoffizier der 2. Panzerarmee dem Generalstabschef des Heeres: »Die Winterbekleidung ist noch nicht ganz bei der Truppe. Diese trägt bei –26° C und eisigem Wind zum Teil Drillichhosen, darunter keine oder zerrissene Wäsche.«

Die Geschichte der 1. Panzer-Division bezeichnet den Angriff auf Moskau als ein »Sich von Dorf zu Dorf Vorwärtskämpfen«, und die 3. Panzerarmee meldete der vorgesetzten Heeresgruppe Mitte: »Die Kämpfe sind somit zum Krieg um Unterkünfte geworden ...«

Die Geschichte der 1. Panzer-Division über die Nacht vom 1. zum 2. Dezember 1941: »An eine Fortsetzung des Angriffs war in Anbetracht des frühen Einbruchs der Dunkelheit und der starken Erschöpfung der Truppe, die weite Strecken des Angriffs durch knietiefen Schnee vorgehen mußte, vorerst nicht mehr zu denken. Noch in der Nacht nach Süden und Osten angesetzte Aufklärung ergab, daß die nächsten größeren Orte, Rakowo und Swistucha, feindbesetzt waren ... Am 3. Dezember wurden südlich Federowka weitere zeitweilig eingeschlossene Verbände der Potsdamer 23. Inf. Div., darunter die Aufklärungs-Abteilung 23, herausgehauen.« Ein Vorstoß des Kradschützen-Bataillon 1 bis kurz vor den Moskwa-Wolga-Kanal erbrachte reiche Beute – nämlich vor allem die Fahrzeuge der A. A. 23, deren Troß von russischer Kavallerie überrascht und bis dorthin mitgeschleppt worden war.

Die deutschen Soldaten kämpften mit gefühllosen Händen, mit erfrorenen Füßen. Die Panzermotoren sprangen nicht mehr an, das Öl gefror in den Ölwannen. Die Maschinenwaffen konnten oft nur noch Einzelfeuer schießen.

Anfang Dezember 1941 standen die Divisionen der Heeresgruppe Mitte in einem leichten Halbbogen westlich Moskau. Am weitesten drang die Gefechtsaufklärung des Panzerpionierbataillons 62 vor: Pioniere auf Krädern gelangten bis in die acht Kilometer vom Moskauer Stadtrand entfernte Vorstadt Chimki. Von dort waren es noch achtzehn Kilometer bis zum Kreml. Am 3. Dezember hatte der deutsche Rückzug mit einer Absetzbewegung von Teilen der 4. Armee begonnen. Am Morgen des 6. Dezember setzte die russische Gegenoffensive frischer sibirischer Truppen ein, die in die deutsche

Rückzugsbewegung hineinstieß. Rückzug aber hatte die deutsche Wehrmacht nie geübt.
Nun griffen die Sowjets auf einer tausend Kilometer breiten Front an. Die Schlacht um Moskau ging verloren.
Unter dem Eindruck des Erlebten schrieb am 12. Januar 1942 der Kommandeur der Panzer-Aufklärungs-Abteilung 1 einen Bericht mit dem Titel »Ost-Erfahrungen«. Darin hieß es:
»... Der Panzerspähtrupp soll grundsätzlich aus 2 bis 4 Wagen (darunter mindestens eine 2-cm-Waffe und ein Funkwagen) bestehen. Eine Verstärkung des Panzerspähtrupps ... hat sich als nicht zweckmäßig erwiesen. Begründung: Jedes Mehr an Fahrzeugen behindert den Panzerspähtruppführer ... Jedoch kann ein Panzerspähtrupp nicht unter allen Verhältnissen die sich für die Aufklärung bietenden Aufgaben allein lösen. Zu diesen Verhältnissen gehört u. a.:
- Entfernung zum Aufklärungsziel über 60 km, wenn die Abteilung ... nicht dem Spähtrupp folgt.
- Aufklärung über mehr als 24 Stunden.
- Schlechte Wege- und Geländebeschaffenheit.
- Schwierigere Kampfaufträge.

Bei solchen Aufträgen hat es sich bewährt, eine Kampfgruppe, der ein bis zwei Spähtrupps unterstehen, als Aufklärungsrückhalt vorzuschieben. Diese kann sich aus Teilen folgender Waffen zusammensetzen:

Panzerspähtrupps

2 bis 3 Kampfwagen II oder III (oder Panzer-Jäger Selbstfahrlafetten)
2 bis 3 Schützen-Panzerwagen (oder ein Kradschützenzug)
1 bis 2 Pak (oder leichte Infanterie-Geschütze)

Funknachrichtenmittel

B-Wagen.

Häufig wird eine solche Kampfgruppe durch den Abteilungskommandeur selbst geführt werden ...
Vorbildliche Tarnung der Panzerspähwagen, sodaß sie nicht als solche zu erkennen sind (Wandelnde Laubbüsche). Für Winter: weißer Tarnanstrich.
Weitmögliche Ausnutzung der Zivilbevölkerung und demoralisierter Gefangener zu Aufklärungszwecken ...

Kradschützenspähtrupps haben, wenn sie auf abwehrbereiten bzw. noch widerstandswilligen Gegner stießen, immer starke Verluste gehabt.
Da geeignete Nachrichtenmittel für Kradschützen völlig fehlen, sind oft untragbare Verzögerungen in der Meldeübermittlung eingetreten.
Krafträder wurden mit Erfolg angewandt zum schnellen Antransport in Gegend des Aufklärungsziels, das dann selbst zu Fuß erkundet wurde...
In der derzeitigen Gliederung war die Abteilung als *selbständige Vorausabteilung* einer Panzerdivision mangels genügender Stoßkraft und Geländegängigkeit kaum zu verwenden. Von der Division wurde zunächst versucht, eine Panzerabteilung verstärkt durch die Kradschützenkompanie der Aufklärungsabteilung als Vorausabteilung zu verwenden. Hierbei hatte die Kradschützenkompanie gleich am ersten Tag 21 Mann blutige Verluste. Der Gegner hatte die Kampfwagen durchgelassen und eröffnete das Feuer erst auf die ungepanzerten Kradschützen, die von den Panzern keine schnelle und wirksame Unterstützung mehr bekommen konnten.
Bei der später häufig als Vorausabteilung eingesetzten *verstärkten Vorausabteilung* traten derartige Ausfälle nicht mehr ein, da die Aufklärungsabteilung ihrer Gliederung nach grundsätzlich den Aufgaben einer Vorausabteilung besser gewachsen ist.
Die Zuteilung folgender Waffen hat sich bewährt:
- 1 Zug bis Komapnie Kampfwagen (Panzerjäger Sfl)
- 1 Batterie leichte Feldhaubitzen,
- zweimal wurden der Abteilung Schützenpanzer zugeteilt, die sich besonders für das Durchkämmen des Geländes neben der Vormarschstraße eignen...

Fliegerabwehr:
Die Einteilung von Panzerspähwagen zur Fliegerabwehr im Marsch führte zur schnellen Verschmutzung der Waffen infolge starker Staubentwicklung und zu starker Beanspruchung der Schützen. Sie wurde später aufgegeben. Es wurden nur noch Luftspäher eingeteilt. Die von Tief- oder Bombenangriffen betroffenen Teile der Marscheinheit hielten selbständig. Die aktive Luftabwehr wurde selbständig von diesen Teilen aufgenommen, mit dem Erfolg, daß

Wiederholungen von Anflügen unterblieben. Der Marsch wurde anschließend wieder aufgenommen ...

Gliederung der Panzerspähkompanien:
Unter Berücksichtigung verschiedener Witterungs-, Gelände- und Wegeverhältnisse, der häufigen und verschiedenartigen Kampfaufgaben, ist es erforderlich, für eine Aufklärungsabteilung eine Radspähkompanie und eine Kettenspähkompanie zur Verfügung zu haben ...
Daher wird vorgeschlagen:
1. Eine Panzerspähkompanie mit Radfahrzeugen zu 6 Spähtrupps zu je 4 leichten Wagen; davon 2/3 mit 2-cm-Waffe, 1/3 mit Funk.
2. Eine Panzerspähkompanie mit Gleiskettenfahrzeugen zu 3 Zügen zu je 5 Kampfwagen II n. A. mit 2-Mann-Turm. Davon jeder Wagen mit Sender- und Empfangsanlagen ausgerüstet (Mittelwellengerät).

Taktisch erwünscht wäre Zuteilung eines Zuges Panzer-Jäger Sfl. mit einer panzerbrechenden Waffe gegen mittlere Kampfwagen ...

Bewährung der Kradschützen:
Die Kradschützenkompanie hat sich bei gutem Wetter in schwierigem Gelände ausreichend bewährt. Bei schlechtem Wetter (Regen, Winter) sind Kradschützen garnicht oder nur in den seltensten Fällen verwendbar. Als neues Fahrzeug für die infanteristische Stoßkraft wird der leichte oder mittlere Schützenpanzer vorgeschlagen.
Beibehalt eines Kradschützenzuges beim Stabe ist erwünscht. Das BMW-Beiwagenkrad R 12 hat sich im allgemeinen bewährt. Nach 7000 Gefechtskilometern im Ostfeldzug sind sowohl die schon länger bei der Abteilung befindlichen Kräder (Baujahr 1938) als auch die neuen (Baujahr 1941) als nicht mehr voll verwendungsfähig anzusehen. (Ermüdungsbrüche!). Das B-Krad mit Seitenwagenantrieb hat sich bisher auch bei schwierigen Witterungsverhältnissen bewährt. Das Urteil kann allerdings wegen der Kürze der Erprobungszeit nicht als abschließend gelten.
Die Verbindung mit den Luftaufklärern durch Funktrupp c wurde zu allen Tages- und Jahreszeiten im Sprechverkehr bis 150 km einwandfrei sichergestellt. Erreicht wurden Weiten bis zu 350 km ... Meldeabwurf wurde häufig mit Erfolg durchgeführt ...

Nordafrika, April 1942: Ein erbeuteter englischer Panzerspähwagen Mk I 202 (»Dingo«) im deutschen Dienst, 10 km ostwärts Chechiban, 68 km SSO Derna. *(Bundesarchiv)*

Nordafrika 1942: Ein nicht identifiziertes Beutefahrzeug. *(Bundesarchiv)*

Tunesien 1943: Ein italienischer Panzerspähwagen. *(Bundesarchiv)*

Ein in Tunesien erbeuteter englischer Spähwagen. *(Bundesarchiv)*

Ein 1943 in Italien erbeuteter amerikanischer Spähwagen, der von deutschen Panzeraufklärern übernommen wurde. *(Bundesarchiv)*

Von deutschen Aufklärern in Rußland eingesetzt: Ein französischer Panhard-Spähwagen. *(Bundesarchiv)*

Nördlich Kriwoi-Rog wurde dieser den Russen gelieferte amerikanische Panzerspähwagen unbeschädigt von deutschen Truppen erbeutet. *(Bundesarchiv)*

Eine Vorausabteilung stellt sich zum Vormarsch bereit. *(Bundesarchiv)*

Rußlandfeldzug

Berittene und motorisierte Aufklärer beim Vormarsch in Rußland, Juni 1941. *(Bundesarchiv)*

Deutsche 3,7-cm-Pak hat diesen russischen Panzerspähwagen des Typs »Russki-Ford« abgeschossen. Zwei tote Besatzungsmitglieder liegen im Gras. Das Drama ereignete sich in Bzuchowice bei Lemberg am 29. Juni 1941. *(Bundesarchiv)*

Kradschützen auf dem Vormarsch. Rußland, Juni/Juli 1941. *(Bundesarchiv)*

Ein zur Aufklärung in Rußland eingesetzter Reiterzug. *(Bundesarchiv)*

Nordabschnitt/ Rußlandfeldzug Juli 1941: Eine Kradschützen-Kompanie auf der Vormarschstraße. *(Bundesarchiv)*

Pionier-Zug:
Der Pi-Zug hat sich gut bewährt. Seine Gliederung und Ausstattung ist zweckmäßig. Ausstattung mit zwei Kraftsägen und 20-T-Minen ist erwünscht.
Kleine Wasserläufe wurden durchfurtet, wenn nicht vorhandene Brücken ausgenutzt werden konnten (gegebenenfalls durch Verstärkung)...
Notwendig bleibt ein Fährgerät zum schnellen Übersetzen aller Fahrzeuge der Abteilungen...«[18]
Besonders interessant an diesem Bericht ist der Wunsch des Abteilungskommandeurs nach einer Kompanie Kettenpanzerwagen. Ihr Fehlen wurde immer wieder bemängelt, doch der Mangel nie behoben. Es fehlten die nötigen Panzer. In diesen Wintermonaten 1941/1942 allerdings ging es den Aufklärern darum, überhaupt noch aufklären zu können. Typisch für eine gewaltsame Aufklärung zur Vorbereitung eines Angriffes von Teilen der 4. Panzer-Division war das Unternehmen der 3. Kompanie des Kradschützen-Bataillons 40 zusammen mit der 2. Kompanie des Pionier-Bataillons 10, das am 31. Januar 1942 im Raume Chatkowo ablief. Dies ist der Gefechtsbericht des Kradschützenkompanie-Chefs:
»... In der Reihenfolge 3./K.40, Schlittenkolonne (Munitions- und Verwundetentransportschlitten), Pionierkompanie, wurde zunächst auf dem Wege nach Chatkowo nach Norden... vom Wege abgegangen und in Reihe durch 50 bis 60 cm tiefen Schnee in der dort nach Osten abgehenden Schneise weitermarschiert. Beim Versuch, die Reseta zu überschreiten, stellte sich heraus, daß eine weitere Mitführung der Schlitten unmöglich war. Der Bach ist in Bewegung, die Ufer sind abschüssig, Brücken nicht vorhanden. Kurz entschlossen ließ ich soviel Munition als möglich tragen, und die Kompanien marschierten ohne Schlitten weiter. Beim Überqueren der Lichtung südlich des eingezeichneten Sumpfes floh beim Annähern der Spitze an den jenseitigen Waldrand eine russische Feldwache in Stärke von 8 Mann, die dort gut versteckt war, in Richtung Kolmkschtschi. Beim Näherkommen an diese Stellung entdeckten wir eine Fernsprechleitung, die von dort sowohl nach Kolmkschtischi als nach Karainow führte. Ich ließ an dieser Stelle eine Gruppe Pioniere mit dem Auftrag, nach einer halben Stunde beschleunigt nachzurücken. Hart nach Norden abdrehend, mar-

schierten die Kompanien westlich der kleinen gebogenen Lichtung, die rechts oberhalb des Sumpfes liegt, auf dem Weg, der in das »W« von Karainow (auf der Karte) mündet, weiter. Die russische Drahtleitung wurde auf dem ganzen Wege nachhaltig zerstört. Nach ungefähr 2 km hörten wir hinter uns lebhaften Gefechtslärm. Wie sich nachher herausstellte, hatte der Gegner aus Kolmkschtschi auf den Alarm hin sofort in Zugstärke (30 bis 40 Mann!) gegen die zurückgelassene Pioniersicherung vorgefühlt. Bis auf 15 m ließen die dort versteckten Pioniere unter Führung ihres Hauptfeldwebels den Russen heran, dann feuerten sie mit zwei 1. M.G. Der Russe ließ 8 Tote und 3 Schwerverwundete auf dem Platz und zog sich nach kurzem Gefecht in Richtung Kolmkschtschi zurück.
Inzwischen war die Spitze der Kompanie einem russischen Reiterspähtrupp begegnet, dem es im dichten Wald leider gelungen war, Richtung Karainow zu entkommen.
Gegen 9.45 Uhr, nach anstrengendem und mühseligem Marsch, erreichte die Spitze der Kradschützen Karainow auf dem Wege, der in das »W« des Ortsnamens mündet. Da der Russe überall Postierungen stehen hatte und offenbar alarmiert war, bis zum Ortsrand aber noch eine 600 m freie, tief verschneite Lichtung zu überqueren war, beschloß ich, die Ortschaft ostwärts zu umgehen und von Norden anzugreifen, oder, bei Feststellung geringen Feindes, unter Zurücklassung starker Sicherungen, gleich in den Bereitstellungsraum vorzugehen. 300 m vor dem Waldrand bogen wir nach Osten ab und wendeten nach 1 km wieder nach Norden, um die Straße Chatkowo – Kolmkschtschi zu überschreiten. Schon nach kurzer Zeit lebte im Rücken der Kompanie der Gefechtslärm erheblich auf, unter anderem hörten wir russische M.G. schiessen. Der letzte Zug der Pionierkompanie lag im Gefecht mit überlegenem Gegner. Kurz danach kam auch schon Meldung vom Führer der Pionierkompanie: ›Russe drängt stark nach und greift an‹. Daraufhin befahl ich: ›Ganze Pionierkompanie kehrt, im Gegenstoß Russen zurückwerfen und hinhalten, bis ich von Norden her angreife und entlaste!‹
Im Eilmarschtempo zog die Kradschützenkompanie weiter, überquerte die Straße 800 m ostwärts Karainow, die der Russe bereits vom Ostrand Karainow her unter M.G.-Feuer hielt, stießen auf der jenseitigen Lichtung auf Feind, der sich mit schwächeren Sicherun-

gen in einer kleinen Böschung hielt. Nach kurzem Angriff wurden die Russen in den Wald gejagt, wieder nach Westen abgedreht und auf einem schmalen Seitenpfad längs der Straße vorgestoßen. Beim Näherkommen begann der Russe, durch das schnelle Umgehungsmanöver doch verwirrt, sich langsam fassend, aus dem Walde kommend, von allen Seiten zu feuern; hinter uns, bei den Pionieren, hielt der Gefechtslärm an. Zu gleicher Zeit meldeten die letzten Gruppen, daß der Russe aus Kolmkschtschi an der Straße lang vorgeht; Verluste traten ein.

Angesichts dieser Lage befahl ich den sofortigen Angriff auf Karainow. In 1½-stündigem, erbitterten Ringen nahmen die Kradschützen die Ortschaft, im Rücken gedeckt durch die Pioniere. Der Gegner, der, wie sich herausstellte, mit einer Kompanie in der Ortschaft steckte, wehrte sich mit unerwartet zäher Verbissenheit, und wurde dazu von einem riesengroßen Kommissar im Schneehemd immer wieder angefeuert, bis es einem M.G.-Schützen gelang, den Kommissar durch eine Garbe niederzustrecken. Obwohl der Kommissar durch drei Schüsse durch Leib und Brust getroffen war, warf er dem auf ihn zukommenden Schützen noch eine Handgranate vor die Füsse und verwundete ihn schwer.

In einem anderen Haus waren 11 Russen, die mit einem M.G. und automatischen Gewehren durch Schießscharten feuerten. Obwohl das Haus von unseren M.G.-Garben durchsiebt wurde und neun der Russen teils tot, teils verwundet am Boden lagen, wehrten sich die anderen beiden verzweifelt weiter. Ein Gruppenführer kroch näher und warf eine Handgranate durch eine Scharte, die einen der beiden zerriß. Selbst jetzt feuerte der letzte noch – seinerseits leicht verwundet – bei Annäherung der Gruppe, und verletzte einen Mann schwer. Dabei wurde festgestellt, daß der Russe Explosivgeschosse verwandte.

Nachdem der größte Teil der Ortschaft, die aus 15 Häusern und vielleicht 11 bis 15 Scheunen besteht, genommen war, nur noch ein verstecktes s. M.G. und einige Karabinerschützen weiterfeuerten, schoben die Kradschützen Sicherungen gegen Chatkowo vor.

Inzwischen traf die Masse der Pionierkompanie – im Wald nach allen Seiten gegen den nachdrückenden Russen sichern – ein. Eine der letzten Gruppen der Pioniere war kurz vor Karainow eingeschlossen gewesen, als die vom Hauptfeldwebel geführte letzte

Gruppe, die auftragsgemäß nach Süden gesichert hatte, nachrückte, den Russen von hinten packte und ihn in die Flucht schlug. Dabei ließ der Russe 15 Tote, darunter einen Offizier zurück...
Es war mittlerweile 13.15 Uhr geworden. Die Kradschützen hatten 4 Schwerverwundete und eine Anzahl leichter Verwundete. Die Munition war bis auf eine geringe Reserve verschossen, Gefechtslärm aus Chatkowo nicht zu hören, die Mannschaften körperlich sehr mitgenommen. Während dessen schossen russische Karabinerschützen immer noch vom Waldrand her und zwangen uns immer wieder Deckung zu nehmen. Angesichts dieser Lage befahl ich das restlose Abbrennen der Ortschaft... Gegen 14.30 Uhr verließen die Kompanien Karainow und marschierten in einem für die Verwundeten besonders schweren und die Leute an die Grenze ihres Leistungsvermögens bringenden Marsch zurück.

Ergebnis:
1. Angriff bei hohem Schnee nach längerem Anmarschweg als 3 km nimmt der Truppe infolge erhöhter körperlicher Anstrengung erheblich den Angriffsschwung. Anmarschweg war in diesem Falle 7 km. Jeder Anmarsch nach Chatkowo von Süden her beträgt mindestens 4 km.
2. Angriff von Feindseite her gegen Chatkowo nur unter starken Sicherungen nach Osten. Russe kann von Karainow her *alle* Bewegungen längs des Bachgrundes einsehen. Günstigstes Angriffsgelände: Norden, Nordwesten. Voraussetzung: starke Scheinangriffe im Süden und Südosten.
3. Artillerievorbereitung muß mit schwereren Kalibern als leichte Feldhaubitze erfolgen und intensiver sein.
4. Annäherung in die Bereitstellung bei *Nacht*, nicht bei Tag.
5. *Voraussetzung* für den Fall Chatkowos ist die vorherige Einnahme von Klinzy, Debrik und Budskije Wyselki. Bereitstellungen aus dem Raum um Leschewo und Schubnik.«[19]

Der Krieg hatte sich gewandelt. Keine Rede war mehr von einem Blitzfeldzug. Die Panzer-Aufklärungsabteilung 1 meldete am 20. Februar 1942 der 3. Panzer-Division ihre Erfahrungen in der Winterkampfführung:

»*A. Aufklärung*

1. *Pz.Spähtrupps* können bei hoher Schneelage (über 30 cm) oder bei Schneeverwehungen im Aufklärungsdienst nur auf geräumten Straßen bzw. Winterwegen eingesetzt werden.
   Ihre Gefährdung bei Zusammentreffen mit Gegner ist infolge ihrer Unbeweglichkeit, d. h. der Gebundenheit an die meist nur schmal geräumte Spur, sehr groß.
   Daher kann in diesen Lagen der Einsatz einer Aufklärungsgruppe, bestehend aus 1 Pz.Spähtrupp und Schützen auf schneegängigeren Kfz. – Zgkw. oder Einheitsdiesel Lkw – von Vorteil sein. Jedoch sind auch solche Aufklärungsgruppen zu weitreichender Aufklärung infolge mangelhafter Winterbeweglichkeit nicht befähigt.
2. *Ski-Spähtrupps* erreichten Tagesleistungen bis 30 km. Bei entsprechendem Training können die Leistungen erheblich gesteigert werden. Vorbedingung hierfür ist die Ausstattung mit Skistiefeln, um die hohen Ausfälle durch Wundlaufen und anschließende Erfrierungen herabzudrücken.
   Stärke der Gliederung: für Tagesspähtrupps war die Stärke von 1 Gruppe bis 1 Zug (20 Mann) ausreichend. Feindlage und Auftrag sind hierfür entscheidend.
   Ist mit Bestimmtheit mit stärkeren feindlichen Bewegungen zu rechnen oder liegt das Aufklärungsziel im Feind oder soll der Spähtrupp 2 Tage draußen bleiben, so ist der Ansatz mindestens eines durch s. M.G. oder l. I.G. verstärkten Zuges notwendig.
   Die Angliederung einer auf Schlitten verlasteten Funkstelle (Tornister-Funk-Gerät b, unzuverlässige Höchstreichweite bis 7 km (Sprech-) bzw. 20 km (Tastverkehr), kann wertvolle Zeit in der Meldeübermittlung ersparen und die Kräfte des Spähtrupps schonen. Ein hierfür geeigneteres techn. Nachrichtenmittel steht einer Pz. A. A. nicht zur Verfügung. Eine Verstärkung des Spähtrupps durch Schlitten-Fahrzeuge jeder Art schränkt ihre Beweglichkeit und Schnelligkeit ein.
3. *Spähtrupps zu Fuß* erreichten oft nur Leistungen von 1 bis 2 km in der Stunde. Sie wurden nur auf nahe Entfernungen angesetzt.
4. *Ausrüstung, Tarnung.* Die russischen Pelzkappen haben sich bei allen Spähtrupps bewährt. Die Spähwagenbesatzungen müssen sich nach je 30 bis 60 Minuten spätestens durch Bewegungen oder

Untertreten warm machen.
Der weiße Kfz-Anstrich und die Schneehemden mit dem dunklen Ärmeltuchstreifen haben sich voll bewährt.

B. Kampf

1. Der Einsatz von Panzerspähwagen bei Angriff, Verteidigung und Rückzug als bewegliches M.G.-Nest hat sich bewährt. Im übrigen entspricht das Verfahren bei Angriff und Verteidigung dem anderer Waffen.
2. Bei Durchführung der Sicherung der nicht in ständiger Front, abseits anderer Truppen eingesetzten A.A. ist eine Sicherung nach allen Seiten erforderlich. Ständige Überwachung besonders der Regeln bei Tage durch Spähtrupps, spart Kräfte im Sicherungsdienst. Bei Nacht sind möglichst viele Maschinenwaffen zu Sicherungen einzusetzen.
3. *Marschbereitschaft aller Kfz.* muß in Feindnähe auch nachts gewährleistet sein durch Warmlaufenlassen in Zeitabständen je nach Kältegraden.
   Der Anlaßdienst ist straff zu organisieren und zu überwachen. Für je 2 bis 3 Fahrzeuge muß mindestens 1 Mann eingeteilt werden.«[20]

Der Winter ging und zog den Schlamm nach sich, dem Schlamm aber folgten Frühjahr und Sommer und viel Staub. Der eisige Winter vor Moskau und der Rückzug erschienen nur noch als Betriebsunfall. Die Wehrmacht siegte weiter, sie siegte etwas mühsamer, aber sie zog sich nicht aus Rußland zurück, wie weiland der Kaiser Napoleon – im Gegenteil, sie ging noch weiter in das unergründliche Land hinein. In Richtung Stalingrad zogen die Armeen, andere aber marschierten durch braune und flache Steppen dem Kaukasus entgegen. Durch fruchtbare Ebenen gingen sie, »ohne Tritt, Marscherleichterung«, die Ärmel aufgekrempelt, die obersten Knöpfe am Rock geöffnet. An Sonnenblumenfeldern trappten sie vorüber und tausende von Stiefeln schlurrten über staubige Wege. Feldspaten schlugen bei jedem Schritt gegen Oberschenkel. Maschinengewehre drückten auf Schultern. Karabinerriemen würgten an braungebrannten Hälsen. Fahrzeuge überholten die Kolonnen und wirbelten lange, sich drehende Staubfahnen auf. Rotbrauner Staub senkte sich auf Kragen und Kragenbinden und mischte sich mit Schweißbächen zu einer schmierigen Paste. Durst plagte die Infanteristen, diese armen Schweine, und die primitiven Ziehbrunnen waren so selten.

Die ganze Heeresgruppe A war auf Beinen, Rädern und Ketten unterwegs. 20 Divisionen zogen in die gleiche Richtung, dazu noch acht Divisionen rumänischer Soldaten. Drei italienische Alpini-Divisionen sollten folgen, und die Luftwaffe war mit drei Flieger-Korps, zwei Flak-Divisionen und einer Luftwaffen-Felddivision am Feldzug beteiligt. Selbst die Marine, so erzählte man, schwimme auf dem Schwarzen Meer zur Unterstützung herum, sogar mit einer U-Boot-Flottille.

So marschierte ein großes Heer durch Tag und Nacht. Fernaufklärer spähten ins russische Hinterland und stellten die große Feindlage fest. Nahaufklärungsflugzeuge beobachteten die Russen im unmittelbaren Frontgebiet. Kradschützen, staubbemehlt, kurvten gemeinsam mit Radspähpanzern an die armseligen Dörfer heran, lockten das Feindfeuer heraus oder nahmen Brücken im Vorausangriff. Die marschierenden Regimenter fächerten Spähtrupps zur Gefechtsaufklärung nach vorn und in die Flanken aus. Leichte Flak schützte gefährdete Punkte an den Marschstraßen. Ein großes Heer, angesetzt auf ein großes Ziel: Der Kaukasus und das Erdölgebiet von Baku. Es ging ums Öl: Den Russen sollte es genommen, den Deutschen gegeben werden. Es ging aber auch um den alliierten Nachschubweg über den Iran in die Sowjetunion, der gesperrt werden sollte.

Beide Ziele wurden nicht erreicht. Dem Öl aber kamen die Aufklärer der 16. Infanterie-Division mot. (»Windhund-Division«) am nächsten. Diese Division hatte die in Richtung Stalingrad liegende offene Flanke der 1. Panzerarmee zu sichern. Zwischen ihr und der Stalingrad entgegenstrebenden 6. Armee und 4. Panzerarmee klaffte eine etwa 300 Kilometer breite Lücke. Von Elista, einem Ort in der Kalmückensteppe, aus hatte das Kradschützen-Bataillon 165 (die spätere Panzer-Aufklärungs-Abteilung 116) mit Fernspähtrupps den riesigen Raum bis ans Kaspische Meer und ans Wolgadelta heran zu überwachen. Paul Carell erzählt im »Unternehmen Barbarossa« die Geschichte dieser Fernspähtruppe, die bis zu 150 Kilometer ins Feindgebiet eindrangen.

Vier Spähtrupps – überwiegend aus Freiwilligen zusammengestellt

– wurden in Marsch gesetzt. Jeder bestand aus zwei Achtrad-Panzerspähwagen mit 2-cm-Kanone, einem 24 Mann starken Kradschützenzug, zwei oder drei 5-cm-Pak, einer Pioniergruppe, fünf Lkw mit Betriebsstoff, Wasser und Verpflegung, einem Instandsetzungstrupp auf Kübelwagen, ein Sanitätskraftwagen mit einem Arzt, außerdem: Funker, Kradmelder und Dolmetscher.

Der Auftrag des Leutnants Euler lautete, mit seinem Spähtrupp die Beschaffenheit der Verteidigungsstellungen von Sadowska festzustellen, wenn möglich auch in Erfahrung zu bringen, ob im Raum nördlich Astrachan Truppen über die Wolga gesetzt werden.

Am 14. September 1942 rollte der Spähtrupp Euler in die Steppe hinein. Die Männer auf den Fahrzeugen waren nervös, sie hatten gestern bereits zum großen Streifzug in die Ferne angesetzt gehabt. Doch schon kurz hinter Utta, ihrem Stützpunkt, gerieten sie mit einem sowjetischen Spähtrupp in Gefechtsberührung. Leutnant Schröder, Führer ihres Spähtrupps, fiel. Verwundet wurden Feldwebel Weissmeier und der Dolmetscher Maresch. Der Spähtrupp war daraufhin umgekehrt. Leutnant Euler übernahm die Führung, nun also versuchten sie es zum zweiten Mal. Doch nun geht alles erstaunlich reibungslos: Eine drohende Staubwolke in der Steppe erwies sich nicht als russischer Panzerverband, sondern als ein Rudel von Saiga-Antilopen.

Ohne in Feindberührung zu geraten stellten Eulers Aufklärer fest, daß die Ortschaften Chasyk und Justa von starken russischen Truppeneinheiten belegt waren.

Dann fuhr die kleine Kolonne durch die Unendlichkeit der Steppe weiter, um am 16. September – nach einem Marsch von 150 Kilometern in der Luftlinie – fünf Kilometer von Sadowska, sieben Kilometer vor der unteren Wolga und 35 Kilometer vor Astrachan zu stehen. Mit großer Wahrscheinlichkeit war der Spähtrupp Euler die am weitesten nach Osten vorgedrungene deutsche Truppe. Das Aufklärungsergebnis: Vor Sadowska ein Panzergraben, dahinter eine tiefgestaffelte Bunkerlinie – vermutlich eine Brückenkopfstellung für einen vorgesehenen sowjetischen Übergang über die untere Wolga.

Der Spähtrupp Euler erschien derart überraschend vor Sadowska, daß in der allgemeinen Aufregung der russischen Posten und der plötzlich ausbrechenden, planlosen Schießerei, ein Stabsoffizier des

sowjetischen M.G.-Bataillons 36 samt Melder gefangen genommen werden konnten. Der Spähtrupp Euler gelangte ohne Verluste wieder zurück.
Der von Oberleutnant Gottlieb geführte Fernspähtrupp war auf einer anderen Route bis auf 40 Kilometer an Astrachan herangekommen. Auch er hatte einen sowjetischen Offizier und dessen Pferdepfleger als Gefangene mitgebracht.
Am abenteuerlichsten aber verlief die Mission des Spähtrupps Schliep: Auch er war am 13. September in die Steppe hineingefahren. Seine Aufgabe bestand hauptsächlich darin, festzustellen, ob tatsächlich eine Eisenbahnlinie von Kisljar nach Astrachan führte. Nach Gefangenenaussagen gab es sie, hauptsächlich zum Transport von Öl. Auf den russischen Landkarten war sie jedoch nicht eingetragen. Leutnant Jürgen Schliep, Führer der Panzerspähkompanie, sah in den frühen Morgenstunden des zweiten Tages in der Ferne Salzseen in der Sonne glitzern. Fahrzeuge und Kräder kamen im tiefen Sand nur mit Mühen vorwärts. Der Instandsetzungstrupp mußte fortwährend kleinere Reparaturen ausführen.
Da erkannte der Leutnant Schliep im Glas die Eisenbahngleise. Die Masse seines Fernspähtrupps ließ er zurück. Nur mit den beiden Achtrad-Spähwagen und der Pioniergruppe rollte er auf etwas zu, das er für ein Bahnwärterhäuschen hielt, sich aber als der Bahnhof Senseli erwies. An der eingleisigen Strecke arbeiteten etwa sechzig Zivilisten. Beim Erscheinen der Deutschen flohen die Aufseher, die Arbeiter – darunter auch Frauen und Kinder – jedoch feierten die Männer des Spähtrupps Schliep als Befreier. Es handelte sich um ein Arbeitskommando aus verschleppten ukrainischen Familien.
Mitten in den Jubel fiel die Meldung: »Rauchfahne im Süden!« Es näherte sich ein Zug. Schliep ließ seine Spähwagen hinter einem Sandhügel in Stellung fahren.
Zwei Lokomotiven zogen einen sehr langen Güterzug mit Öltankwagen. Sechs Schuß der 2-cm-Kanonen zerstörten die Lokomotiven, aus deren Kesseln der Dampf in dichten Wolken herausfauchte. Nun schossen die Spähwagen-Kanonen Tankwagen um Tankwagen in Brand. Die Pioniergruppe sprengte sodann den Bahnkörper. Als sie auch das Bahnhofshäuschen in die Luft jagen wollten, klingelte dort das Telefon. »Herr Leutnant, Telefon!«, rief ein Unteroffizier.

Leutnant Schliep rannte mit dem Dolmetscher in die Bahnhofsbude. Der Dolmetscher nahm den Hörer ab und meldete sich als »Natschalnik« vom Bahnhof Senseli. Der Aufsichtsbeamte des Güterbahnhofs Astrachan wollte wissen, ob der Ölzug von Baku schon durchgefahren sei. Bei Bassy stünde der Gegenzug.

Der Dolmetscher versuchte dem Aufsichtsbeamten einzureden, er möge den Gegenzug losfahren lassen. Doch der Dolmetscher beherrschte die Fachsprache der Eisenbahner nicht. Der Astrachaner Bahnbeamte wurde mißtrauisch, schimpfte und fluchte. Der Dolmetscher schrie zurück: »Warte, Väterchen, bald sind wir in Astrachan!« Kurz danach zerplatzte der Bahnhof Senseli im schwarzen Qualm der von den deutschen Pionieren gezündeten Sprengladung.

Am 17. September fuhr der Spähtrupp Schliep wieder in seiner Ortsunterkunft Utta vor: »Keine Verluste, Waffen und Gerät vollzählig, Sicherheit vorhanden!«

Wichtig für die deutsche Führung war die Erkenntnis: Aus der Kalmückensteppe wie von der unteren Wolga drohte gegenwärtig keine Gefahr eines russischen Großangriffs.

Das Kaukasus-Unternehmen aber lief sich fest, in Anbetracht der riesigen Entfernungen, des weiten Raumes, der gewaltigen Ausdehnung des Kaukasusgebirges und der Stärke der abwehrenden russischen Kräfte waren die auf deutscher Seite eingesetzten Truppenstärken zu gering.

Manche Divisionen waren zerschlagen und ausgebrannt. Im Zuge einer Umgliederung wurden die 23. Panzer-Division aus der Kaukasus-Front herausgezogen. Die Verluste gerade der Aufklärer waren so hoch, daß das Kradschützen-Bataillon 23 aufgelöst werden mußte.

Schon vor der Kaukasus-Offensive, in der Schlacht um Charkow, hatte dieses Bataillon schwere Verluste erlitten. Sechzehn Männer wurden am Abend des 26. Mai 1942 von russischen Soldaten gefangen genommen, entwaffnet und auf grausamste Art mit Spaten erschlagen. Ihr Ende hatte ganz gewiß psychologische Auswirkungen auf die Truppe: Es wuchs die Furcht, in russische Gefangenschaft zu fallen. Sie wuchs weiter, je länger der Ostfeldzug dauerte.

Nach den Kaukasus-Kämpfen wurden die Reste der 1. (Panzerspäh-)Kompanie des Kradschützenbataillons 23 der Panzer-Nachrichten-Abteilung 128 angegliedert. Die 3. und 4. Kompanie des

aufgelösten Bataillons wurde zu einer einzigen Kradschützen-Kompanie verschmolzen und dem Panzergrenadier-Regiment 128 zugeschanzt. Alle sonstigen Teile wurden über die Panzergrenadier-Bataillone verstreut. Hauptmann von Kunow, letzter Kommandeur der Kradschützen, trat als Adjutant zum Stab der 23. Panzer-Division.
Die Aufklärungsfähigkeit der Division litt offensichtlich darunter. Als sie in der Operation »Wintergewitter« vom 28. November 1942 bis zum 31. Dezember am – vergeblichen – Angriff zur Befreiung der in Stalingrad eingeschlossenen 6. Armee beteiligt war, mußte ihr vorübergehend das Kradschützen-Bataillon 17 der 17. Panzer-Division ausgeliehen werden. Die eigenen Kräfte wirkten freilich mit. So nahm die Gefechtsaufklärung des Panzer-Regiments 201 die Akssaj-Brücke bei Schestakoff unversehrt und klärte gegen Romaschkin auf: Der Ort war feindfrei. Die Kradschützen-Kompanie des Panzergrenadier-Regiments 128 stellte in der rechten Flanke der Division Feindpanzer und Pak fest, die von einem dem Spähtrupp unterstellten Panzer IV bekämpft und zum Teil vernichtet wurden.
Am 31. Januar 1943 entstand erneut – wenngleich vorerst nur aus zwei Kompanien – das Kradschützen-Bataillon 23, aus dem im Laufe des Jahres schließlich die Panzer-Aufklärungs-Abteilung 23 gebildet wurde.
Umgliederungen dieser und ähnlicher Art waren in jenen Monaten an der Ostfront häufig – es wurde nötig, die zusammengeschmolzenen Divisionen neu zu ordnen. Dabei blieben die Aufklärer – wenngleich meist nur vorübergehend – auf der Strecke. Doch immer häufiger wurde nun die zweckentfremdete Verwendung der Aufklärer als Infanteristen, Alarmkompanien und letzte ins Gefecht geworfene Reserve.
Die von Generalfeldmarschall Paulus – 1934 als Oberstleutnant Kommandeur der Kraftfahrabteilung Wünsdorf, danach Aufklärungs-Abteilung 3 Stahnsdorf – befehligte 6. Armee in Stalingrad mußte am 31. Januar 1943 kapitulieren. Mit ihr gingen auch die Aufklärer aller in Stalingrad eingesetzten Divisionen in Gefangenschaft, die nur wenige überleben sollten. Über den Untergang des Kradschützen-Bataillons 64 der 14. Panzer-Division gibt es Berichte von Überlebenden. Dieses Bataillon war im November 1941 aus der Zusammenlegung der dezimierten Panzer-Aufklärungs-Abtei-

lung 40 mit dem gleichfalls durch verlustreiche Kämpfe zusammengeschrumpften Kradschützen-Bataillon 64 wieder zu einem kampfstarken Verband gemacht worden.
In Sturmfahrten von 120 Kilometern pro Tag erreichten die Kradschützen als erster deutscher Truppenteil den Raum von Aksay, südlich des Don. Es kämpfte im Vorfeld von Stalingrad, befand sich aber plötzlich in der Stadt und stand im Häuserkampf nordwestlich der Geschützfabrik. Alles was nun geschah, gereicht dem Bataillon zur Ehre, doch mit dem Dienste der Aufklärungstruppe hatte es nichts mehr zu tun. Die Kradschützen kämpften als Stoßtrupps, als Pioniere, als Feuerwehr ihrer Division, nur die Panzerspäh-Kompanie vermochte noch in einem gewissen Rahmen aufzuklären – immerhin soweit, daß sie der Division die Anbahnung einer Einkesselung der gesamten 6. Armee melden konnte. Am 19. November 1942 meldete das Bataillon eine Stärke von 280 Mann.
Am 5. Januar existierte noch eine Einsatzkompanie der Kradschütze unter Oberleutnant von Hake in Stärke von 3 Offizieren, 9 Unteroffizieren und 50 Mann.
Am 10. Januar begann der russische Großangriff auf den Kessel von Stalingrad. Dem verwundeten Oberleutnant von Hake gelang es, aus einer beginnenden Einschließung seiner Kompanie inmitten von 20 Russenpanzern unbemerkt zurückzugehen. Die Geschichte der 14. Panzer-Division führt den Bericht des Leutnants Gilbert an: »Mit dem 10. Januar war unser K 64 aufgerieben. Die übriggebliebenen 10 bis 15 Mann wurden Kampfgruppen zugeteilt... Der Bataillonsarzt Oberarzt Dr. Graf La Rosée befand sich am 30. Januar 1943 bei Verwundeten verschiedener Einheiten in einem Keller in Stalingrad Mitte, etwa 300 m vom Armeegefechtsstand.«
Die trotz eines Verbotes noch rechtzeitig in die Heimat beurlaubten 120 Angehörigen des Bataillons sowie die über 300 genesenen Verwundeten des Jahres 1942 bildeten zusammen mit jenen außerhalb des Kessels gebliebenen Kradschützen den Stamm der Panzer-Aufklärungs-Abteilung 14, die im April 1943 in Frankreich neu aufgestellt wurde.[21]

An allen Fronten: Rückzug

Auf je sechs Meter der deutschen Hauptkampflinie war ein Geschütz eingerichtet. Gegen eine einzige deutsche Division – die 170. Infanterie-Division – stellten sich fünf russische Divisionen und eine Panzerbrigade zum Angriff bereit.

Am 12. Januar 1943 setzte ein Trommelfeuer von zwei Stunden und 20 Minuten Dauer auf die deutsche Front an der Newa bei Leningrad ein. Im Raum Gorodok stürmten die Russen über das Eis der Newa – nirgends eine Deckung – mit einem Meter Abstand von Mann zu Mann.

Weiter nördlich, bei Marino, lag der Hauptmann Irle mit ganzen 120 Mann seiner Aufklärungs-Abteilung 240 in einzelnen Stützpunkten. Nebenan hielten knapp 300 Mann des II. Bataillons vom Grenadier-Regiment 401 ihre Igelstellungen. Gegen die Aufklärer und die Grenadiere aber stürmten zehn sowjetische Schützen-Bataillone an – 4000 Russen, die über eine absolut kahle Ebene heranstapften. Kein Baum, kein Strauch, kein Haus beeinträchtigte die Sicht und das Schußfeld. Auf zweihundert Meter Entfernung eröffneten die Verteidiger das Feuer. Die meisten Russen fielen auf der Ebene und auf dem Eis der Newa, nur wenige gelangten ans Ufer, und fielen dort.

Es stürmte die zweite Welle. Ihr folgten die Soldaten der dritten Welle, die nun bereits hinter den Leichen ihrer Kameraden genügend Deckung fanden. Noch bessere Deckungen fanden die Sturmtruppen der vierten Welle vor, doch auch sie starben schließlich im deutschen Abwehrfeuer. Vor den Grenadieren und Aufklärern lagen dreitausend Tote und Schwerverwundete. Da brandete die

fünfte Angriffswelle heran – und ihr gelang es, an der Nahtstelle zwischen Aufklärern und Grenadieren in die deutsche Uferstellung einzubrechen. Sofort schufen russische Pioniere Übergänge über das knisternde Eis der Newa, schwere Waffen wurden vorgebracht, Panzer folgten.
Hauptmann Irle winkte seine Aufklärung ein, er raffte zusammen, was er immer finden konnte: versprengte Grenadiere, Leichtverwundete, Männer seiner Radfahrschwadron. An der sogenannten Ringstraße baute er in aller Eile eine dünne Auffanglinie auf. Außer ihm, seinen Aufklärern und einigen Grenadieren gab es niemanden mehr, der die Russen aufhalten konnte. Weit rückwärts lagen als nächste deutsche Truppen die Feuerstellungen der Artillerie und die Trosse. Bei 22 Grad Kälte drohte den deutschen Truppen vor Leningrad die Einschließung – eine Katastrophe, wie die in Stalingrad, schien sich anzubahnen.
Gegenangriffe von nicht mehr als fünf deutschen Bataillonen, dazu Flak, Panzerjäger und Artillerie, schließlich die ersten Tiger-Panzer, bannten die schlimmste Gefahr. Die Aufklärer des Hauptmanns Irle hatten entscheidend mitgeholfen, das Unheil abzuwenden. Freilich, sie hatten als Infanteristen gekämpft. Die große Zeit der Aufklärer war vorüber.[22]
Immer häufiger zwang die strategische Lage, die Aufklärer als letzte Reserve zur Abwehr tödlicher Gefahren für Großverbände einzusetzen – letztes Aufgebot, letzter Hoffnungsschimmer. Sie wurden eingeschlossen, wie beispielsweise die Panzer-Aufklärungs-Abteilung 24 der 24. Panzer-Division – die aus der 1. Kavallerie-Division gebildet worden war, und deshalb noch die traditionellen Bezeichnungen wie »Schwadron« und »Rittmeister« beibehalten durfte. Am 22. Oktober 1943 hatte die Pz. A.A. 24 bei Nowo Starodub – dem russischen Dnjepr-Brückenkopf gegenüber – eine Riegelstellung bezogen. Schon am nächsten Morgen griffen die Russen mit 20 Panzern an, überrollten die Gefechtsvorposten und drangen in die Ortschaft ein. In nahezu aussichtsloser Lage wehrten sich die Aufklärer. Ihr Abteilungsgefechtsstand war von rückwärts her überrollt worden, aber es verbesserten die Männer der A.A. 24 durch ständige Gegenstöße ihre Stellungen Stück um Stück, hielten aus – unter erheblichen Verlusten allerdings – und konnten nach fünf Tagen durch eine Panzerschwadron und einen Flamm-Panzer-

Zug befreit werden.[23]
Das war keine Zeit mehr für schneidige Husarenstückchen. Der Beginn des Unterganges zeichnete sich ab: Am 22. Juni 1944 traten vier russische Heeresgruppen mit zusammen 140 Divisionen und 43 zusätzliche Panzerbrigaden, unterstützt von fünf Luftarmeen, zum Durchbruch bei Minsk und Bobruisk an. 2,5 Millionen sowjetischer Soldaten waren das, und sie hatten 6000 Panzer und Sturmgeschütze. 45 000 Geschütze, Salvengeschütze und Granatwerfer schossen das Vorbereitungsfeuer. Siebentausend Flugzeuge beherrschten den Luftraum. Innerhalb eines Monats überrannte diese Streitmacht die ihr gegenüberstehende deutsche Heeresgruppe Mitte, die 400 000 Mann zählte und aus 34 abgekämpften Divisionen zusammengesetzt war, nur eine einzige Panzer-Division war unter ihnen. 40 deutsche Flugzeuge vermochten nichts gegen die russische Übermacht zu tun.
Die Heeresgruppe Mitte verlor zwischen 350 000 bis 400 000 Soldaten als gefallen, vermißt, verwundet oder gefangen. Die Wehrmachtsabwicklungsstelle in Rudolstadt/Thüringen ließ die gesamte ostpreußische 206. Infanterie-Division für tot erklären. Amtliches Todesdatum für alle: 18. Juli 1944. Ort des Todes: Witebsk. Von den 34 Divisionen mußten 25 als Totalverlust angesehen werden. Für Aufklärung gab es damals keine Zeit und keine Notwendigkeit mehr. Die Aufklärungsverbände jener Divisionen gingen größtenteils unter. Noch immer hat die Geschichtsschreibung den Durchbruch von Witebsk, Minsk und Bobruisk nicht bewältigen können: Es fehlt an Augenzeugen und Dokumenten. Das Ausmaß der Katastrophe war gewiß noch größer als das des Stalingrad-Desasters.
Aufklärung gab es dennoch, wenngleich es kaum noch ein Vorpreschen war, sondern ein Reagieren auf Maßnahmen des Feindes, der das Gesetz des Handelns an sich gerissen hatte. Als am 22. Januar 1944, gegen 2 Uhr morgens, die ersten britischen und amerikanischen Infanteristen bei Anzio aus den Landungsbooten sprangen, lag im gesamten Landeraum von Anzio und Nettuno nur eine deutsche Kompanie, die 8./Panzergrenadier-Regiment 71. Ihre wachfreien Soldaten wurden aus den Betten heraus gefangengenommen. Die erste Meldung über die Feindlandung im Rücken der deutschen Italien-Front kam von der Beobachtungsstelle des Ge-

birgs-Artillerie-Regiments 95. Die ersten abwehrbereiten deutschen Truppen waren Soldaten der Panzer-Aufklärungs-Abteilung 29, die mit fünf Schützen-Panzerwagen gegen 6 Uhr morgens die Straße auf Nettuno zu entlangrasselten. Ihnen folgten eine Sturmgeschütz-Kompanie der 4. Fallschirmjäger-Division, weitere Aufklärer mit vier Panzerspäh-Wagen der 1./Pz. Aufkl. Abt. 29 und ein Zug Grenadiere. Die Spähpanzer eröffneten als erste deutsche Truppe das Feuer auf den landenden Gegner. Die Landung verhindern konnten sie nicht mehr. Die Überlegenheit der Anglo-Amerikaner war zu hoch. Zu fragen ist aber nach der Feindaufklärung der deutschen Luftwaffe. Es hatte keine Erkenntnisse über eine bevorstehende Landung in diesem oder in einem anderen Raum gegeben.[24]

Besitzt der Gegner die örtliche Luftüberlegenheit oder gar die Luftherrschaft – so lautete eine Erkenntnis jener Zeit – dann ist auf dem Boden kaum noch eine Bewegung von Fahrzeugen möglich, jedenfalls nicht bei Tageslicht. Mithin war auch kaum noch – in solcher Situation – eine Aufklärung mit gepanzerten Fahrzeugen durchführbar. Beispielsweise verlor die Panzer-Lehr-Division – als einzige zu hundert Prozent gepanzert und vollständig mit Kettenfahrzeugen ausgerüstet – bereits beim Anmarsch zum Invasionsstrand bei Caen über zehn Prozent ihres Fahrzeugbestandes nur durch Fliegerangriffe und ohne daß auch nur eine Einheit im Gefecht gestanden hätte. Diese Verluste traten ein in dem kurzen Zeitraum vom 6. Juni 1944, Abmarsch 17 Uhr, bis zum 7. Juni 19.30 Uhr, der Ankunft im Unterkunftsraum Proussy.

In den Kämpfen der nächsten Wochen wurde die Panzer-Lehr-Division nahezu aufgerieben, in Deutschland neu ausgerüstet, mit Personal aufgefüllt und erneut in der Ardennenoffensive eingesetzt.

Zwei Kampfgruppen der Division waren am 23. Dezember gegen 17.30 Uhr an Bastogne vorbei bis in die Nähe von Rochefort vorgestoßen. Spähtrupps der Aufklärungs-Lehr-Abteilung 130 drangen bis zur Stadt durch und meldeten: »Feindfrei!«

Fünfzehn Panzer einer Kampfgruppe rollten an, doch kurz vor dem Stadtrand gerieten zwei Panzer auf Minen, beiderseits der Straße eröffneten von Hügeln herab Schweigebatterien das Feuer. Diejenigen Panzer, denen die Fahrt in die Stadt hinein gelang, gerieten im

Kradschützen der 18. Panzergrenadierdivision setzen im Juli 1941 in Rußland ihre BMW-R-12-Kräder im Schlauchboot über einen Fluß. *(Bundesarchiv)*

Im Nordabschnitt der Ostfront, Juli 1941: Kradschützen in einem russischen Dorf. *(Bundesarchiv)*

Zwei abgeschossene russische Panzerspähwagen, Juni 1941. Typ BAF 203 *(Bundesarchiv)*

Abgeschossener russischer Panzerspähwagen BAF 203, Juni 1941. *(Bundesarchiv)*

Kradschützen in den Staubwolken der Rollbahn. *(Bundesarchiv)*

Südlich von Smolensk, Juli 1941: Kradschützen bringen einen abgeschossenen Leutnant der russischen Luftwaffe zum Hauptverbandsplatz. *(Bundesarchiv)*

Panzeraufklärer bei Witebsk, Juli/August 1941. *(Bundesarchiv)*

Vorausabteilung der Panzergruppe Hoth mit Panzerkampfwagen 38 (t) auf dem Vormarsch, Rußland 1941. *(Bundesarchiv)*

Vormarsch im Mittelabschnitt der Ostfront, Sommer 1941. Links ein abgeschossener Panzerspähwagen »Russki Ford«. *(Bundesarchiv)*

Mittelabschnitt Ostfront, September/Oktober 1941: Reiterspähtrupp im ersten Schnee. *(Bundesarchiv)*

Der erste Ostwinter steht bevor: Vierrad-Panzerspähwagen im November 1941. *(Bundesarchiv)*

Rußland, 27. November 1941: Vierrad-Panzerspähwagen. *(Bundesarchiv)*

Stadtzentrum an Plätzen und Kreuzungen in überschneidendes Pakfeuer. Die Amerikaner hatten die Aufklärer durchgelassen und die nachfolgende Kampfgruppe überfallen. Die begleitenden Grenadiere saßen ab – der Kampf um Rochefort dauerte bis in den Morgen. Erstaunlicherweise hielten sich die Verluste niedriger als zu vermuten war – es handelte sich oft lediglich um Kettenschäden. Vier Panzer waren als Totalausfälle abzubuchen. Grund: Die Aufklärung war, aus welchen Gründen auch immer, nicht mit der nötigen Sorgfalt ausgeführt worden. Unmittelbar danach wetzte die Panzer-Aufklärungs-Lehr-Abteilung 130 die Scharte aus: Sie meldete Libramont stark feindbesetzt, geriet mit amerikanischen Panzern ins Gefecht, aus dem sie sich befehlsgemäß löste. Am 24. Dezember stießen die Aufklärer weiter vor und nahmen am Nachmittag in erbittertem Kampf die Ortschaft Ciergon – auf dem halben Weg zwischen Rochefort und Dinant an der Maas. Damit waren die Aufklärer – neben der Stoßgruppe Peiper der 1. SS-Panzer-Division – die in der Ardennenoffensive am weitesten in das Feindgebiet vorgedrungenen deutschen Soldaten. Doch sie mußten zurück, weil die weiter nördlich stehende 2. Panzer-Division unter starkem Feinddruck einerseits und aus Mangel an Munition und Betriebsstoff andererseits zurückweichen mußte. Auch die Aufklärungsabteilung der 2. Panzer-Division war bis in die Nähe von Dinant vorgekommen, erlag aber tapfer kämpfend der feindlichen Übermacht.[25]

Gewaltsame Aufklärung wurde dennoch als notwendig erkannt, befohlen und ausgeführt. Ein Zugführer der 2. Kompanie des Kradschützen-Bataillons 4 schilderte seine Erlebnisse bei einer Aufklärungsfahrt an der Ostfront mit dem leichten Schützenpanzer. Sein Zug hatte den Verbleib von teilweise umgangenen Feindteilen festzustellen. Das war ohne Kampfhandlungen nicht möglich: »Wir greifen von der günstigsten Seite her den Obstgarten ... an den Flügeln umfassend an. Der Angriff geht gut vorwärts, ich sitze selbst am MG. und jage meine Leuchtspurgarben in einen Haufen kurz vor uns auftauchender Russen ... Plötzlich explodiert etwas mitten im Wagen. Ich denke, es ist eine von oben hereingeworfene Handgranate. Jakob, mein Beifahrer und Funker, ist schwer verwundet. Ein dicker Blutstrom rinnt ihm aus dem Hals. Wir fahren grade auf einen russischen Graben zu, ich sehe über Bord und

schieße ein ganzes Magazin aus der MP. den Graben entlang, in dem dicht gedrängt die Russen Deckung genommen haben. Die Grabensohle verwandelt sich in eine zuckende, braune Masse. Der Wagen steckt fest. Ich ziehe Jakob aus seinem Sitz zurück auf meinen Schoß und verbinde ihm den Hals. Gleichzeitig gebe ich einen Funkbefehl an die nur zögernd vorgehenden Gruppen, beschleunigt in den Graben einzubrechen. Plötzlich explodiert wieder etwas im Wagen, Hädrich, mein Fahrer, schreit auf. Und jetzt sehe ich links vor ihm, in der Panzerwand, ein kleines Loch. Das Explosivgeschoß der Panzerbüchse hat ihm das Gesäß zerrissen. Noch zweimal explodiert es; das Armaturenbrett ist zerschlagen, das Funkgerät ist zerstört. Ich muß den Zug mit Flaggen führen. Becker, mein Melder, zieht den toten Fahrer aus dem Sitz und fährt selbst den Wagen. Jetzt sehe ich, wie einer der Panzer am linken Flügel Nebel wirft und rückwärts fährt. Wir lösen uns ebenfalls vom Feind und sammeln uns zum Rückmarsch. Auf dem Rückweg werden wir von allen Seiten beschossen... Plötzlich regt sich Hädrich und sagt irgend etwas. Er ist noch gar nicht tot. Wir beschleunigen das Tempo, vielleicht ist er noch zu retten. Endlich erreichen wir Jefrossinowka... Der Wagen fährt weiter zum Verbandplatz. Aber Hädrich stirbt unterwegs.
Im Wagen sind sechs Einschüsse. Auf dem Boden schwimmt eine Blutlache. Alles ist blutbesudelt und beschmiert. Hunderte von verschossenen Hülsen liegen unter den Sitzen...«[26]
Es genügte im Osten schon lange nicht mehr, den Feind »abzuklopfen«. Die sowjetischen Soldaten verstanden es meisterhaft, sich zu tarnen – es konnte geschehen, daß ein Russe nicht zu erkennen war, obwohl nicht weiter als drei Schritte vom Aufklärer entfernt. Wenn brauchbare Aufklärungsergebnisse erzielt werden sollten, mußte gewaltsam vorgegangen werden – doch den Panzer-Aufklärungs-Abteilungen fehlte die dazu nötige Kampfkraft. Zur Jahreswende 1941/1942 hatte es bereits eine Gliederung gegeben, die das Kradschützen-Bataillon – den schnellsten Kampfverband der Panzer-Division in eine enge Zusammenarbeit mit den Panzeraufklärern brachte. Aber 1943 wurden die Aufklärungs-Abteilungen so umgegliedert, daß sie als gemischter Verband sowohl spähen, als auch gewaltsam aufklären konnten. Die Gliederung – nicht überall konnte sie eingehalten werden – sah so aus:

1 Panzer-Spähkompanie (auf 8- oder 4-Rad-Spähwagen)
1 Panzer-Spähkompanie (auf leichten Schützenpanzern)
2 Panzer-Aufklärungskompanien (auf leichten Pkw, ggf. 1 Kompanie auf leichten Schützenpanzern)
1 schwere Kompanie
1 Versorgungs-Kompanie.

Die 4- und 8-Rad-Panzerspähwagen besaßen die erforderliche Geländegängigkeit nicht. Erst der 8-Rad-Panzerspähwagen 220 (Tp) entsprach etwa den Forderungen der Front. Er konnte jedoch nicht in der nötigen Anzahl produziert werden.
Problematisch war auch die Ausstattung der Panzeraufklärungs-Kompanien mit Krädern oder leichten Pkw. Auf Straßen und Wegen waren sie überaus schnell, doch selbst bei guten Wetterverhältnissen endete ihre Beweglichkeit bei den ersten Metern Fahrt ins Gelände.
Am besten hatten es die mit Schützenpanzern (Halbkettenfahrzeugen) ausgerüsteten Panzeraufklärungs-Kompanien, obwohl auch ihr Fahrzeug mit seiner dünnen Panzerung und zu starken Vorderachsbelastung nur eine Behelfslösung darstellte.
Die Bewaffnung war insgesamt unzureichend. Das Maschinengewehr reichte nicht aus, gefordert wurde durchgängig die 2-cm-Schnellfeuerkanone. Doch sie fehlte in ausreichender Stückzahl. Oft genug verhängnisvoll war das Fehlen einer ausreichenden Panzerabwehrwaffe. Selbst der 8-Rad-Spähwagen mit der 7,5-cm-Kanone entsprach den Forderungen der Praxis nicht: Die geringe Geländegängigkeit des Fahrzeugs sowie dessen zu große Höhe und die mangelnde Durchschlagskraft der Kanone behinderte eine wirkungsvolle Panzerbekämpfung.[27]
Der schnelle Aufbau der Panzertruppe vor dem Krieg hatte zwar rasch eine ausreichende Zahl von Kampffahrzeugen entstehen lassen, jedoch nicht die Muße gebracht, sich über Spezialfahrzeuge – wie es die Aufklärungswagen sind – genügend Gedanken zu machen. Wahrscheinlich hat sich damals kaum einer der Konstrukteure vorstellen können, daß deutsche Panzer die Geographie Mitteleuropas je verlassen könnten. Tatsächlich müssen Aufklärungsfahrzeuge für die geographischen Verhältnisse konstruiert sein, in denen sie operieren sollen.
Sie benötigen luftgekühlte Motoren in extrem heißen oder kalten

Landschaften – wobei sie freilich auch extrem laute Motorengeräusche erzeugen. Heizungen sind nötig oder besondere Sandfilter. Es ist gewiß wichtig, sie für sumpfige, felsige, sandige oder eisbedeckte Bodenbedeckungen auszurüsten, für Fahrten in ebenem oder hügeligem Land oder in solchem mit Gebirgscharakter. Die Motorleistung muß der Bodenform entsprechen, sie muß aber auch ein so hohes Beschleunigungsvermögen erreichen, daß sich ein Fahrzeug blitzschnell aus dem Bereich feindlicher Waffenwirkung entfernen kann. Soll in einem Gelände mit zahlreichen Wasserläufen und Seen gekämpft werden, muß ein Späh- oder Aufklärungsfahrzeug schwimm- oder zumindest tiefwatfähig konzipiert sein.
Aber auch die Absichten, Stärken, Gliederungen und die Bewaffnung des Feindes bedingen eine entsprechende eigene Gliederung, vor allem aber Bewaffnung des Fahrzeuges, desgleichen aber eine entsprechende Ausstattung an Funkgeräten.
Weil die der Panzeraufklärungstruppe zur Verfügung stehenden Fahrzeuge nahezu alle über erhebliche Mängel aufwiesen, desgleichen aber auch der Einsatz der Aufklärer außerhalb ihrer eigentlichen Aufgaben und Fähigkeiten erfolgte, gab der Generalinspekteur der Panzertruppen am 1. Oktober 1944 »Grundsätzliche Hinweise« heraus. Darin hieß es:
»*Panzerspähwagen* sind schnelle, bewegliche, leicht gepanzerte Fahrzeuge mit weitreichenden Funkgeräten, großer Feuerkraft, aber nicht panzerbrechender Bewaffnung. Als Radfahrzeuge sind sie bedingt geländegängig. Sie sind das Auge der Panzeraufklärungs-Abteilung und kämpfen nur zur Selbstverteidigung oder zum Erzwingen ihres Auftrages. Ihr Einsatz als Sturmgeschütz oder Panzer ist verboten. Panzerspähtrupps sollen nicht stärker als drei Wagen sein. – Viel sehen, selbst nicht gesehen werden!
Die Panzerspäh-Kompanie ist Träger der taktischen Erdaufklärung. Ihr Einsatz erfolgt in Spähtrupps. Nur in offenen Räumen, bei Verfolgung oder zur Verschleierung von Ansetzbewegungen wird sie in Ausnahmefällen geschlossen eingesetzt.
Panzeraufklärungswagen sind SPW (Schützenpanzerwagen), leicht gepanzert, schnell, wendig und geländegängig mit großer Feuerkraft. Sie erfordern den Kampf vom und mit dem Fahrzeug.
Die Panzeraufklärungs-Kompanie ist Träger der Feuerkraft und die Stoßkraft der Panzeraufklärungs-Abteilung. Sie erzwingt die Auf-

klärung. Ihre Stärke liegt im aufgesessenen Kampf mit dem SPW. Sie wird geschlossen mit den schweren Waffen eingesetzt.
Die Panzeraufklärungs-Abteilung schafft durch Spähen und Kampf die Unterlagen für die Führung der Panzer-Division und ist ihre schnelle gepanzerte Kampfkraft. Sie ist geschlossen einzusetzen. Ihr Einsatz abgesessen in der Verteidigung ist verboten. Zur Durchführung selbständiger Kampfaufträge muß sie entsprechend verstärkt werden.«[28]

Während die erdrückende Übermacht, im gleichen Maße aber auch die starre oberste Führung den deutschen Panzerverbänden die Freiheit des Handelns nahmen und die Panzeraufklärer sich als Kampfgruppen zweckentfremdet zerschlissen, wurde die russische Aufklärung immer mächtiger. Jede sowjetische Panzer-Division verfügte über eine Aufklärungsabteilung mit Stab, Nachrichtenzug, 2 Kradschützen-Kompanien, 2 Spähwagen-Kompanien, 1 Kompanie mit Panzern T-34/85, einem Pak-Zug und einer Versorgungs-Teileinheit.

Die Auftragserteilung erfolgte in schematischer, engbegrenzter Form, ohne Spielraum für eigene Entscheidungen zu lassen.

Im Laufe des Krieges wurden Unternehmen der gewaltsamen Aufklärung von Mal zu Mal gigantischer und erreichten bald den Umfang regelrechter Großangriffe. Der sowjetische Oberst I. Vjazankin schrieb im »Kriegshistorischen Journal« Nr. 11/1969 über die Aufklärung der Roten Armee vor der Schlacht um Berlin am 14. und 15. April 1945: »Die besten Aufklärungsergebnisse wurden in der 1. Belorussischen Front erzielt. Hier wurde ... zwei Tage lang im ganzen Angriffsstreifen gewaltsam aufgeklärt. Hierzu setzten die Divisionen der ersten Staffel Kräfte im Umfang von einer verstärkten Kompanie bis zu einem Regiment ein. In der 47. Armee wurden hierfür von jeder Division zwei Bataillone bestimmt; in der 5. Stoßarmee von drei Divisionen je ein Regiment, von zweien je zwei Bataillone und von einer ein Bataillon; in der 8. Gardearmee von vier Divisionen je ein Bataillon und von einer Division eine Kompanie und am anderen Tag noch fünf Bataillone; in der 3. Stoßarmee von jeder Division ein Bataillon; in der 69. und in der 33. Armee jeweils verstärkte Kompanien.

Die Vorausbataillone wurden durch Panzer und Selbstfahrlafetten verstärkt. Durchschnittlich wurden einem Schützenbataillon etwa

eine Kompanie mittlerer oder schwerer Panzer und eine Batterie Selbstfahrlafetten ISU-152 oder SU-76 zugeteilt. Auch bedeutende Unterstützungsmittel wurden bereitgestellt. Im 4. Gardeschützenkorps der 8. Gardearmee z. B. wurde zur Unterstützung der Vorausbataillone eigens eine Artilleriegruppe geschaffen; sie bestand aus zwei Granatwerfer- und drei Haubitzenregimentern, einem Panzerjägerregiment und zwei Gardegranatwerfer-Abteilungen. (Anmerkung des Verf.: Gardegranatwerfer-Abteilungen waren mit Feldraketenwerfern ›Katjuscha‹, Landserdeutsch: ›Stalinorgel‹, im genannten Fall wahrscheinlich mit BM-8 [48 Raketen] ausgestattet.) Ferner wurde hierfür die gesamte Artillerie der 57. und der 47. Gardeschützendivision herangezogen.
Zur Unterstützung der Vorausbataillone wurde ferner ein Teil der Schlachtfliegerkräfte der 16. Luftarmee eingesetzt. Dem Angriff ging ein 10- bis 15-minütiger Feuerüberfall auf die erste Stellung voraus. Die Artillerieunterstützung erfolgte in der Methode aufeinanderfolgenden zusammengefaßten Feuers und in der 8. Gardearmee durch eine einfache Feuerwalze in 1 km Tiefe im Handlungsstreifen eines jeden Bataillons. Außerdem wurde der Raum der gewaltsamen Aufklärung durch unbewegliches Sperrfeuer der Artillerie abgeriegelt.«
Das waren materielle und personelle Voraussetzungen, wie sie der deutschen Erdaufklärung niemals zur Verfügung standen – und allerdings auch ihrem Wesen widersprachen. Gemessen an dem Aufwand scheinen die Ergebnisse verhältnismäßig gering gewesen zu sein, wenngleich der sowjetische Autor einen positiven Grundton anstimmt: »In zweitägigen Gefechten gelang es den Aufklärungseinheiten in einer Reihe von Richtungen 2 bis 4 km, und stellenweise bis zu 5 km tief, in das feindliche Verteidigungssystem einzudringen und einzelne Abschnitte der ersten Stellung zu nehmen und zu halten. Die Versuche der Aufklärungseinheiten der 69. und 33. Armee, in die Tiefe der ersten Stellung vorzudringen, scheiterten infolge des feindlichen Feuers und von Gegenangriffen.
Der Einsatz der Aufklärungseinheiten schaffte Klarheit über die Gruppierung des Gegners und über das System seiner Verteidigung. Außerdem überwanden unsere Truppenteile die Zone der dichtesten Minensperren; das erleichterte den Hauptkräften der

Divisionen der ersten Staffel den darauffolgenden Angriff. Da die gewaltsame Aufklärung zwei Tage dauerte, wurde die feindliche Führung über den Beginn des Angriffs getäuscht.«

In den Augen der sowjetischen Führung war der Zeitpunkt bedeutsam, an dem die gewaltsame Aufklärung stattfand: Mehrere Tage vor Beginn einer Offensive, einen oder zwei Tage vorher oder gar nur Stunden zuvor. Der Oberst Vjazankin sagt, »daß in den Operationen von 1944 die gewaltsame Aufklärung in der Regel einen Tag vor Angriffsbeginn und auf breiter Front stattfand ... So konnte die Hauptstoßrichtung unserer Truppen getarnt und konnten Angaben über den Gegner auf der ganzen Front ermittelt werden.

Allerdings: Einen Tag vor Beginn des allgemeinen Angriffs aufzuklären, wurde jedoch bis zu einem gewissen Grade zur Schablone und war für die Hitlerfaschisten gewissermaßen eine Ankündigung, daß am nächsten Tag der Großangriff beginnen werde.

In den Operationen von 1945 wurde die gewaltsame Aufklärung daher variabler und schöpferisch organisiert. Sie begann jetzt einige Stunden oder unmittelbar vor dem Angriff. Eine Ausnahme ist die Berliner Operation, in der die gewaltsame Aufklärung zwei Tage dauerte.

Mitunter wurde gewaltsame Aufklärung auch vorgetäuscht (so bei der Weichsel-Oder-Operation). Wurde der Feind regelrecht überrumpelt, so übten die Vorausbataillone die Rolle führender Staffeln im Angriff der Hauptkräfte aus; das verlieh dem Vorgehen der Truppen das Moment der Überraschung.«

Die deutschen Aufklärer hatten nur noch eine ihrem Auftrag entsprechende Aufgabe: Die Absetzbewegungen ihrer Kameraden der anderen Waffengattung zu sichern. Der Erfahrungsbericht einer Panzer-Division schilderte einen planmäßigen Rückzug, bei dem aus Mangel an Transportraum vier Bataillone nur in zweimaligem Fahren bewegt werden konnten: »Hier hat die Pz.-Aufkl.-Abt. besonders Gutes geleistet. Zunächst wurde die Aufkl.Abt. dicht (3 km) hinter die HKL. (Hauptkampflinie) gelegt und bildete eine Aufnahme für die zu Fuß zurückmarschierenden Panzergrenadiere, verschleierte dann durch ihren Widerstand auf breiter Front die Absetzbewegung und sicherte den Rückmarsch ...

Im weiteren Verlauf des Absetzens ging die Aufklärungs-Abteilung dann – immer wieder Widerstand leistend – in kurzen Sprüngen auf

die neue HKL. zurück...
Die Panzerspäh-Kompanie – häufig der Division unmittelbar unterstellt – stellte Pz.Spähtrupps in die Nachbar-Divisionsabschnitte, um über das Tempo des Absetzens der Infanterie die eigene Division laufend zu unterrichten und erfolgte Einbrüche zu melden. So ist die Division während des Rückzuges niemals vor überraschende Lagen gestellt worden...
Durch diesen Einsatz der Panzer-Aufklärungs-Abteilung ist es erreicht worden, daß der Gegner von der HKL. der Division fast doppelt so lange Zeit ferngehalten wurde, wie es bei der benachbarten Inf.-Division der Fall war. Traf der Gegner dann auf die HKL., war diese voll abwehrbereit, Panzergrenadiere und Waffen waren in der Erde verschwunden... Einbrüche wurden vermieden und Blut gespart. Die Verluste der Pz.Aufkl.Abt. und der Ausfall an Material waren gering.«[29]
Das ging nicht überall so gut ab. Im Erfahrungsbericht einer Panzergrenadier-Division heißt es nach der Beschreibung der Abwehrkämpfe, eines Feinddurchbruchs und der anschließenden Rückzugskämpfe: »Die Panzerspähtrupps hatten ihre Aufgabe, der Führung die nötigen Unterlagen zu bringen, voll erfüllt. Trotzdem standen die Erfolge in keinem Verhältnis zu den hohen Verlusten (Die Spähtrupps waren nach der infanteristischen Absetzbewegung wegen zu großer Erschöpfung der Infanterie als Nachtruppe und zur Gefechtsaufklärung eingesetzt worden.) Die Panzerspähkompanie war über 4 Wochen nicht mehr einsatzfähig und die Aufklärung mußte durch Kradschützen oder zu Fuß durchgeführt werden...«[30]
Den letzten Dienst, den die Aufklärungsabteilungen in manchen Divisionen ihren Kameraden leisten konnten war, ihnen den Weg in die Kriegsgefangenschaft aufzuklären und zu erkunden. Mitunter galt es dabei festzustellen, wo welche Feindnation ihre vordersten Truppen stehen hatte, um dann sich diejenige künftige Gewahrsamsmacht aussuchen zu können, von der die glimpflichste Behandlung zu erwarten war.
Eine besonders große Auswahl an Feindstaaten bot sich der 23. Panzer-Division. Sie stand im österreichischen Raum an der Mur der 56. sowjetischen Armee gegenüber. Dem Divisionsabschnitt gegenüber lagen aber auch jugoslawische Tito-Partisanen

sowie bulgarische Truppen. Bei keinem dieser Feinde schien eine den Bedingungen des Kriegsvölkerrechts korrekte Behandlung garantiert zu sein.
Panzerspähtrupps der 1. Pz. A. A. 23 fuhren deshalb nach Nordwesten, um gegen die aus Oberitalien im Anmarsch vermuteten Briten aufzuklären, wenn möglich mit deren Vorausabteilungen Kontakt aufzunehmen und auch die möglichen Abmarschstraßen zu ihnen hin zu erkunden.
Am Abend des 8. Mai 1945 kehrte ein zu den Sowjets entsandter Parlamentär zur Division zurück: Am 9. Mai, 8 Uhr, hat die Division an bestimmten Sammelplätzen zu stehen, um in sowjetische Gefangenschaft zu gehen. In den Abendstunden des 8. Mai begann sich die Division auf den Abmarsch vorzubereiten. Sie hat nicht nur sich selbst, sondern auch die benachbarte 44. Infanterie-Division und die 4. Kavallerie-Division zu retten, indem sie deren durch die geographische Lage bedingte schwierige und langwierige Absetzbewegung sichert.
An diesem Abend wurden sämtliche schweren Waffen unbrauchbar gemacht, Richtaufsätze und Verschlußkeile in die Mur geworfen und die Motoren aller Panzer und Panzerhaubitzen durch Festfressenlassen der Kolben zerstört.
Lediglich die Panzer-Aufklärungs-Abteilung 23 behielt ihre gesamte Ausstattung. Kurz vor 22 Uhr rückte sie mit ihren Panzerspähwagen und Schützenpanzern in die vorderste Linie des Divisionsabschnitts ein. Das Panzer-Pionier-Bataillon 51 besetzte alle Übergänge im Divisionsbereich mit Sprengkommandos. Wenige Minuten vor 22 Uhr begann die letzte Operation der 23. Panzer-Division: Die Aufklärer erzeugten eine Lärmkulisse: Sie ließen die Motoren der Schützenpanzer an und feuerten mit den Bordwaffen. Im Schutze dieser Geräusche begaben sich die Panzergrenadiere zu ihren Fahrzeugen und fuhren ab, weiter hinten marschierte bereits die Artillerie. Drei noch unzerstörte Jagdpanzer lauerten hinter den Aufklärern, um ihnen notfalls Rückhalt geben zu können.
Doch beim Feind blieb alles ruhig. Um 23 Uhr setzten sich deshalb auch die Aufklärer ab. Die Jagdpanzer wurden auf der Mur-Brücke zu einer Sperre zusammengefahren und dann unbrauchbar gemacht. In dieser Zeit wurde allerdings die Kampfgruppe Fischer – die bei Unterdrauburg stand, um den Rückzug der anderen beiden

Divisionen des I. Kavalleriekorps zu decken – von den jugoslawischen Partisanen zur Kapitulation aufgefordert. Major Fischer lehnte ab. Wenig später griffen bulgarische Truppen von Osten her die HKL. an und wurden abgewehrt. Danach setzte sich die Kampfgruppe ab, stieß in Völkermarkt auf eine von jugoslawischen Partisanen verteidigte Sperre, brach sie angriffsweise auf und gelangte endlich auf die Rückmarschstraße der Division.
Die von Hauptmann Schulz geführte Panzeraufklärungsabteilung 23 bildete die Nachhut und setzte sich in den Morgenstunden des 9. Mai, zusammen mit den letzten Teilen der Pioniere weiter in Richtung auf die inzwischen von den tags zuvor vorausgeschickten Spähtrupps georteten, aus Norditalien her anmarschierenden britischen Truppen.
Dann endlich, am 10. Mai, passierte die Nachhut – Aufklärer und Pioniere – die britischen Sicherungen auf dem Paß zwischen Unzmarkt und Scheifling. Danach aber gerieten sie zum letzten Mal ins Feuer: Sowjetische Schlachtflieger des Typs Iljuschin I 1-2 griffen die Kolonne mit Bomben und Bordwaffen an – glücklicherweise traten nur geringe Ausfälle an. Britische Jagdflugzeuge, die über der Demarkationslinie Sperre flogen, vertrieben schließlich ihre sowjetischen Bundesgenossen. Am 12. Mai 1945 traf die Panzer-Aufklärungs-Abteilung 23 mit ihrem gesamten Gerät als letzter Verband auf dem Sammelplatz der 23. Panzer-Division ein. An der Murbrücke bei Tamsweg beendeten die Aufklärer ihren Kriegseinsatz in einer damals höchst ungewöhnlichen Weise: Mit einem Vorbeimarsch an Generalleutnant von Radowitz, ihrem Divisionskommandeur.[31]
Sie waren die Ersten am Feind, und die Letzten, die sich von ihm lösten.

Teil 3

Leo und Luchs

Am 2. Januar 1956 wurde die gesamte deutsche Bundeswehr in den Unterkünften einer einzigen Kaserne eingekleidet: 2000 Mann zogen sich erstmalig in Andernach einen taubenblauen Waffenrock an, der alsbald das »Affenjäckchen« genannt wurde.
An diesem Tag formierten sich die ersten deutschen Truppen nach dem Zweiten Weltkrieg – die Keimzelle einer neuen Armee. Die Panzeraufklärer bildeten in ihr – neben den Grüppchen der Feldjäger und der ABC-Abwehrsoldaten – eines der zahlenmäßig kleinsten Kontingente.
Offiziere, Unteroffiziere und viele Mannschaftsdienstgrade hatten bereits bei den Aufklärern der Wehrmacht gedient. Es galt – soviel war wohl jedem einzelnen Soldaten der entstehenden Bundeswehr klar – nicht dort weiterzumachen, wo bei der Wehrmacht aufgehört worden war. Es kam darauf an, eine völlig neue Armee unter anderen Voraussetzungen und innerhalb einer Koalition aufzustellen. Natürlich hatten sich die Planer in der Bonner Ermekeil-Kaserne – in der damals das Bundesverteidigungsministerium provisorisch untergekommen war – bereits Gedanken über die künftige Panzeraufklärungstruppe gemacht. Der damalige Oberstleutnant der Bundeswehr Eike Middeldorf veröffentlichte sehr ähnliche Vorstellungen im Januar 1956 in dem Buch »Taktik im Rußlandfeldzug«: »Nach den Grundsätzen über die Verwendung von Panzertruppen bringt nur der tiefe und überraschend gegen die schwache Stelle des Feindes geführte Stoß den entscheidenden Erfolg.
Neben der Luftaufklärung vermag nur eine weiträumig eingesetzte gepanzerte Erdaufklärung hierfür die Führungsunterlagen zu schaffen. Ohne eingehende Kenntnis des Kampfgeländes und der

Feindlage ist die Schlacht schon verloren, bevor sie beginnt...
Als Wegbereiter zum Erfolg müssen die Panzeraufklärungs-Bataillone weiterhin unentbehrlicher und organischer Bestandteil der Panzer-Division sein. Ihren falschen Einsatz und die leichtsinnige Verausgabung dieser wertvollen Kraft würden die Panzer-Divisionen der Zukunft mit hohen Verlusten ihrer übrigen Verbände bezahlen müssen.«
Sodann erhob Middeldorf eine Anzahl von Forderungen: »Der Kommandeur eines Panzeraufklärungs-Bataillons denkt im Divisionsrahmen und darüber hinaus. Er steht in einem ausgesprochenen Vertrauensverhältnis zur Divisionsführung, die ihn *mitdenken* und *mithandeln* läßt.
Abtrennung von Einheiten des Bataillons und Doppelaufträge müssen unter allen Umständen vermieden werden. Nur der *geschlossene Einsatz* des Bataillons verbürgt den Erfolg.
Im raschen Zugriff gewonnene Aufklärungserfolge dürfen nicht damit belohnt werden, daß das Bataillon als Kampfgruppe mit dem Vorstoß in die Tiefe des Gegners beauftragt wird. Im Interesse der weiteren Kampfführung muß das Bataillon *für Panzeraufklärung* erhalten bleiben.
Das Panzeraufklärungs-Bataillon muß *schneller* und *geländegängiger* als alle anderen Verbände der Panzertruppen sein. Nur als schnellste und beweglichste erdgebundene Truppe kann es seine Aufgabe erfüllen. Hierbei ist es wichtig, daß *alle* Einheiten des Bataillons über den *gleichen* hohen Grad und Beweglichkeit und Geländegängigkeit verfügen.
Alle Überlegungen über die zukünftige Gliederung und Bewaffnung des Bataillons müssen dahin zielen, äußerste *Beweglichkeit* mit *hoher Feuerkraft* zu verbinden... Der aufgesessene Kampf ist vorherrschend. Fahrzeugausrüstung und Bewaffnung müssen dem Rechnung tragen.
Die Zusammenarbeit mit der Luftwaffe muß eng und selbstverständlich sein. Fliegerverbindungsoffiziere gehören zum Panzeraufklärungs-Bataillon. Durch *gemeinsamen Auftrag* für die Aufklärer in der Luft und die Aufklärer auf der Erde ist die Zusammenarbeit zu fördern.«
Schließlich schreibt Middeldorf über die Kampfweise der Aufklärer:

»– Panzeraufklärung besteht nicht in einem vorsichtigen Anklopfen an die Tür des Gegners. Die Tür wird gegebenenfalls überraschend und hart aufgestoßen, wenn sich die Chance für einen Erfolg bietet. Alle Blicke sind auf diese Möglichkeit gerichtet.
– Ein überhetzter erster Ansatz des Bataillons ist der erste Schritt zum Mißerfolg. Die Auftraggebung ist wohldurchdacht und erfolgt in Ruhe. Panzerspähtruppführer brauchen für ihr Vorgehen den Rückhalt einer klaren Befehlsgebung.
– In jeder Kampfart ist gegen die Verzettelung der Kräfte anzugehen...
– Grundsätzlich interessiert die *schwache Stelle des Gegners* mehr als seine Stärke. *Hier* liegt die Chance für einen Erfolg. Jedes Festbeißen an starken Gegnern engt die Sicht ein und bindet Kräfte an falscher Stelle.
– Die *Tarnung* in jeder Form begleitet den Kampf des Bataillons. Verbunden mit Täuschung und List ist sie Vorbedingung für die Überraschung...«

Im Laufe der Jahre des Bestehens der Bundeswehr formte sich ein System sich gegenseitig überlappender Aufklärungselemente, das die vor einigen Jahren entstandene »Aufklärungslücke« wenigstens zum großen Teil zu schließen vermag.

Es sieht folgendermaßen aus:

Für die Luftaufklärung verfügt die Luftwaffe über vier Aufklärungsstaffeln mit RF-4E »Phantom« II in zwei Aufklärungsgeschwadern. Durchaus auch für die Soldaten des Heeres von großer Bedeutung können die Beobachtungen der Aufklärungskräfte der Marine sein, falls Seelande-Verbände unseren Küsten entgegenfahren oder an anderen Küsten Truppenkonzentrationen in bedrohlichem Umfang stattfinden.

Wichtigste Aufklärungsmittel der Marine sind die in einem Marinefliegergeschwader zusammengefaßten Seefernaufklärer und U-Jagd-Flugzeuge Breguet »Atlantic«, aber auch die »Starfighter« zweier Marinefliegergeschwader (sie werden in einiger Zeit durch »Tornado« Kampfflugzeuge ersetzt) vermögen Aufklärungsaufträge zu fliegen.

In gewissem Maße sind Schnell- und U-Boote zur Lösung von Aufklärungsaufgaben imstande.

Im Heer verfügt jedes der drei Korps über

- eine Fernspähkompanie,
- eine Frontnachrichtenkompanie sowie
- ein Fernmeldeaufklärungsbataillon für elektronische Kampfführung bzw. ein Fernmelde-Nahaufklärungsbataillon.

DIE FERNSPÄHKOMPANIE

ist vom Schleier des Geheimnisses umgeben, und aus gutem Grunde werden vor allem über die Fernmeldeausstattung, die Stärke der Spähtrupps und eine Reihe taktischer Fragen keine Informationen erteilt. Einsatzgrundsätze und Gliederung sind dagegen offenes Informationsmaterial.
Die Fernspähkompanie ist gegliedert in:

- Kompanieführungsgruppe,
- Kraftfahrzeuggruppe mit Kraftfahrern und Fahrzeugen für den Transport der Spähtrupps, für Materialtransporte und den Meldeverkehr,
- 2 Fernspähzüge zu je 12 Fernspähtrupps und einem Zugtrupp,
- Fernmeldezug mit Zugtrupp, Empfängergruppen, Auswertegruppen, Sendertrupps, Funkfernschreibtrupps und Feldkabeltrupps,
- Versorgungsgruppe.

Die Fernspäher sind eine Truppengattung des Heeres, tragen das rote Barett der Fallschirmjäger, die goldgelbe Waffenfarbe der Panzeraufklärer und sind als eine handverlesene Elite-Truppe anzusehen. Ihre Aufgabe besteht darin, den Feind in der Tiefe seines Raumes aufzuklären. Sie haben vor allem dort Aufklärungsergebnisse zu gewinnen, wo Luft- und Erdaufklärung nicht ausreichend wirksam werden können. Mit anderen Worten, die Fernspäher müssen den Feind aus unmittelbarer Nähe beobachten.
Sie haben festzustellen:
- Transporte und Stellungen atomarer, biologischer und chemischer Waffenträger des Feindes,
- Feuerstellungen der Artillerie,
- seine Gefechtsstände, Verfügungsräume, Versorgungsdepots sowie
- Bewegungen und Verhalten feindlicher Kräfte.

Die Soldaten der Fernspähtrupps sind sämtlich entweder Offiziere oder Unteroffiziere, körperlich durchtrainiert, Einzelkämpfer und

»Freifaller«, nämlich ausgebildet im Fallschirmspringen im freien Fall mit manueller Schirmöffnung in verhältnismäßig geringer Höhe.

Ihre Eindringtiefe in den feindlichen Raum liegt bei 80 Kilometer. Im Idealfall lassen sich die Fernspähtrupps vom vordringenden Feind überrollen, sie haben dann Versorgungsgüter und Material zum Bau und Tarnen von Beobachtungsständen in für einen längeren Einsatz ausreichenden Mengen bei sich.

Andere Möglichkeiten an den Einsatzort zu gelangen sind:

- aus einem Flugzeug mit dem Fallschirm abspringen,
- mit einem Hubschrauber hinter den feindlichen Linien zu landen,
- durch einen gepanzerten Spähtrupp der Panzeraufklärer bis in die Nähe des Beobachtungsraumes gebracht zu werden,
- oder im Fußmarsch dorthin zu gelangen,
- im Küstengelände durch ein Wasserfahrzeug angelandet werden.

Befinden sich die Fernspäher in Feindnähe, bauen sie sich einen Beobachtungspunkt aus – etwa auf einem Baum oder eingegraben in einen Erdwall, stets aber so hervorragend getarnt, daß sie selbst aus einem Meter Entfernung nicht erkannt werden können. Dort halten sie über Tage hinweg aus: Im Gegensatz zu den Panzeraufklärern sind ihnen Bewegungen kaum möglich. Sie betreiben Augenaufklärung, wie etwa der Stabsunteroffizier Ede Tomm, der während eines Manövers – ausgerechnet an seinem Geburtstag – sich vom »Feind« überrollen ließ. Zusammen mit drei Kameraden der Fernspähkompanie 100 hatte er sich – weit im Hinterland des Manöver-Gegners – an einem Waldrand bei Goldenstedt im Oldenburgischen, ein Erdloch gewühlt. Aus ihm – das überdacht und sorgfältig getarnt war – beobachteten die vier Fernspäher – Teil eines Spähtrupps – den unmittelbar vor ihnen ablaufenden Militärverkehr beiderseits des Flusses Hunte.

Vier Tage und vier Nächte kampierten sie in ihrem Loch, bei Regen und eisiger Kälte, denn es war November. Tagsüber lagen sie nahezu bewegungslos und ohne zu sprechen – die Entdeckungsgefahr war zu groß. Nur in der Dunkelheit konnten sie vorsichtig und leise aus dem Versteck kriechen, sich dehnen, recken und ihre Notdurft verrichten. Sie ernährten sich von einigen Konserven. Ihre Zentralheizung war eine Kerze. Der Funker gab über ein Spezialgerät die verschlüsselten Meldungen der Beobachtungsergebnisse

Rußland, April 1942: zerstörte russische Panzerspähwagen. *(Bundesarchiv)*

Nagelneue Achtrad-Panzerspähwagen »Sd. Kfz. 232« rollen mit der Bahn an die Front. Sie sind für die Division »Großdeutschland« bestimmt. *(Bundesarchiv)*

Die Aufklärer der Division »Großdeutschland« bereit zum Vormarsch. *(Bundesarchiv)*

Ein Panzerspähwagen »Sd. Kfz. 222« in Rußland *(Bundesarchiv)*

Bei Wjasma, Juni 1942: Mittlerer Schützenpanzerwagen als Funk-Panzerwagen mit Maschinengewehr und Rahmen-Antenne, »Sd. Kfz. 251/3«. *(Bundesarchiv)*

Schützenpanzerwagen »le. SPW« der Division »Großdeutschland« in Rußland, Juni 1942. *(Bundesarchiv)*

Südabschnitt der Ostfront Oktober/November 1942: Eine Kradschützeneinheit geht in geöffneter Ordnung vor. *(Bundesarchiv)*

Kaukasus, 17. September 1942: Vierrad-Panzerspähwagen sichert einen Ortseingang. *(Bundesarchiv)*

Nordabschnitt Ostfront, Winter 1942/1943: Aufklärer mit mittleren Schützenpanzerwagen. *(Bundesarchiv)*

Rußland, Winter 1942/1943: Aufklärung wurde auch mit dem Kettenkrad gefahren. *(Bundesarchiv)*

Sowjetsoldaten besichtigen einen abgeschossenen deutschen Panzerspähwagen französischer Produktion. Rußland 1943. *(Bundesarchiv)*

Achtrad-Panzerspähwagen (Fu) der Division »Großdeutschland« »Sd. Kfz. 232«. Rußland, Juni 1943. *(Bundesarchiv)*

Leichter Schützenpanzerwagen der Aufklärungsabteilung der Division »Großdeutschland«. Rußland Juni 1943. *(Bundesarchiv)*

Leichter Panzerspähwagen Sd. Kfz. 222 (3 Mann Besatzung) der Division »Großdeutschland«. *(Bundesarchiv)*

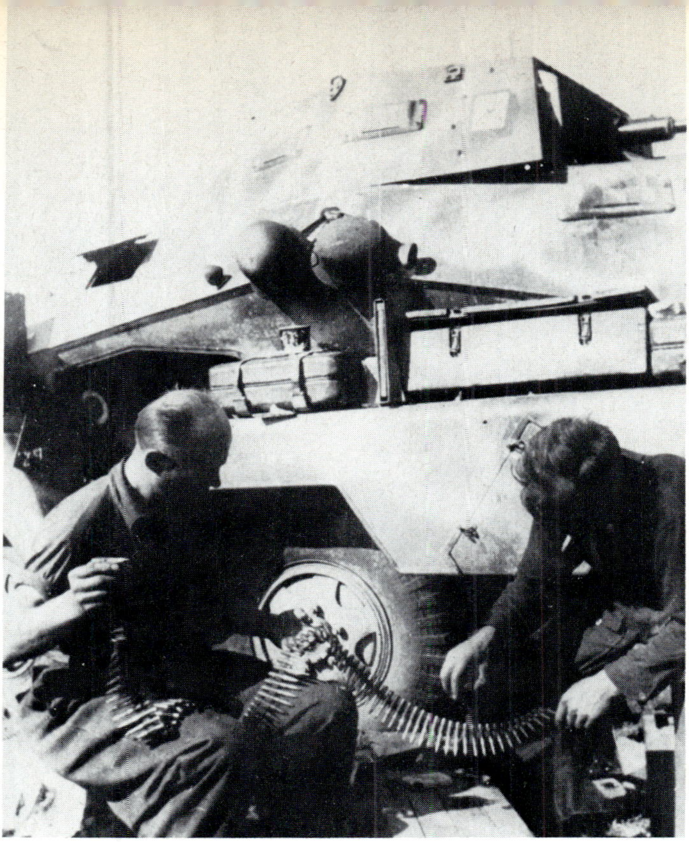

Am Mius, August 1943: Nach einem Gegenstoß fetten die Aufklärer die MG-Munition für ihren Achtrad-Panzerspähwagen ein. *(Bundesarchiv)*

Mius-Donezbecken, August/September 1943: Links Vierrad-Panzerspähwagen Sd. Kfz. 260/261; rechts: leichter Schützenpanzerwagen mit Rahmen-Antenne Sd. Kfz. 250/3. *(Bundesarchiv)*

Rußland, September 1943: Achtrad-Panzerspähwagen mit kurzer KwK 7,5; Division »Großdeutschland«; Sd. Kfz. 233. *(Bundesarchiv)*

Südabschnitt der Ostfront, September/Oktober 1943: Aufklärer mit Vierrad-Panzerspähwagen und 3-Tonnen-Schützenpanzerwagen. *(Bundesarchiv)*

Der Kommandant eines Panzerspähwagens: Ein Oberfeldwebel mit dem Eisernen Kreuz 1. Klasse, dem Panzerkampfabzeichen in Silber und dem Verwundetenabzeichen in schwarz. *(Bundesarchiv)*

Versuchsfahrt in einem Trippel-Schwimmwagen, der unter anderem als Fahrzeug für die Aufklärer gedacht war, jedoch nicht in Serie ging. *(Bundesarchiv)*

durch: 86 Prozent stimmten haargenau. Die Manöverleitung ermittelte es später.

Das Problem der Fernspähtrupps ist ihre Rückkehr nach erfülltem Auftrag. Es gehört nur wenig Phantasie dazu, sich auszumalen, welcher Mut erforderlich sein muß, im Ernstfall nahe bei der Feuerstellung etwa eines Artillerie-Raketenträgers zu liegen, dessen Position zu funken und damit das eigene – möglicherweise sogar nukleare – Artilleriefeuer in die Nähe des eigenen Standortes zu lenken.

Das Absetzen aus der in Feindnähe liegenden Beobachtungsposition muß vorsichtig, leise und wahrscheinlich in der Dunkelheit erfolgen und wird mithin längere Zeit in Anspruch nehmen. Dann schließt sich der Rückmarsch zu Fuß an – entweder an die 80 Kilometer weit durchs Feindgebiet, das gewiß auch stellenweise unter dem Feuer eigener Artillerie liegt, oder bis zu einem Punkt, an dem sie ein Hubschrauber oder ein Panzerfahrzeug abholt. Die größten Chancen für eine glückliche Rückkehr bestehen, wenn der Fernspähtrupp an seinem Beobachtungsplatz verbleiben kann, bis ein eigener Angriff über sie hinwegrollt.

Die Fernspäher sind in jedem Fall reine Beobachter. Jede Art von gewaltsamer Aufklärung – Überfälle im feindlichen Hinterland, das Sprengen von Gefechtsständen, das Einbringen von Gefangenen – gehört nicht zu ihren Einsatzverfahren. Entsprechend leicht ist ihre Bewaffnung: Maschinenpistolen. Sie beherrschen indes den waffenlosen Kampf, jedoch ausschließlich zur Selbstverteidigung.[32]

DIE FRONTNACHRICHTENKOMPANIE

besteht aus Offizieren und Unteroffizieren der Reserve. Ihre Aufgaben bestehen in:

- Vernehmungen von Kriegsgefangenen und verdächtigen Landeseinwohnern,
- der Auswertung von Luftbildern,
- der Sicherstellung und Auswertung erbeuteter Landkarten und Schriftstücke.

Von besonderer Wichtigkeit ist dabei offensichtlich der Einsatz der Befragungstrupps, deren durch Gefangenenvernehmung gewonnene Erkenntnisse so schnell als irgend möglich dem Feindlageoffizier, dem G 2 (Generalstabsoffizier 2), gemeldet werden müssen.

DAS FERNMELDEAUFKLÄRUNGSBATAILLON

hört systematisch den gegnerischen Funkverkehr ab und beobachtet feindliche Radarstrahlungen. Ihr Einsatz richtet sich hauptsächlich gegen feindliche Stäbe, Gefechtsstände und in Reserve liegende Großverbände. Experten versuchen die Verschleierungen oder Verschlüsselungen feindlicher Funksprüche zu dechiffrieren, die Standorte der Sender anzupeilen und somit deren Koordinaten festzustellen, gegebenenfalls auch Funksendungen zu stören.
Die Gliederung des Fernmeldeaufklärungsbataillons:

- Stabs- und Versorgungskompanie,
- 1 Fernmeldeaufklärungskompanie,
- 1 Fernmelderadaraufklärungskompanie,
- Einheiten für elektronische Kampfführung (Eloka), namentlich zur Störung feindlicher Funkverbindungen.

DIE ÜBERWACHUNG DES LUFTRAUMES

in der vorderen Kampfzone des Korps und seiner Divisionen ist Sache der Radargruppen und Flugabwehrauswertung der Heeresflugabwehrtruppe. Sie arbeitet eng mit dem Radarflugmeldedienst der Luftwaffe zusammen, erhält so die Voraussetzungen für den erfolgreichen Kampf der schießenden Batterien und Züge der Flugabwehrregimenter. Gleichzeitig liefert sie der Führung von Brigaden, Divisionen und Korps die Beurteilung der Luftlage.
Die Aufklärungskräfte und -mittel der Divisionen (mit Ausnahme der 1. Luftlandedivision) sind:

- Heeresflieger,
- Beobachtungsbatterie oder -bataillon im Artillerieregiment,
- Luftaufklärereinsatz nach Anforderung,
- Gefechtsaufklärung durch alle Truppen und das
- Panzeraufklärungsbataillon.

Die mit leichten Hubschraubern ausgestattete *Heeresfliegerbeobachtungs- und Verbindungsstaffel* jeder Division ist überaus beweglich und – wenngleich mit Einschränkungen – zur Aufklärung

befähigt. So kann eine Hubschrauberbesatzung selbständig Aufklärungsaufträge ausführen, bereits während des Fluges per Funk Meldungen durchgeben und etwa zwei Stunden nach der Landung dem G 2 der Division fertige Luftbilder vorlegen. Im Hubschrauber kann auch der Kommandeur eines Bataillons, einer Brigade oder der Division mitfliegen, um sich selbst ein Bild über eine besonders entscheidende Lage-Entwicklung zu machen.
Erfahrungsgemäß bringt die Zusammenarbeit zwischen Panzeraufklärungsbataillon und Heeresfliegerstaffel ausgezeichnete Ergebnisse: Aufklärungsflüge des Hubschraubers können die Aufklärung verdichten helfen, wenn eine direkte Funkverbindung zwischen Panzerspähtrupp und Hubschrauber besteht.
Nachteilig ist jedoch, daß Hubschrauber nur über eigenem Gebiet und vermutlich feindfreien Räumen eingesetzt werden können: Ihre Beschußempfindlichkeit bereits gegenüber Handfeuerwaffen ist zu groß. Außerdem können die gegenwärtig im Dienst befindlichen leichten Hubschrauber weder bei extrem schlechtem Wetter noch im Nachtflugbetrieb eingesetzt werden. Schließlich kommt einschränkend noch die übrige Aufgabenstellung der Heeresfliegerstaffel hinzu: Neben der Aufklärung – also der Feststellung der Feindlage – hat sie noch Erkundungen – also der Geländeverhältnisse und Straßen – ebenso durchzuführen wie Überwachungs-, Transport- und Verbindungsflüge.
Beobachtungsbatterien stehen in fünf Artillerieregimentern der Divisionen. Jede dieser Batterien verfügt über einen Radar- und einen Schallmeßzug. Sechs der Heeresdivisionen haben in ihrem Artillerieregiment ein *Beobachtungsbataillon,* das neben einer Stabs- und Versorgungsbatterie je eine Schallmeß-, Radar- und Drohnenbatterie besitzt.
Naturgemäß klärt die Artillerie zumeist die Feuerstellungen und Beobachtungspunkte der feindlichen Artillerie sowie die Ziele für ihr eigenes Wirkungsfeuer auf. Das geschieht durch:
- Erdbeobachter, hauptsächlich durch bis an den Vordersten Rand der Verteidigung (VRV) vorgeschobene Beobachter (vB),
- mit optischen Mitteln und Gefechtsfeldradargeräten, auch durch Anmessen der Flugbahnen feindlicher Steilfeuergeschosse mit Radargeräten, um so die Feuerstellung zu orten,
- Lichtmeß- und Schallsysteme mit denen Mündungsfeuer wie

Abschußknall von mehreren Punkten aus angemessen werden, ebenfalls um so die Feuerstellung feststellen zu können,
- das Starten unbemannter, durch Programm sich selbststeuernder Kleinflugzeuge, die in 300 bis 1200 Meter Höhe mit einer Geschwindigkeit von bis zu 800 km/h etwa 45 Kilometer tief in das Feindgebiet eindringen und bei jedem Wetter, Tag und Nacht automatisch (nachts mit Blitzlicht) fotografieren, selbsttätig an den Startpunkt zurückkehren und am Fallschirm landen kann. Flugdauer bei etwa 110 km Flugweg: 3 Minuten. Die Fotos sind – automatisch entwickelt – 18 Minuten nach der Landung zur Auswertung bereit. Da eine solche »Drohne« keinerlei Steuersignale zugefunkt erhält, kann sie auch nicht durch elektronische Störungen vom Flugweg abgedrängt werden. Optisch gerichtete Flak vermag sie wegen ihrer hohen Geschwindigkeit und der kleinen Zielfläche (2,6 m lang, 33 cm Durchmesser) kaum zu treffen.

Die übrigen Mittel der Artillerieaufklärung vermögen zwischen 5 (vB) und 25 km (Artillerieradar »Green Archer«) tief ins Feindgebiet hinein aufzuklären.

Natürlich hat auch die Artillerieaufklärung ihre Schwächen: Nebel und Niederschläge beeinträchtigen die Ergebnisse von Radar-, Licht- und Schallmeßaufklärung wie auch die Tätigkeit der vorgeschobenen Beobachter. Angemessen können ferner nur jene Feuerstellung der Feindartillerie werden, aus denen mehrmals geschossen wurde. Im raschen Feuergefecht aber ist – und nicht zuletzt aus diesem Grunde – ein häufiger Stellungswechsel üblich. Geschütze in Lauerstellungen (Schweigebatterien) oder atomare, noch nicht zum Einsatz gekommene Waffen, können von der Artillerieaufklärung überhaupt nicht, sondern höchstens durch Luftaufklärer oder Fernspäher festgestellt werden.

Der *Frontnachrichtenzug* der Division arbeitet in gleicher Methodik wie die Frontnachrichtenkompanie des Korps, kann aber vor allem bei der Befragung von Kriegsgefangenen wesentlich schneller und unmittelbarer wirken. Die Befragungstrupps des Frontnachrichtenzuges sind in der Lage, Kriegsgefangene kurze Zeit nach ihrer Gefangennahme, wenn sie noch unter dem Eindruck des Kampf- und Kapitulationserlebnisses stehen, zu vernehmen. Von ihrem Geschick und Einfühlungsvermögen, aber auch von den ebenso taktvollen wie zielgerichteten Fragen und ihrer Sachkunde hängt das Ergebnis ab. Um es beurteilen zu können, gehört dazu noch eine Einschätzung der Glaubwürdigkeit des Befragten.

Die *Luftaufklärung* muß vom Truppenführer frühzeitig angefordert werden. Ihre Ergebnisse sollen die durch alle anderen Aufklärungskräfte der Division eingebrachten Erkenntnisse weiter ergänzen und verdichten. Die Luftaufklärung hat ihre Grenzen

- bei Nacht und schlechter Sicht, es sei denn, ein Seitensichtradar ist am Aufklärungsflugzeug angebracht,
- bei Überbeanspruchung der relativ wenigen Aufklärungsmaschinen der Luftwaffe und
- im atomaren Kampf, der den Luftwaffeneinsatz beeinträchtigen kann.

Die *Gefechtsaufklärung* hat jeder Soldat und jede Einheit ohne besonderen Befehl durchzuführen. Da besonders die weit vorn liegende Truppe am ehesten und stärksten Feindberührungen haben wird, kommt ihren Meldungen eine hohe und aktuelle Bedeutung zu, wenngleich sie meist räumlich und zeitlich eine begrenzte Gültigkeit haben dürften – um so wichtiger ist es, diese Meldungen ohne Zeitverzug dem G 2 der Division zur Kenntnis zu bringen. In der Praxis ist das schwierig genug, weil dort, an der vordersten Front, der Kampf und nicht die Meldung Vorrang beansprucht. Auch ist der Meldeweg vom Zug über Kompanie und Brigade bis zur Division weit und verästelt, die Fernmeldewege aber sind häufig beansprucht. Nur eine sorgfältige Ausbildung und das Wissen um die Wichtigkeit aller Meldungen der Gefechtsaufklärung bei allen Beteiligten in der Fernmeldekette sind imstande, wichtigen Nachrichten den Vorrang zu geben, der ihnen gebührt.

Die sozusagen »professionelle« Erdaufklärung, nicht nur auf einem Teilgebiet und mit Teilen von Einheiten, sondern getragen von einem eigens dazu bestimmten Verband, betreibt innerhalb der Division das *Panzeraufklärungsbataillon.*

Auf einer Breite bis zu 40 Kilometern sollen seine gepanzerten Spähtrupps in das Feindgebiet eindringen können, Gewässer selbständig überqueren, bei Tag und Nacht ständig mit dem Feind Fühlung halten, beobachten und zuverlässig über sicher gehaltene Funkverbindungen alle aktuellen Erkenntnisse melden.[33]

Anders als die Panzer-Aufklärungs-Abteilungen der Wehrmacht

haben die Panzeraufklärungsbataillone der Bundeswehr – so jedenfalls scheint es zunächst – alle ihre Forderungen erfüllt bekommen und eine zweckmäßige, auf dem neuesten Stand der Technik befindliche Ausrüstung und Bewaffnung erhalten.
Wie selbstverständlich rasseln sie auf Ketten durchs Gelände, mit dem Kampfpanzer »Leopard«, der auch über die panzerbrechende Waffe verfügt, die den Wehrmachts-Aufklärern fehlten. An die Stelle der früheren Halbketten-Schützenpanzer trat der hochmoderne Schützenpanzer »Marder« als Fahrzeug der zum Bataillon gehörenden Grenadiere.
In gepanzerten Mannschaftstransportwagen (MTW), gleichfalls auf Vollkette, fuhren die Panzerpioniere und Mörserschützen des Bataillons, die wie die Grenadiere und alle anderen Bataillonsangehörigen die goldgelbe Waffenfarbe tragen.
Sodann haben die Aufklärer eines der wohl modernsten Spähfahrzeuge überhaupt: Den Achtrad-Spähpanzer »Luchs«.
Erst mit ihm erhielten die Panzeraufklärer das ihnen gemäße Fahrzeug. Aus der Aufbauzeit der Bundeswehr war ihnen als leichtes Spähfahrzeug der französischen Hotchkiss geblieben, der schon längst nicht mehr den Forderungen des modernen Gefechts entsprach. Ein Nachfolgefahrzeug, so etwa lauteten die Forderungen der Truppe, muß als Spähpanzer an Beweglichkeit den eigenen wie den feindlichen Kampffahrzeugen überlegen sein. Die Panzerung muß die Besatzung wie die Geräte innerhalb des Fahrzeugs ausreichend schützen, ohne jedoch durch zu hohes Gewicht die Beweglichkeit zu beeinträchtigen. Die Bewaffnung muß zur Selbstverteidigung gegen Infanterie, leicht gepanzerte Fahrzeuge und Flugzeuge geeignet sein.
Da die Aufklärung sowohl rasch als auch vom Feinde unbemerkt erfolgen soll, muß der Spähpanzer so geräuscharm als irgendmöglich fahren, sich im Gelände bewegen und auch unbemerkt Gewässer überwinden können. Seine optronische Ausstattung soll Beobachtungen bei Tag, Nacht und jeder Wetterlage zulassen. Gefordert wurde auch, daß der Spähpanzer über einen längeren Zeitraum hinweg unabhängig von der Versorgung operieren kann. Für das Überleben der Besatzung ist zudem gefordert worden, daß sich das Spähfahrzeug beim Zusammentreffen mit dem Feind mit größter Schnelligkeit seiner Waffenwirkung entziehen kann.

Die Entscheidung zwischen einem Ketten- und einem Radfahrzeug fiel zugunsten des letzteren aus: Kettenfahrzeuge verursachen bei höherer Geschwindigkeit erhebliche, und bis jetzt mit keinem Mittel zu dämpfende Fahrgeräusche. Ein Radfahrzeug hingegen ist schneller, leiser, leichter zu warten, billiger in der Unterhaltung und im Betrieb als ein Kettenfahrzeug. Es bleibt sogar beweglicher, wenn es mit Notlaufreifen und mehr als zwei Achsen ausgestattet ist: Bei Fahrwerkschäden kann es immer noch notdürftig fahren. Ein Kettenfahrzeug aber bleibt selbst bei einem geringfügigen Kettenschaden liegen.
Ausgewählt und in die Panzeraufklärungsbataillone eingeführt wurde das Modell der Firma Daimler-Benz, das in seiner Beweglichkeit allen derzeit bekannten Kampffahrzeugen auf Straßen und Wegen überlegen und im Gelände durchaus ebenbürtig ist. Der »Luchs« kann ohne Vorbereitung und mit einer maximalen Geschwindigkeit von 10 km/Gewässer durchschwimmen – auch solche mit erheblicher Strömung. Der 390 PS-Vielstoffmotor des Luchs ist derart leise, daß er auf kurze Entfernungen kaum noch zu hören ist. Er kann mit unterschiedlichen Kraftstoffen betrieben werden und so vorübergehend und ohne vom Nachschub abhängig zu sein, »aus dem Lande leben«, zumal der Fahrbereich von 800 Kilometern ohnedies bereits eine weiträumige und vom Nachtanken weniger belastete Aufklärung ermöglicht. Weitreichende Fernmeldegeräte gestatten das Überbrücken größerer Entfernungen, die Panzerung schützt ausreichend vor den Geschossen von Handfeuerwaffen und Geschoßsplittern. Beim überraschenden Zusammenprall mit dem Feind kann der »Luchs« ohne zu wenden und »in einem mächtigen Satz« durch den hinten im Fahrzeug sitzenden Funker, der gleichzeitig Rückwärtsfahrer ist, mit Höchstgeschwindigkeit dem Wirkungsbereich der Feindwaffen entzogen werden. Zur Verteidigung reicht die 20 Millimeter-Bordkanone aus. Es fehlt jedoch eine panzerbrechende Waffe, etwa die Milan-Lenkrakete, zum Kampf gegen gepanzerten Feind. Sehr wesentlich: Die Sitzplätze und Bedienungselemente sind so körpergerecht gestaltet, daß die Besatzung auch längere Einsätze ohne gerätebedingte Ermüdungserscheinungen ausführen kann.
Dennoch: Die Aufklärungsbataillone haben immer noch behindernde Klötze am Bein. Die Kampfpanzer »Leopard« 1 sind kampf-

kräftig, geländegängig, schnell genug, tiefwatfähig, wenngleich sehr laut, jedenfalls notwendig und keine Behinderung. Doch als Radarträger, Sanitätsfahrzeuge befinden sich in den Bataillonen nach wie vor die musealen »Hotchkiss«-Schützenpanzer kurz sowie die langsamen, gepanzerten Mannschaftstransportwagen M 113. Es wäre sinnvoll, sie durch den leistungsfähigen Sechsrad-Transportpanzer 1 abzulösen. Doch das kostet Geld.[34]

Nach dem bislang gültigen »Heeresmodell 3« war das Panzeraufklärungsbataillon beinahe eine kleine, äußerst kampfstarke Brigade, und bei Verzögerungsgefechten in Manövern hatte es auch oft genug Gefechtsstreifen zugewiesen erhalten, wie sie sonst nur Brigaden zukommen.

Es bestand dann freilich stets die Gefahr, das Aufklärungsbataillon seiner Kampfkraft wegen zweckentfremdet zu verwenden – seine Gliederung forderte solche Verlockungen geradezu heraus.

In der Stabs- und Versorgungskompanie befanden sich neun Funktrupps als Gegenstellen zu den Spähtrupps, den Kompanien, zur Division und zu anderen Truppenteilen im Sprech- und Tastfunk – zusammengefaßt im Fernmeldezug, zu dem auch ein Fliegerleittrupp und ein Feldkabelbautrupp gehörte. Ebenfalls in dieser Kompanie war – und ist noch – der Radarzug beheimatet.

Sodann verfügte das Bataillon über zwei Aufklärungskompanien, deren jede 17 Spähpanzer Luchs und 9 Kampfpanzer Leopard besaß. Jede Kompanie war in zwei leichte und einen schweren Zug gegliedert. Der leichte Zug besaß vier leichte Spähtrupps zu je zwei Luchs-Spähwagen, also acht Luchs pro Zug, 16 in der Kompanie und der 17. Luchs war das Fahrzeug des Kompanie-Chefs.

Der schwere Zug, den jede dieser beiden Kompanien als Rückgrat eingezogen bekommen hatte, bestand aus drei Spähtrupps zu je drei Leopard-Kampfpanzern.

Den »dicken Hammer« des Bataillonskommandeurs aber bildete die schwere Kompanie, die aus sechs Zügen bestand und zwar aus:

- 2 Grenadierzügen mit je 5 Schützenpanzer »Marder«,
- 1 Panzermörserzug mit 6 Mörsern 120 mm jeder auf einem MTW M 113,
- 1 Panzerpionierzug mit zwei Pioniergruppen auf je einem MTW M 113, befähigt zum Anlegen und Beseitigen von Sperren, zur Geländeerkundung und zum Übersetzen aller Fahrzeuge des Ba-

taillons über Gewässer mit Fähren aus dem Schlauchbootbrückengerät,
- 2 Kanonenzüge zu je 5 Kampfpanzer Leopard als Hauptfeuerkraft des Bataillons.

Seit dem 1. April 1980 haben die Panzeraufklärungsbataillone jedoch eine befohlene Abmagerungskur durchleiden müssen: Das »Heeresmodell 4« trat in Kraft.

Am wenigsten brauchte sich die Stabs- und Versorgungskompanie zu wandeln. Sie behielt ihren Fernmeldezug, in dem statt neun, wie bisher, nun nur noch acht Funktrupps arbeiten. Auch der Radartrupp ist zunächst so geblieben: fünf Trupps mit dem Radargerät TPS 33 auf Schützenpanzer kurz (Hotchkiss) und vier Trupps mit Radargerät Rasura auf Lkw 0,25 t (wie das DKW-Geländefahrzeug offiziell bezeichnet wird). Bald allerdings sollen alle neun Trupps einheitlich das neue Radargerät Rasit auf dem Transportpanzer Fuchs erhalten. Sie könnten dann in Geschwindigkeit und Einsatzfähigkeit endlich neben dem Spähzug Luchs bestehen.

Sodann kommen drei Aufklärungskompanien, alle gleich gegliedert:

- 1 Zug mit 5 Spähtrupps zu je zwei Wagen = 10 Spähpanzer Luchs,
- 1 Zug mit 3 schweren Spähtrupps zu je drei Wagen = 9 Kampfpanzer Leopard,
- Kompanietrupp/Kompaniechef: 1 MTW M 113 und 1 Kampfpanzer Leopard.

Mehr besitzt der Bataillonskommandeur nicht mehr: Seine schwere Kompanie mußte er abgeben. Benötigt er zur Erfüllung eines Auftrages Grenadiere, Pioniere, Mörser und zusätzliche Kanonen, dann muß die Divisionsführung ihm die benötigten Einheiten oder Teileinheiten zeitweilig unterstellen.

Die Hauptaufgabe des Panzeraufklärungsbataillon ist weiterhin die Spähaufklärung für die Division. Daneben wird das Bataillon zur Verzögerung und – nur in Ausnahmefällen – zur Verteidigung eingesetzt. Ferner ist es geeignet für die »Besonderen Gefechtshandlungen« Ablösung und Aufnahme sowie für die »Allgemeinen Aufgaben« Sicherung, Erkundung und Überwachung.

Aber es gibt noch eine Aufklärungskomponente, die eine Befehlsebene unter der Division liegt: Den im »Heeresmodell 3« selbständigen Panzerspähzug B. Im Heeresmodell 4 war er in die Stabskompanie der Brigade eingegliedert. Er besteht nun aus dem Zugtrupp auf Lkw 1,5 t (Unimog) und fünf leichten Spähtrupps zu je zwei Schützenpanzern kurz, die jedoch bald außer Dienst gestellt werden müssen.

Drei Möglichkeiten sind im Gespräch:

- Ersatz der Schützenpanzer-Fahrzeuge durch einen abgewandelten Transportpanzer 1, der den Turm des Luchs erhalten soll, oder
- durch einen »abgemagerten« Luchs – denn der Original-Luchs ist mit 900000 Mark zu teuer.
- Die Auflösung der Brigade-Panzerspähzüge als dritte und unerfreulichste Möglichkeit.

Übrigens: Auch die drei Luftlandebrigaden der 1. Luftlandedivision besaßen je einen Brigade-Spähzug, ausgestattet mit Schützenpanzer kurz (Hotchkiss), der natürlich nicht lufttransportfähig war. Deshalb sollten die Luftlandeaufklärer (aber auch die Luftlande-Panzerjägerbataillone) mit dem Luftlandepanzer »Wiesel« ausgestattet werden. Er war für zwei Mann Besatzung ausgelegt, lufttransportfähig und tatsächlich wieselflink. Zwei Nachteile gab es dabei: Bei schneller Kurvenfahrt warfen die Wiesel-Prototypen nur zu gern die Ketten ab, und mit keinem Mittel war ihnen diese Unart abzugewöhnen. Zum anderen schien angesichts der benötigten kleinen Stückzahl der finanzielle Aufwand nicht gerechtfertigt.

So brummen denn die Fallschirmjäger langsamer und ungepanzert durchs Gelände. Ihr Fahrzeug ist der »Kraka«, der Kraftkarren, eine Art Panjewagen mit Motor, der es auf 50 km/h bringt. Eine besondere Aufklärungskomponente hat die Luftlandetruppe nicht. Da die LL-Brigaden auf die drei Korps der Bundeswehr aufgeteilt sind, erhalten sie vor einem Einsatz Feindlageinformation von der G 2-Abteilung ihres Koprs. Am Einsatzort selbst betreiben die Fallschirmjäger dann die für alle Truppen erforderliche Gefechtsaufklärung. Das werden oft Fallschirmjägertrupps oder -gruppen sein, die mit dem Kraka beweglich sind. Im übrigen hat jedes Fallschirmjägerbataillon in seiner Stabskompanie eine Erkundungsgruppe, die in aller Regel aus Soldaten mit Einzelkämpferausbildung besteht. Obwohl die Aufklärung nicht ihre Aufgabe ist, sind die Erkundungsgruppen zur Erdaufklärung – einschließlich des Einbringens von Gefangenen – befähigt und werden hauptsächlich auch die Gefechtsaufklärung tragen.

Der Brigadegeneral Dr. Franz Uhle-Wettler veröffentlichte 1980 sein bemerkenswertes Buch: »Gefechtsfeld Mitteleuropa«. Darin fordert er eine leichte Infanterie zur Verteidigung der nahezu 50 Prozent des besiedelten, bebauten oder mit Wald bedeckten Geländes der Bundesrepublik Deutschland. Er vertritt dabei die Ansicht, daß diese leichten Infanteristen auch Aufklärungsaufgaben übernehmen können. Uhle-Wettler schreibt: »Der Kampf einer leichten Infanterie kennt keine festen Fronten. Der Tiefe, bis zu der sie in den Feind hineinwirkt, sind somit keine klaren Grenzen gesetzt. Sickert sie in die feindliche Verteidigung ein, so werden die meisten Truppenteile kurz gesteckte Ziele erhalten. Andere Trupps können tiefer einsickern. Schon diese Möglichkeit wird den Gegner zwingen, zumindest die wichtigsten Truppenteile und Einrichtungen, insbesondere Stäbe und atomare Artillerie, durch Kampftruppen zu sichern. Das erfordert Kräfte, die dem Gegner vorn im Gefecht fehlen werden.

Vielleicht wird es möglich, Truppenteile mit Hubschraubern in der Tiefe des feindlichen Raumes einzusetzen. Sie werden meist zu schwach für größere Kampfaufträge sein. Je vereinzelter sie eingesetzt werden, desto eher muß ihr Auftrag vom Kampf zur Aufklärung wechseln. Aufträge und Verhalten nähern sich dann mehr und mehr denjenigen der Fernspähtrupps. Sie treiben so die eigene Erdaufklärung bis weit in die feindliche Tiefe vor. So helfen sie, die vielbesprochene Aufklärungslücke zu verengen.«

Goldgelber Kult

Die Zentrale Dienstvorschrift ZDv 46/1 verlangt in den »Tauglichkeitsanforderungen der Streitkräfte und Truppengattungen« für die Panzeraufklärungstruppe Soldaten mit »gutem Seh- und Hörvermögen, geistig beweglich, kräftig, gewandt, frei von Augenbindehautkatarrhen«. Sie sollen möglichst aus folgenden Berufsgruppen stammen: Fernmeldemechaniker, Kraftfahrer, Kfz-Elektromechaniker, Getriebemechaniker, Schweißer, Autogen-Schweißer, Zeichner, Klempner, Metallarbeiter, Funker, Radio-Mechaniker, Schlosser, Feinmechaniker für optisches Gerät, Angestellte, Schüler, Forstbeamte.

Abgesehen von den Forstbeamten, werden nahezu alle die aufgeführten Berufe in städtischen Gebieten, keineswegs jedoch in der freien Natur ausgeübt. Die Panzeraufklärertruppe aber übt mit hochtechnisierter Ausstattung, Ausrüstung und Bewaffnung in der Natur, und zwar in sehr engem Kontakt mit ihr, bei jeder Jahreszeit, jedem Wetter, am Tage und in der Nacht. Sie braucht natürlich Soldaten aus technischen Berufen, muß sie jedoch dann recht mühselig an das Leben, das Orientieren und Verhalten im Gelände gewöhnen.

Besonders schwierig ist die Ausbildung zum Nachtkampf und zum Beobachten bei Nacht, im Zurechtfinden in der Dunkelheit und im Deuten der vielfältigen fremden Geräusche der nächtlichen Natur. Dieses aber wiederum hat in enger Verbindung zu komplizierter Technik zu geschehen. Vor allem die Soldaten des Radarzuges haben ihre Schwierigkeiten. Es kommt darauf an, die sich in der Dunkelheit im Gelände bewegenden Ziele im Kopfhörer akustisch auszumachen.

In aller Regel gelingt das, wenngleich die fünfzehnmonatige Dienstzeit der Wehrpflichtigen zu kurz ist, um das Gelernte durch die Praxis zu vertiefen.
Wie der Alltag der Aufklärer aussieht, zeigt ein Bericht über eine 1971 abgelaufene niederländische Großübung in Norddeutschland an der, neben einem deutschen Panzerbataillon, auch das Lüneburger Panzeraufklärungsbataillon 3 mit seiner 2. Kompanie beteiligt war: Die vier Männer im Kampfpanzer Leopard sind so müde, daß die Augen brennen. In der letzten Nacht haben sie drei, in der Nacht davor zwei Stunden geschlafen. Für die niederländische Übung »Wiel trek« in der Gegend südlich Bremen sind sie seit zehn Tagen einer holländischen Brigade unterstellt. Dementsprechend ist die Verpflegung: Weißbrot mit Schokoladenstreusel, viel Fleisch und Wurst, Käse – wenn der Verpflegungs-Lkw sich im Gelände befindet.
Im Turm des Panzers 320 quarrt das Funkgerät: Die 2. Kompanie/ Panzeraufklärungsbataillon 3 meldet sich mit ihrem Decknamen »Wappen«: »Nachtfrost! Hier Wappen !... Wappen an Nachtfrost: Eindrehen auf Ortschaft Bravo, Objekt aufklären! Ende!« Der Leo Nr. 320 quittiert den Funkbefehl: »Wappen! Hier Nachtfrost! Verstanden, Ende!« Der Leopard schwenkt ruckartig auf einen Feldweg und donnert an den Ortsrand von Beckstedt.
Im folgen die Leoparden mit den Nummern 321 und 322. Oberfeldwebel Detlev Howe, Führer des schweren Spähtrupps »Nachtfrost« weist sie per Funk ein: »Nachtfrost 1 an südlichen Ortsrand; Nachtfrost 2 an Straßengabel Ortsmitte.« Howes Panzer bezieht Stellung an einem Gehöft, von dem aus die Brücke des Nachbarortes Colnrade zu übersehen ist. Der Oberfeldwebel beobachtet mit dem »DF«, dem Doppelfernglas und hält Funkwache, die übrigen drei Mann seiner Besatzung tarnen den »Leo«.
Dorfkinder sammeln sich an. Der Bauer kommt. Ob etwa Interesse an Spiegeleiern besteht? Aber ja. Der Landwirt kennt sich mit Soldaten aus. Er war Unteroffizier in einem Panzernachrichtenzug der Wehrmacht.
Der Gefreite Geih, Richtschütze und Mädchen für alles, kocht Teewasser auf dem Benzinkocher. Stabsunteroffizier Riggers, derzeit Ladeschütze und zur Einweisung als Spähtruppführer auf den Spitzenpanzer kommandiert, sichert am Maschinengewehr gegen

Tiefflieger. Der Gefreite Horst Homberg, Panzerfahrer, versucht es mit einem Nickerchen, wird aber ständig vom Rumoren des Richtschützen gestört und erinnert sich nun an die Pleite von gestern morgen. Das war als Leo 320 zum ersten Male versagt hatte, aber böse: »Da stand ich so am Leo und guck' in der Gegend 'rum, da wetzt eine Maus – so'ne kleine Feldmaus – die rast auf mich los, rennt mir über'n rechten Socken. Mußt du dir mal vorstellen, wetzt über meine rechte Socke 'rüber und – zack – zum Panzer hin und 'rauf auf die Kette. Und die Maus läuft immer auf der Kette hin und her. Keine Ahnung warum. Ich guck' auf die Maus, die immer auf der Kette hin und herrennt. Mann, im selben Moment kommen drei Feindpanzer. Ich 'rein in den Panzer, aber losgefahren bin ich nicht. Das is'ne Übung, das hier, habe ich gedacht, aber für die Maus ist das der Ernstfall, wenn ich jetzt losfahre. Dann wird die von der Kette zerquetscht. Der Oberfeld hat immer gebrüllt, und ich hab' an die Maus gedacht. Deshalb ist der Feind bei uns durchgebrochen. Große Sauerei war das.«

Horst (»Hotte«) Homberg, gelernter Tankwart, später Industrieschlosser, wurde weder in der Volks- noch in der Berufsschule über Sinn und Zweck der Bundeswehr aufgeklärt. Dennoch ging er leichten Herzens in die Kaserne: Sein Bruder hatte als Panzerfahrer gedient und ihm geraten: »Geh man ruhig hin, das ist was für dich!« Homberg hatte sich als »Z 2« – Zeitsoldat für zwei Jahre – verpflichtet.

Wolf-Dieter Geih, der Richtschütze hat keinen großen, bundeswehrgedienten Bruder. Er kam völlig unvorbereitet zum »Bund«. In der Schule wurde nicht darüber gesprochen. Von den Arbeitskollegen – Geih ist Klempner und Installateur – hatte nur einer gedient, in der Schreibstube. Geihs Vater war zwar lange im Krieg, erzählt aber nie davon. Nur einmal – zum Abschied – hatte der Vater sich zum Sohn in militärischen Dingen geäußert: »Hoffentlich ziehen sie dir die Hammelbeine lang!« Der Panzerkommandant und Spähtruppführer Howe versucht das mit wechselndem Erfolg: »Herr Gefreiter Geih, schmieren Sie mal Stullen, aber ohne dabei wieder die Schokoladenstreusel ins Turmluk zu kippen!« – »Jawoll, Herr Oberfeld, ich schmiere schon!«, ruft Geih mit hörbar geringer Begeisterung und setzt, halb weinerlich, halb anklagend eine Frage hinzu: »Herr Oberfeld, waren Sie eigentlich auch mal Richtschütze?« Dann schmiert Geih die Butter daumendick und brummelt vor sich: »Ich glaub', ich war die letzten Tage zu zahm. Das hat man davon!«

Geih ist Wehrpflichtiger und meldet jeden Morgen – unaufgefordert – seine restliche Dienstzeit: »Herr Oberfeld: Noch 43 Tage!« Das Soldatsein, so erklärt der Gefreite Geih dem Fahrer, »ist keine Lebensform für mich!« Er will »frei sein und nicht immer neue Stullen schmieren«. Darauf Homberg, der Panzerfahrer: »Da wirst du dann fremder Leute Klosetts mit der Hand ausräumen und dir einbilden, frei zu sein.«

Plötzlich karriolen zwei feindliche Achtrad-Spähpanzer um die Kurve. Geih, der Richtschütze und Stullenschmierer, hat Brot und Butter hingeschmissen, die Schokoladenstreusel-Büchse trieselt natürlich durch's Turmluk und schüttet ihren Segen auf den Kommandantensitz. Geih aber richtet blitzschnell an, zweimal donnert die Kanone. Zwei niederländische Schiedsrichter erklären die beiden Achtradspähwagen für ausgefallen. Geih erklärt seine überlegene Schießtechnik: »Das Geheimnis des Erfolges ist, Herr Oberfeld, den ersten Schuß ganz langsam kommen zu lassen.«

Geih wird auf der Stelle vom Oberfeldwebel ausgezeichnet. Weil es in Friedenszeiten keine Orden gibt, wird ihm eine goldgelbe Tulpe verliehen.

Wenig später wird der Feldwebel Zajons vom Kompaniechef gleichfalls mit einer goldgelben Blume dekoriert. Zajons hatte die Stärke des Feindes auf, vor allem aber hinter der Colnrader Hunte-Brücke feststellen sollen. »Kuddel« Zajons lieh sich Bauernjacke, Hose, Hut und Fahrrad und strampelte über die Brücke. Dort aber nahmen ihn ausgerechnet jene beiden holländischen Soldaten in Empfang, die er am Vortag gefangengenommen und später wieder freigelassen hatte. Kuddel wurde in einen Jeep verfrachtet und als »Kriegsgefangener« zur Vernehmung gefahren.

Doch er fand auf dem Rücksitz ein Küchenmesser und erklärte dem Bewacher neben ihm: »Annahme! Ich halte dir das Messer an die Kehle! Jacke ausziehen, Helm her, Waffe her!« Dann gab er dem verdutzten Niederländer seinen Bauernkittel und zwang den Fahrer zur Umkehr. Obwohl ein alarmiertes holländisches Fahrzeug folgte, gelang der Zajongsche Husarenritt. Er gelangte in ausgezeichneter Verfassung zurück und meldete exakt, wie es hinter der Colnrader Brücke aussah.

Goldgelbe Rosen verehren in Husaren-Uniform gekleidete Fahnenjunker des Panzeraufklärungsbataillons 6 in Eutin jeder zum Bataillonsball eingeladenen Dame. Der Ball findet freilich meist im Winter statt und einmal gelang es den Aufklärern weder in Schleswig-Holstein noch in Hamburg oder Niedersachsen die nötige Menge goldgelber Rosen aufzutreiben. Die goldverschnürten Husarenjunker am Eingang zu den Eutiner Schloßterrassen überreichten den Damen rote Rosen – Artillerierot.

Jener Hauptmann (den Dienstgrad »Rittmeister« gibt es betrüblicherweise nicht mehr) des Lüneburger Panzeraufklärungsbataillons 3, der vom Pferd gestürzt war (Lüneburg hat den einzigen Bundeswehr-Reitstall) und mit gebrochenem Arm zum Bataillonsball erschien, trug denselben in der Schlinge. Natürlich in einer goldgelben. Dennoch war er nicht vollständig zufrieden: Seine linke Hand war mit einer weißen Binde umwickelt. Er hatte vergeblich versucht, weiße Mullbinden goldgelb zu färben.

Dieser goldgelbe Kult bewog vor Jahren sogar ein deutsches Nachrichtenmagazin, sich darüber lustig zu machen. Die »Spiegel«-Geschichte »Das Monokel der Armee« (mit dem »Monokel« waren natürlich die Aufklärer gemeint) hatte denn auch ein Fachmann geschrieben: Der Bundeswehr-Oberst a. D. Carl-Gideon von Claer. Er stammte aus der Reichswehr-Kavallerie, war während des Zweiten Weltkrieges im Kradschützenbataillon 3, bei der Bundeswehr an der Führungsakademie und nach seiner Pensionierung »Spiegel«-Redakteur. Natürlich besaß er selbst eine der goldgelben Westen, über die er sich amüsierte.

»Im gesamten Offizierkorps der verbürgerlichten Reichswehr waren 1932 noch 23,8 Prozent der Kameraden adelig, in der Kavallerie jedoch 47,3 Prozent«, schrieb der Ex-Aufklärer von Claer im »Spiegel« und fuhr fort: »Die farb- und stillose Bundeswehr gebietet lediglich über drei Prozent Offiziers-Adel. Fragte ein Panzeraufklärungs-Major: ›Warum sind es so wenige?‹

Es sind nicht immer so wenige. Im Panzeraufklärungsbataillon 11 etwa zählen der Kommandeur, sein Stellvertreter und drei der vier Kompaniechefs zur Aristokratie: Fabian von Ostau, Horst-Hasso von Reichenbach, Clamor von Trotha, Nikolaus von Websky, Aribert von Buch.

Und in den Personallisten des Eutiner Panzeraufklärungsbataillons

Bundeswehr: Gefechtsaufklärer der Fallschirmjäger mit dem im Hubschrauber verlastbaren, zusammenklappbaren »Kraftkarren« Kraka *(Bernhardt/1. Luftlandedivision)*

Ausbildung im Nahkampf: Erkundungsgruppe des Fallschirmjägerbataillons 262 *(Horst Günter Tolmein)*

Oberfeldwebel Werner Freund, Führer der Erkundungsgruppe (inzwischen Hauptfeldwebel und Zugführer, doch immer noch Leiter der bataillonseigenen Einzelkämpferausbildung) *(Horst Günter Tolmein)*

Ausbildung der Fernspäher: Links: Überwinden einer Schlucht. – Rechts: Ein Spähtrupp der Fernspähkompanie 200 überwindet die Donau bei Hausen *(Horst Günter Tolmein)*

Zur Gefechtsaufklärung eingesetzte Fallschirmjäger des deutschen Fallschirmjägerbataillons 262 beim NATO-Manöver »Eastern Express« im ostwärtigen Anatolien. *(Horst Günter Tolmein)*

Spähtrupp der Fernspähkompanie 200 beim Vorgehen durch den Bodennebel der Abenddämmerung. *(Horst Günter Tolmein)*

Schützenpanzer kurz (Hotchkiss), dahinter der früher gebräuchliche Kampfpanzer M-48 A, der nun in den Aufklärungsbataillonen nicht mehr verwendet wird. *(Bundesmin. der Verteidigung)*

Der Achtrad-Spähpanzer »Luchs« mit 20-mm-Bordkanone und Maschinengewehr: Ausstattung der leichten Spähtrupps der Panzeraufklärungsbataillone. *(Bundesmin. der Verteidigung)*

Kampfpanzer Leopard 1: Ausstattung der schweren Spähtrupps der Panzeraufklärungsbataillone *(Bundesmin. der Verteidigung)*

Zwei Züge Panzergrenadiere mit Schützenpanzern Marder gehörten bis zum 1. April 1980 fest zu jedem Panzeraufklärungsbataillon. Seit dieser Zeit muß der Bataillonskommandeur, falls er Grenadiere für Spähaufgaben benötigt, bei der Division eine Anforderung stellen. *(Bundesmin. der Verteidigung)*

6 (»von 6«) findet sich eine Vielzahl wohlklingender Namen aktiver oder wehrübender Soldaten: Anton Günther Herzog von Oldenburg, Albrecht Wolfgang Prinz zu Hohenlohe-Langenburg, Georg Ludwig Graf von Kielmansegg, Nikolaus von Puttkamer.
Als dem Oberstleutnant Anton von Mohl im Kommando »von 6« der Major Erich Schwill-Engelhardt folgte, da seufzten die Eutiner: ›Wenigstens ein Doppelname‹«[36]
Wenn man also diese Hintergründe kennt, findet man andere ganz begreiflich: Den geheimnisvollen Einfluß nämlich, den die Panzeraufklärer – und oft genug die jüngsten unter ihnen – auf die Uniformen der Bundeswehr auszuüben vermögen.
Betrüblich ist es, zu sagen, wie wenig sich manche, ja viele Panzeraufklärer um all die zahlreichen Dienststellen scheren, die allesamt über die vorschriftsmäßige Uniform des Heeres pflichtgemäß zu befinden haben. Genau festgelegt ist alles in der Zentralen Dienstvorschrift ZDv 37/10. Im Bundesministerium für Verteidigung auf der Bonner Hardthöhe waltet – ziemlich gelassen, weil Kummer gewöhnt – die Unterabteilung »Bekleidungsfragen« im Unterreferat FüS I/1 über die korrekte Uniformierung auch der Herren Panzeraufklärer. Aber auch im Führungsstab des Heeres bearbeitet ein Oberstleutnant die ganz heeresspezifischen Fragen der »Montierung« oder »Mundierung« , wie es im friederizianischen Heere hieß. Gleichfalls zuständig, wenn es um Geld und Rechtsfragen geht, ist auch die Abteilung VR (Verwaltung und Recht) für Uniformen, und in Fragen des Stoffes, des Zwirns, der Knöpfe, kurz, alle Materialfragen, das Bundeswehrbeschaffungsamt weisungsberechtigt.
Nun besteht gar kein Zweifel an der Befehlstreue der Aufklärer. Nur, leider, die ZDv 37/10 wird in einigen Passagen selbstherrlich von ihnen ausgenommen. Das wiederum ist seit den Tagen des Großen Friedrich Tradition. Das Überschreiten der Anzugsordnung muß damals entsetzliche Formen angenommen haben. Überliefert sind derlei Insubordinationen nicht nur von der Kavallerie, sondern sogar von den Herren der Infanterie. So wurden damals die Westentaschen so groß getragen, daß Eskarpenquasten, Tabaksdose und Stulpenhandschuhe darin untergebracht werden konnten. Aktenkundig wurde die modische Übertreibung eines Kapitäns vom Regiment Henkel von Donnersmark, das im ostpreußischen

Bartenstein in Garnison stand: Dieser trug einen Zopf, der bis auf die Erde schleppte, und den er daher beim Exerzieren in die Rocktasche steckte. Er brauchte 70 bis 80 Ellen Zopfband.

Das Klagelied über unvorschriftsmäßige Uniformen der Herren Offiziere zog sich über Jahrzehnte hinweg durch die Parolebücher der Berliner Garnison: »Wenn der Herr Gouvernör künftig die Herren Obristen wegen der Mundierung eines Offiziers was saget, daß der Rock zu lang, oder die Weste zu kurz, oder die Binde nicht nach der Probe, auch der Hut nicht recht gestutzt, so setzt derselbige denjenigen Offizier in Arrest.« Oder: »Die Kompagnien sollen genau darauf halten, daß sich ihre Junkers und Unteroffiziers so frisiren, wie der gemeine Soldat mit 3 Locken...«

Selbst bei Hofe erschienen die Offiziere nicht in der rechten Mundierung: »Die Herrn Offiziere, so zur Cour kommen, sollen ordentlich und propre angezogen sein, probemäßige Binde und Weste haben, widrigenfalls sie vom Schloß aus gleich in Arrest kommen.« Ein solcher Befehl hätte denn doch durchschlagen sollen – aber nein, geradezu flehentlich hieß es ein halbes Jahr später, am 26. Juli 1781: »Der Herr General lassen befehlen, daß die Offiziers *so gut sein* und sich in ihren Anzug so tragen, wie es beim Regiment gebräuchlich, besonders mit den Haaren und keiner mit einer solchen Capuciner-Frisur, wie der Lieutenant von Zastrow (3) erscheint...« Als das Flehen nichts half, griff der König selbst ein: »Ihro Majestät lassen ernstlich befehlen, weil sie es absolut nicht leiden und statuiren wollen, daß die Herrn Offiziers so außerordentlich lange Frisuren und dicke Zöpfe tragen, auch überhaupt, was die Leibesmundierung anlangt, sich anders tragen, als die Uniform des Regiments ist...« Ihre Majestät vermochte zwar drei Kriege zu gewinnen, die Eigenmächtigkeiten der eigenen Offiziere in Uniformfragen konnte sie nur hinhaltend kämpfend einzudämmen.[37]

Diese Vorgeschichte aber ist erforderlich, um zu begreifen, was in Sachen Uniform in den Garnisonen der heutigen Panzeraufklärer, absonderlich aber in Muster/Lüneburger Heide vor sich geht. Dort, an der Kampftruppenschule 2 absolvieren die Modeschöpfer des Heeres, die vorwitzigen jungen Herren der Aufklärer wie der Panzertruppe, ihre Fähnrichslehrgänge. Dort vererbt sich von einem Kursus auf den nächsten ein trotziges Modebewußtsein, das

sich in eigenwilligen Uniformkreationen äußert.
In der Frühzeit der Bundeswehr begann das damit, daß ein verstaubt aussehender, taubenblauer Stoff für Hose und Waffenrock vorgeschrieben war. Unter der Modediktatur der Fähnriche von Munster färbten sich alsbald die Hosen immer dunkler, die Jacken immer heller. Befehle halfen nichts, der neue Trend verbreitete sich in die kleinsten Einödgarnisonen. Nach Jahren des subversiven Kampfes wurden dunkle Hose und heller Rock offiziell als die neue Ausgehuniform bezeichnet. Freilich war sie damit für das ausgeprägte Stilempfinden der Aufklärer, aber auch für das naturgemäß gröbere, doch ehrliche Wertgefühl der Panzerleute uninteressant geworden.
Es begann die Zeit der goldgelben Westen und seidenen Halstücher, auch die der goldgelben Hosenbiesen. Letztere wurden vom Ministerium listig ganz offiziell eingeführt, weshalb solche Aufklärer, die mit der Zeit gingen, fortan keine Biesen mehr trugen. Jahre später schaffte das Ministerium die Biesen wieder ab, verbunden mit einer Anordnung, aus der entweder Weisheit oder Resignation sprach: Vorhandene Bestände dürfen aufgetragen werden. Seitdem lassen sich zwei Richtungen unterscheiden: Die ganz schmalen, oder über Gebühr breiten Biesen. Doch die Biesenfrage trat in den Hintergrund, als das schwarze Panzerbarett eingeführt wurde. Seitdem gelten heller Waffenrock mit dunkler Hose als passé. Viel besser wirken Hose und Jacke in Dunkelanthrazit, das Barett innen goldgelb gefüttert. Barettabzeichen handgestickt und goldgelb unterlegt.
Als anno 1974 der schwarze Gesellschaftsanzug eingeführt wurde – rabenschwarz wie eine Manövernacht – mit handgestickten Dienstgradabzeichen und sonst nichts darauf, ohne Waffenfarbe, Divisionsabzeichen, Fangschnur oder anderem Flitter – waren die Folgen klar abzusehen.
Vom Fähnrich bis zum Stabsoffizier ergriff das Offizierkorps der Aufklärer wilde Entschlossenheit, die auch die übrige Panzertruppe ergriff, ja sogar vereinzelt auf Grenadiere und Artilleristen übersprang: »Haben wir nicht das Schiffchen als Kopfbedeckung in die Armee eingeführt, obwohl es das theoretisch gar nicht gab? Wie kommt es, daß ein schwarzes Lederkoppel getragen wird, doch wohl nur, weil wir es beharrlich so lange getragen haben, bis das

Ministerium auf unsere Linie einschwenkte«, so etwa sprachen die Aufklärer.

Hinfort sind folgende Veränderungen am schwarzen Gesellschaftsanzug erfolgt: Jacke innen goldgelb gefüttert, auch der Kragen innen gleichfalls goldgelb, goldgelb unterlegte Schulterklappen, Kummerbund entweder ganz goldgelb oder goldgelb eingefaßt, Uhrtasche in der Hose, darin eine Taschenuhr mit langem, goldgelben Band. Dazu wird zunehmend Vatermörder getragen, vereinzelt auch eine Herrenhandtasche mit aufgesticktem Divisionswappen.

Bei solcher Entwicklung mußte es als Sensation empfunden werden, daß der Hauptmann Hubertus Graf von der Schulenburg zum Ball der Aufklärer in Eutin in einer makellos korrekten, absolut vorschriftsmäßigen Gesellschaftsuniform erschien. Erst bei genauerer Betrachtung fielen die Feinheiten auf: die beiden, normalerweise silbernen Knöpfchen, die das Jackett vorn zusammenhielten, waren durch goldgelb emaillierte, darauf das Bataillonswappen, ersetzt.

Die gelben Kinderwagendeckchen beweisen, daß die Waffenfarbe auch das Familienleben ergriffen hat, weshalb die Frau eines Aufklüreroffiziers bei festlichen Gelegenheiten irgendeinen goldgelben Farbtupfer am Kleid trägt, die Kinder möglichst goldgelbe Fahrräder strampeln (wie auch die Dienstfahrräder des Panzeraufklärungsbataillons 11 in Munster gleichfalls goldgelb gestrichen sind) und Privatwagen in goldgelber Farbe bevorzugt werden, möglichst noch mit dem miniaturisierten taktischen Zeichen der jeweiligen Kompanie des Besitzers am Heck.

Das freilich sind Äußerlichkeiten, die von den Kameraden anderer Truppengattungen gern als Geltungssucht, Imponiergehabe und Protzerei ausgelegt werden. Viel eher scheint es jedoch mit der Fähigkeit zusammenzuhängen, sich selbst nicht allzu ernst zu nehmen und deshalb verspotten zu können. Den Humor wird man den Aufklärern nicht absprechen können, aber auch nicht das Gefühl für die lebendige Tradition, die sich nicht nur in Äußerlichkeiten erschöpft.

So bildete sich bereits unmittelbar nach dem Ende des Zweiten Weltkrieges aus einer zerknitterten, vielfach gefalteten, simplen Adressenliste, die zwischen den ehemaligen Aufklärern kursierte, der »Gelbe Kreis«. Es war ein Zusammenschluß von Aufklärer- und Kavallerie-Offizieren, der auch die Familien umfaßte – insgesamt etwa 500. Aus ihm formte sich ein nunmehr rund 1300 Familien berührender christlich-konservativer Freundeskreis, in dem alte und junge Aufklärer, aber auch ebenso Angehörige anderer Truppengattungen wie Ungediente vertreten sind.

Gemeinsam ist ihnen die Gesinnung, von der die Präambel des Gelben Kreises sagt, daß sie im Christentum wurzelt, wie in der Geschichte und in der abendländischen Kultur, »hierzu gehören Demut vor Gott und ritterliches Verhalten«. Der Gelbe Kreis will helfen, »eine Lebensauffassung und einen Lebensstil weiterzuentwickeln, die auch im Wandel der Zeiten als Richtschnur und Halt dienen können. Darum wird von den Zugehörigen einwandfreies persönliches Verhalten, staatsbürgerliche Gesinnung und Achtung vor überlieferten Werten vorausgesetzt.«

So eint die Gesinnung des Gelben Kreises, der seine Mitglieder eine – natürlich auf gelbem Papier gedruckte – periodische Schrift »zur persönlichen Meinungsbildung und zur Förderung des Zusammenhalts« zustellt, auch die im Zweiten Weltkrieg aus Gewissenskonflikten entstandenen Gegensätze: So war es der aus der Kavallerie hervorgegangene Panzeraufklärer Oberst Claus Schenk Graf von Stauffenberg, der am 20. Juli 1944 das Attentat auf Adolf Hitler ausführte. Es war der Oberst Gläsemer, Kommandeur der Panzertruppenschule II in Krampnitz – Ausbildungsstätte vornehmlich der Panzeraufklärer – der am 20. Juli alarmiert, keineswegs auf die Seite der Verschwörer trat, sondern von ihnen in der Bendlerstraße festgenommen wurde.[38] Es waren die vielen Aufklärer, die bis zur letzten Minute des Krieges – und noch darüber hinaus – kämpften, um ihren Divisionen den Rückzug zu den Linien der westlichen Alliierten zu ermöglichen. Es gibt keine Kontroversen: Deren Söhne tragen die goldgelbe Waffenfarbe genau so wie einer der Söhne des Grafen Stauffenberg.

Kontroversen anderer Art werden dagegen, und das in sachlicher Art, immer wieder neu ausgetragen, vor allem jene, ob denn heutzutage überhaupt noch Panzeraufklärer benötigt werden. In der Zeitschrift »Kampftruppen« bezweifelte das der Oberst Georg Lieb: »Wenn nun in der (Heeresdienstvorschrift) HDv 100/100, Ziff. 427, steht: ›sie (die Panzeraufklärer) klären über große Räume auf‹, so erhebt sich zwangsläufig die Frage ... Wo sind denn zwischen den vorgesehenen Einsatzräumen der NATO-Verbände und der innerdeutschen Grenze oder überhaupt in Westeuropa noch ›große Räume‹ zu finden, in die hinein die Panzeraufklärer Aufklärung betreiben sollen? ... Die Aufklärung in die Tiefe des Raumes wird von den Aufklärungsgeschwadern der Luftstreitkräfte aller Verbündeten übernommen. Auch die Aufklärung in geringere Tiefe betreiben die Luftstreitkräfte und selbst die Heeresflieger werden auf kurze Entfernungen mit Aufklärungsaufträgen betraut. Über dem Gefechtsfeld können darüber hinaus unbemannte Flugkörper das Feindgelände beobachten.

Auf nächste Entfernung aber haben alle im Gefecht eingesetzten Kampftruppen ohnedies den ständig geltenden Auftrag, selbständig Gefechtsaufklärung zu betreiben ...

Diese Truppengattung (der Panzeraufklärer) ist insgesamt gesehen so klein, daß der Aufwand aller Art – man denke nur an Bataillonsstäbe, Stabs- und Versorgungskompanien, an die ganze eigene Versorgungskette usw. – einfach in keinem tragbaren Verhältnis zur Wirksamkeit ... stehen kann ...

Alles in allem kann man unschwer zur Überzeugung gelangen, daß die ›Panzeraufklärungstruppe‹ unter Berücksichtigung aller gewichtigen Fakten, ihre Daseinsberechtigung als eigene Truppengattung nicht mehr nachweisen kann. Panzeraufklärungszüge bei den Brigaden sollten daher genügen.

Ich weiß, daß ich mit diesem Diskussionsbeitrag in ein Hornissennest steche ...«

Umgehend schwirrte die Entgegnung des Obersten a. D. Werner Herrmann aus Eutin zur »Kampftruppen«-Redaktion: »Ein Blick auf die Karte und eine Geländebeurteilung lassen aber erkennen, daß das zur Verteidigung zur Verfügung stehende Gelände gekennzeichnet wird durch:

– eine dicht besiedelte Industrielandschaft und
– Ballungsgebiete mit weitflächiger Infrastruktur.

Das Ganze ist eingebettet in eine waldreiche, hügelige , zum Teil mittelgebirgsähnliche Landschaft ...

Diese vom Verteidiger nur mit schwachen Kräften besetzten Räume
– müssen überwacht,
– eigene Vorhaben müssen verschleiert,
– der Feind muß über die eigene Absicht getäuscht
werden ...«[39]

In dieses Meinungsgefecht griff anschließend der Oberstleutnant Peter Velten von der Kampftruppenschule 2 in Munster in das Meinungsgefecht ein: Das Konzept der Vorneverteidigung, so schrieb er, »schließt nicht aus, daß der Gegner nach massiven Angriffen Einbrüche oder Durchbrüche erzielt. Damit entstehen wieder Lücken und offene Flanken, die überwacht bzw. gesichert werden müssen.« Sodann wies Velten auf den für den ganzen NATO-Raum geltenden Verteidigungsauftrag hin, wo es beispielsweise an den Flanken größere Räume gäbe. Sodann zerpflückte er die Vielzahl der Aufklärungsmittel, so daß die Luftwaffenaufklärer gerade in den ersten Kriegstagen auch andere, wichtigere Aufträge zu erfüllen hätten, andererseits die denkbare Luftüberlegenheit und massierte Flugabwehr des Gegners die eigene Aufklärung erschweren oder gar verhindern könne. Hubschrauber aber können nicht über feindbesetztes Gelände fliegen, »darüber hinaus ist es sehr schwierig«, argumentiert Velten aus seiner Erfahrung, »vom Hubschrauber aus sich nicht bewegenden Feind, der getarnt in Stellungen steht, auf größere Entfernung zu erkennen.« Er kam zu dem Schluß, »daß die Aufklärung mit Auge und Ohr zur Zeit noch nicht durch technische Mittel zu ersetzen ist... Panzeraufklärer sind daher auch in Zukunft... ein wichtiger Teil in einem Aufklärungsverbund, in dem alle Aufklärungsträger erfaßt werden sollten.«[40]

Die Tatsache, daß die Aufklärer nur eine sehr kleine Truppe darstellen, nämlich ganze elf Bataillone, wurde in den Entgegnungen nicht erwähnt. Eine kleine Truppe zu sein, ist ja gerade das Feine, es erhöht die Exclusivität, und mindert allerdings ein wenig die Beförderungschancen. Mehr als die Verwendung im Dienstposten eines Bataillonskommandeur mit dem Dienstgrad Oberstleutnant »de luxe«, nämlich in der Besoldungsgruppe A 15 (»herausgehobener Dienstposten«) ist im Club der Goldgelben nicht zu erreichen, es sei denn ein Schreibtischplatz im Heeresamt zu Köln. Doch eine erstaunliche Zahl von Aufklärer-Offizieren hat sich bisher über die eigene kleine Truppe hinausgeschwungen und ist bis in die höchsten Stellen der Generalität aufgerückt.

Hinzu kommt, daß die kleine, aber feine Truppe Rückhalt und Verbindungen in andere Aufklärerkreise hat. Zunächst einmal zu denen der Luftwaffenaufklärer, die sich ebenfalls als von der Kavallerie abstammend betrachten, und dies durchaus zu Recht. Denn als

die Fronten des Ersten Weltkrieges im Stellungskrieg zu versacken begannen, traten wagemutige Kavallerieoffiziere zur Fliegertruppe über und wurden – nicht zuletzt weil sie bisher Patrouillenreiten gelernt hatten – Aufklärungsflieger. Manche, wie der Ulanenleutnant von Richthofen, wanderten dann allerdings zur Jagdfliegerei weiter. Exclusiv fühlten sich die Luftwaffenaufklärer auch im Zweiten Weltkrieg. Bei den Nahaufklärern – die außerordentlich hohe Verluste erlitten – gab es eine ganze Reihe von Offizieren, die anstelle der Luftwaffen- ihre gewohnte Heeresuniform trugen, sogar der in der Luftwaffe ungewöhnliche Dienstgrad »Rittmeister« war bei den Nahaufklärern zu finden, ebenso die Liebe zur goldgelben Farbe.
Stolz darauf, Aufklärer zu sein, sind auch die Besatzungen der RF-4E »Phantom« der Aufklärungsgeschwader 51 »Immelmann« in Bremgarten bei Freiburg/Breisgau und 52 in Leck/Nordfriesland. Die Aufklärerverbindungen reichen aber auch in die übrigen Bündnisarmeen hinein, dort natürlich wieder zu Aufklärern, die – erstaunlich findet das niemand – oft gleichermaßen ihre Marotten hegen, nicht zuletzt farbige Westen tragen und ebenfalls sich ihrer reiterlichen Abkunft rühmen.
So erscheinen denn bei den Bällen in Munster und Lüneburg gern gesehene Gäste des niederländischen Verkenningsbataillons 103, das in Bergen-Hohne stationiert ist. Im Gegensatz zu den deutschen Gastgebern denken die Holländer im Traum nicht daran, ihre Gesellschaftsuniform zu ändern: Es ist eine alte Husarenuniform mit verschnürter Attila, und den Dienstgrad »Rittmeester« gibt es auch.
Von kaum noch zu überbietender Vornehmheit ist natürlich das Panzeraufklärungsbataillon der britischen Household Cavalry, der Gardekavallerie. Entlang der Demarkationslinie liegen an den Ostgrenzen Hessens und Bayerns die US-amerikanischen Panzeraufklärungsregimenter 2 (Nürnberg) und 11 (Fulda). Jedes besteht aus einer hubschrauberbeweglichen Aufklärungskompanie, zu der auch Kampfhubschrauber gehören, drei Bataillonen zu je drei Panzeraufklärungskompanien, einer Panzerkompanie, einer Panzerhaubitz-Batterie und Stabs- und Versorgungsteilen. Verhältnismäßig geringe Aufklärungsteile besitzt die belgische Armee: Je eine Panzeraufklärungskompanie pro Brigade.

Kein Fest der Aufklärer ohne Gäste von Aufklärern aus dem Bündnis, aber auch kaum eine größere Übung ohne Beteiligung der Bündnispartner.
Keinerlei Kontakt besteht zu den Aufklärern der Warschauer-Pakt-Armeen, jedoch ein reges Interesse an ihrer Taktik, Ausrüstung und Bewaffnung sowie ihren Ausbildungsmethoden.
Den Fachveröffentlichungen läßt sich einiges Wissen entnehmen. So schrieben ein sowjetischer Generalmajor und ein Oberst eine Studie: »Die psychologische Schulung des Aufklärers«. Die Autoren erklären darin zunächst, daß die Aufgaben des Aufklärers zu den schwierigsten im Kriege gehören: Der Aufklärer »ist der erste, der auf den Gegner stößt, um seinen Standort, seine Stärke, seine Zusammensetzung, seine Bewaffnung, die Art seiner Handlungen und vieles andere festzustellen, von dem schließlich der Ausgang des Gefechtes und das Leben von Hunderten und Tausenden von Menschen abhängen... Deshalb muß das Personal der Aufklärungseinheiten, neben den für alle Sowjetsoldaten charakteristischen Eigenschaften, eine gute Beobachtungsgabe, Mut und Entschlossenheit, Findigkeit, eine gute Auffassungsgabe, Gewandtheit, eine gute physische Verfassung und Ausdauer besitzen und imstande sein, auch unter den schwierigsten Bedingungen zu überleben. Bildlich gesprochen, muß der Aufklärer stärker als der Tod sein und in jeder noch so schwierigen Lage die beschafften Angaben den zuständigen Stellen melden.«
Weil bei der Aufklärung schon Husten oder Knacken von Zweigen alles verderben kann, gibt es in diesem Dienst keine Nebensächlichkeiten, behaupten die Autoren und plädieren für eine sorgsame Personalauswahl. Nur solche Männer kommen in Betracht, die blitzschnell reagieren können, denn: »Eine zu langsame Reaktion auf Schall und Licht sowie ein unzeitiges Reagieren auf Schmerzempfindungen« sind unvereinbar mit den an einen Aufklärer zu stellenden Anforderungen.
Die Ausbildung beginnt nun, indem die Aufklärer-Rekruten aus gefechtsnahen Lagen Einzelheiten beobachten müssen. In ihrer Nähe detonieren dabei Minen, werden Feuerstöße aus Maschinenwaffen abgefeuert, Fahrzeuge donnern vorüber, nachts fallen Leuchtraketen vom Himmel und Scheinwerfer strahlen und verlöschen wieder. Bei den Märschen zum Übungsplatz werden Ge-

dächtnis und Beobachtungsgabe trainiert: Nach dem Passieren einer Ortschaft fragen die Ausbilder, wieviel Häuser das Dorf hat, wieviel davon rechts und wieviel links der Straße stehen, welche Wege wohin führen, was für ein Dach und wieviel Fenster das letzte Haus hat, wie die Straßenpassanten angezogen waren, welche Fahrzeugtypen auf dem Marsch gesehen wurden und womit sie beladen waren.

»Unabdingbare Eigenschaften für Aufklärer sind Furchtlosigkeit, Tapferkeit und Entschlossenheit... Im Verlaufe von Übungen müssen kritische Situationen geschaffen werden, die die Soldaten dazu zwingen, ein vertretbares Risiko einzugehen... Die Aufklärung ist immer mit plötzlichen und einschneidenden Lageveränderungen verbunden und erfordert Initiative und Findigkeit,« heißt es in der Studie. Mit einem Beispiel wird eine solche Situation geschildert: »So drang im Februar 1945 bei einem nächtlichen Überfall des Aufklärungstrupps von Obersergeant Kozlov auf das Dorf Augam der Soldat Merzaev in ein Haus ein und stand plötzlich drei Hitlersoldaten gegenüber. Doch Merzaev verlor nicht den Kopf, nahm eine Handgranate und warf sie den Faschisten vor die Füße. Er selbst stürzte aus dem Zimmer und schlug die Tür hinter sich zu. Fast im selben Augenblick erfolgte die Detonation. So halfen dem Aufklärer seine Gewandtheit und Findigkeit, den ihm zahlenmäßig überlegenen Feind zu besiegen.«

Situationen wie diese werden geübt: »Der zur Einnahme eines Objekts eingeteilte Trupp hat sich dem Angriffsziel bis auf 30 oder 40 m genähert. Es ist Nacht. Doch der Gegner entdeckt den Trupp und faßt sein Feuer auf ihn zusammen. In dieser Lage sind zwei Entschlüsse möglich: Den Rückzug antreten oder aber das Feuer zu erwidern, den Gegner mit Handgranaten einzudecken und die Aufgabe im Sprung durchzuführen. Zweifellos ist der zweite Entschluß am sinnvollsten.« Weiter heißt es: »Bei den Übungen müssen häufiger Hinterhalte auf dem Marschweg der Aufklärer gelegt, plötzliche Zusammenstöße mit gegnerischen Soldaten organisiert, überraschende Feuerüberfälle auf die Trupps dargestellt werden.« Zwischendurch kommt es zu Mut- und Gelenkigkeitsübungen: »Sprünge über einen 2,50 m breiten Wassergraben; Sprung durch Fenster oder Tür nach dem Wurf einer Handgranate in ein brennendes Haus (Brand wird dargestellt); Führung eines Nahkampfes im

Inneren des Gebäudes. Überwinden, mit Kameradenhilfe, einer 2 m hohen Steinmauer und eines dahinter liegenden 0,5 m tiefen und 3 m breiten Wassergrabens; Sprung mit Anlauf ins Wasser und Durchschwimmen eines 30 bis 50 m breiten Gewässers in voller Ausrüstung; Ausstieg aus dem Wasser, Graben eines Schützenloches und werfen einer Handgranate auf einen fahrenden Panzer; Erklettern eines 5 bis 8 m hohen Beobachtungspunktes mit Hilfe einer Sturmleiter und Herablassen an einem Seil.«

Die Steigerung dieser Leistungen bringt eine Hindernisbahn mit dem Namen »Aufklärerweg«: Zuvor wird eine taktische Lage ausgegeben, derzufolge ständig die Gefahr eines Zusammenpralls mit dem Gegner droht. Dann geht es los: »Beim Überwinden der Zäune und Wände stellen Knallkörper Artillerie-Einschläge dar. Die Drahtsperren, Gräben und Wasserhindernisse werden vom Gegner beobachtet und beschossen. Bei schlechter Tarnung, bei Lärm, beim Klirren der Waffen und bei anderen Mängeln im Verhalten der Aufklärer, wird das ›Feuer‹ auf sie eröffnet, und die Übung gilt als nicht erfüllt. Wenn der Einsatz in zerstörten Häusern durchgearbeitet wird, müssen Brände dargestellt, Überraschungsladungen und Fallen angebracht werden.

Die Übungen auf der Hindernisbahn werden laufend erschwert, indem zunächst einige, dann alle Hindernisse mit aufgesetzter Schutzmaske zu überwinden sind, die Übung nachts, dann im Regen und schließlich im Nebel durchgeführt wird.« Überhaupt: »Nacht und schlechtes Wetter sind Verbündete der Aufklärer ... Deshalb muß ein Teil der taktischen Übungen bei schlechtem Wetter (Regen, Nebel, Schneegestöber, Schneesturm) durchgeführt werden.«

Parallel zur praktischen Ausbildung aber hat die Traditionspflege, die Erziehung zum Korpsgeist und das Erwecken des Stolzes auf die Aufklärertruppe zu erfolgen: »Die Heldentaten der sowjetischen Aufklärer während des Großen Vaterländischen Krieges und die in Friedenszeiten erzielten Leistungen und Erfolge der Bestsoldaten müssen mit allen Mitteln popularisiert werden, wozu in größerem Umfang Rundfunk- und Fernsehsendungen, Wandzeitungen, Film- und Buchbesprechungen, Treffen mit Veteranen usw. benutzt werden sollen.«[41]

Die Aufklärung wurde in den früheren russischen Armeen bereits

für außerordentlich wichtig gehalten. Baron de Jomini, im vorigen Jahrhundert französischer und russischer General bezeugte das, als er in seinem Werk »Abriß der Kriegskunst« ausführte: »In Bezug auf die Nachrichten, welche man vom Streifkorps erhalten kann, ist die russische Armee besser bedient als alle anderen, was sie ihren Kosaken und der Intelligenz ihrer Parteigänger verdankt«, aber andererseits bemerkte: »Ich muß, auf unseren Gegenstand zurückkommend, zugestehen, daß die Kundschafterei in vielen Armeen der Neuzeit wunderbar vernachlässigt worden ist.«
Lenin äußerte sich sinngemäß nicht anders als der General des Zaren, als er schrieb: »Jeder wird zugeben, daß sich die Armee unvernünftig oder sogar verbrecherisch verhält, die nicht bereit ist, sich mit allen Waffenarten und allen Kampfmitteln und -methoden, über die der Gegner verfügt oder verfügen kann, vertraut zu machen.«
Der Marschall der Sowjetunion, Georgi Konstantinowitsch Schukow, berichtete aus seinen Kriegserfahrungen: »Hat es die Aufklärung nicht fertiggebracht, richtige Informationen zu liefern, beruht die Lagebeurteilung auf Fehlern, so werden auch alle Kommandostabsstellen in ihren Entschlüssen unweigerlich die falsche Richtung einschlagen, und infolgedessen wird die ganze Operation einen anderen Verlauf nehmen, als ursprünglich gedacht war.«[42]
Für die Aufklärung hat die Sowjetunion einen gigantischen, zentral gesteuerten Apparat aufgebaut – vom politischen Geheimdienst KGB und dem militärischen Nachrichtendienst GRU über die Aufklärung durch Kosmos-Satelliten, zu den Fernaufklärungsoperationen bis zu den Aufklärungsbataillonen und Kompanien der Divisionen und Regimenter, gekoppelt wiederum mit den gleichartig organisierten Aufklärungskräften – der nachrichtendienstlichen wie der militärischen – aller anderen Warschauer-Pakt-Staaten, dazu auch wohl noch der sowjetfreundlichen und von Beraterstäben bedienten Staaten des Mittleren und des Nahen Ostens wie auch Afrikas.[43]

Sensoren gegen Subversion?

»Ein großer Teil der Nachrichten, die man im Kriege bekommt, ist widersprechend, ein noch größerer ist falsch und bei weitem der größte einer ziemlichen Ungewißheit unterworfen«, stellte der Generalmajor Carl von Clausewitz fest und folgerte: »Was man hier vom Offizier fordern muß, ist ein gewisses Unterscheiden, was nur Sach- und Menschenkenntnis und Urteil geben können. Das Gesetz des Wahrscheinlichen muß ihn leiten...« Noch pessimistischer drückte es der Generalfeldmarschall Graf von Schlieffen aus: »Es ist aber irrig zu glauben, daß im Krieg Meldungen der Kavallerie von Bedeutung oder gar nur erwünscht sind. Der höhere Führer macht sich in der Regel ein Bild von Freund und Feind, bei dessen Ausmalung persönliche Wünsche die Hauptarbeit zu besorgen haben. Scheinen eingehende Meldungen mit diesem Bilde übereinzustimmen, so werden sie mit Befriedigung beiseite gelegt. Widersprechen sie, so werden sie als gänzlich falsch verworfen und berechtigen zu dem Schlußurteil, daß die Kavallerie wieder einmal völlig versagt hat.«

Ob solch dümmliche Einstellung eines höheren Führers in der Nach-Schlieffen-Zeit jemals in der deutschen Armee vorgekommen ist? Der Generalmajor Reinhard Gehlen wurde am 9. April 1945 seiner Stellung als Chef der Generalstabsabteilung Fremde Heere Ost enthoben. An diesem Tage hatte der General Krebs eine von Gehlen ausgearbeitete Feindlagebeurteilung in der großen Lagebesprechung des Führerhauptquartiers vorgetragen. Adolf Hitler, der es schon lange vorher abgelehnt hatte, »sich ernsthaft mit niederdrückenden Zahlen und Tatsachen abzugeben«, erklärte die Lagebeurteilung für »völlig idiotisch« und defaitistisch. General Gehlen – später Begründer und erster Präsident des Bundesnachrichtendienstes – erzählt in seinem Buch »Der Dienst«, daß in dieser Lagebeurteilung auf das Freiwerden sowjetischer Kräfte durch den Fall von Königsberg und Wien sowie auf massive Truppenzuführungen in den Raum Küstrin-Frankfurt/Oder hingewiesen und daraus auf den bevorstehenden Großangriff gegen Berlin gefolgert wurde.

»Hitler wollte grundsätzlich nur das hören, was in seine Gedankengänge hineinpaßte und was er sich aus verschiedenen, zum Teil unkontrollierbaren Nachrichten und Unterlagen selbst zurechtgemacht hatte«, schrieb Gehlen.[44]

Ein solcher Extremfall hoffentlich nicht, aber ein Wegschieben unangenehmer Meldungen wird auch künftig nicht auszuschließen sein, noch weniger eine Fehlbeurteilung der Lage. Es kommt in hohem Maße darauf an, gute G 2-Offiziere heranzuziehen, gründlich auszubilden und Praxis gewinnen zu lassen. Der Oberst i. G. Erich Sobik merkte über den Generalstabsoffizier 2, den Feindlagesachbearbeiter, an: »Der G 2 ist als Generalstabsoffizier Berater und Führergehilfe seines Kommandeurs. Er hat seinem Kommandeur Unterlagen zu liefern, die – neben anderen – Grundpfeiler für die Entschlußfassungen sind ...

Die Grenzen der Tätigkeit sind bekannt. Der G 2 ist lediglich Berater und Gehilfe des Kommandeurs, er greift nicht direkt in das Kampfgeschehen ein. Die Entscheidung, in welchem Maße seine Feindlagebeurteilung mit berücksichtigt wird, bleibt dem Truppenführer vorbehalten. Das darf den G 2 aber nicht zurückhalten, mit Charakterstärke auch eine unangenehme und ggf. unerwünschte Feindlagebeurteilung vorzutragen, zu vertreten und auch zu verteidigen.«[45]

Die immer rascher sich entwickelnde Technik wird künftig erhebliche Veränderungen bringen, aber den menschlichen Mut, die Entschlußkraft und die Entscheidungsfähigkeit nicht beeinträchtigen. Zu rechnen ist mit einer weiteren Verfeinerung der Sensoren, die von den Amerikanern im Vietnam-Krieg erstmalig erfolgreich angewandt wurden. Es wurden damals aus Flugzeugen ganze Bündel dieser Sensoren abgeworfen, die man sich etwa als »Bojen« vorstellen muß, die mit geeigneten Einrichtungen akustisch, elektroma-

gnetisch und seismisch arbeiteten: Der Sensor meldete die Aktivitäten seines Empfangsbereichs an eine Nachrichtenzentrale.
Magnetische Sensoren registrierten Störungen im lokalen geomagnetischem Feld: Alle eisenhaltigen, stromerzeugenden oder stromführenden Gegenstände, z. B. Panzer, können solche Magnetfeldstörungen hervorrufen. Der Sensor meldete solche Vorkommnisse automatisch per Funk.
Seismische Sensoren reagierten auf Bodenerschütterungen, die von Menschen oder Fahrzeugen verursacht wurden. Menschen wurden auf etwa 100 m, Fahrzeuge auf 250 m Entfernung erfaßt, sofern es sich um Objektsicherungs-Sensoren handelte. Sie lösten dann ein Alarmsignal aus. Menschen und Fahrzeuge im Umkreis von 500 Metern registrierten die Geophone von seismischen Sensoren in Aufklärungsräumen und strahlten ihre Erkenntnisse per Funk ab.
Akustische Sensoren nahmen Schallwellen auf – Feindfahrzeuge orteten sie auf 1000 m. Ein anderer Sensortyp namens »Patroler« registrierte und meldete in dichtem Gestrüpp verborgene Feindsoldaten auf 50 m, im offenen Gelände auf 100 Meter.
Olfaktorische Sensoren erfaßten mit Gasanalysatoren Ausdünstungen und Absonderungen des menschlichen Organismus. Die Reichweite solcher Geräte, die 12 kg wiegen, beträgt bis zu 250 m.
Thermische Sensoren sind hochempfindliche Infrarot-Empfänger. Der Sensor »Barns« ortete Menschen auf 300, Fahrzeuge auf 700 m Entfernung.[46]
In Vietnam gelang es zeitweilig, mit Sensoren verschiedener Typen eine »Anti-Infiltrationslinie« zu errichten und zu überwachen. Nach einiger Zeit erkannte jedoch der Vietcong die Arbeitsweise der Sensoren und entwickelte Gegenmittel, die in der US-Nachrichtenzentrale falsche Lagebilder hervorriefen.
Daraufhin verfeinerten die amerikanischen Techniker wiederum die Sensoren.
Was in manchen gering besiedelten ländlichen Gebieten Vietnams erfolgreich war, muß im dichtbesiedelten Mitteleuropa keineswegs funktionieren. Denkbar erscheint die Anwendung von Sensoren zur Objektsicherung. Im mitteleuropäischen Raum ergeben sich für Aufklärungs-Sensoren hingegen erhebliche Schwierigkeiten: Sensoren können nicht verschossen werden – sie würden beim Abschuß zerstört. Ein Abwurf aus dem Flugzeug ist zwar möglich,

doch müßten die Sensoren in dem relativ übersichtlichen, dicht bebauten und bewohnten Gelände vom Feind bald gefunden werden. Es bleibt also lediglich die Verbringung von Sensoren durch Fernspähtrupps oder hinter den feindlichen Linien operierenden Panzerspähtrupps. In beiden Fällen könnten nicht sehr viele Sensoren transportiert werden, auch müßten sie sachgerecht eingebaut und getarnt werden – was Zeit kostet und das Entdeckungsrisiko für die Verbringer erhöht.

Die Sensoren waren als Aufklärungsmittel gegen Guerillas gedacht, in unseren Breiten wird es nicht anwendbar sein. Indes, auch wir haben mit einem subversiven Kampf zu rechnen. Seltsamerweise ist er noch in keinem Großmanöver als entscheidende »Einlage« aufgetaucht. Was geschieht, um ein Beispiel zu nennen, wenn in der entscheidenden Aufmarschphase einer Spannungszeit nicht etwa einige große, sondern eine Vielzahl kleiner, unbedeutender Brükken gesprengt werden? Ganz gewiß verzögerte sich der Aufmarsch dadurch um genau die entscheidenden Stunden. Mit Sicherheit finden die durchaus erkannten Bemühungen des potentiellen Gegners einen verdeckten Kampf vorzubereiten bei uns nur wenig Beachtung. Das ist ein Gebiet, das die Panzeraufklärer einmal stärker als bisher beachten und durchdenken sollten.

Zu bedenken ist aber auch das Undenkbare: Der Krieg der Zukunft. Er würde sich in unserem Lande abspielen, in dem zwei hochtechnisierte, vollmotorisierte Armeen gegeneinander kämpfen, zwei moderne Luftflotten um die Luftherrschaft ringen und erstmals auf beiden Seiten Luftlandesoldaten in Hubschraubern, unterstützt von Kampf- und Panzerabwehrhubschraubern im Konturenflug dicht über die Erde feindwärts getragen würden.

Es käme wahrscheinlich zu amphibischen Landungen unter dem Einsatz von Kampfschwimmern, aber auch von Raketen aller Art, von Luftkissenbooten und U-Jagdhubschraubern.

Zu Wasser, zu Lande und in der Luft verliefen die Kampfhandlungen weit rascher als in anderen Kriegen zuvor und sie dauerten rund um die Uhr an. Die Nacht wäre kein schützender Schleier mehr, Infrarot-Geräte können sie nahezu taghell werden lassen – für den Gerätebenutzer. Er könnte aber auch durch die Infrarotstrahlung entdeckt und jäh bekämpft werden. Restlichtverstärker und Wärmebildwandler sind risikoloser.

Spähpanzer Luchs durchschwimmt einen Fluß *(Archiv Kampftruppenschule 2, Munster)*

Spähpanzer Luchs beim Anlanden *(Archiv Kampftruppenschule 2, Munster)*

Die Tarnung ist dem bisher offenen Gelände angepaßt: Ein Panzerspähwagen Luchs klettert einen Berg hinauf und fährt in einen lichten Wald hinein *(Peter Velten)*

Links: Gut getarnt rollt der Führer-Leopard des schweren Spähtrupps über eine Heidelandschaft. *(Oliver Tolmein)*

Rechts: Beobachtungshalt. Der Spähtruppführer beobachtet das Gelände und gewährt dabei mit den Waffen seines Panzers einem nachfolgenden Leoparden seines Spähtrupps Feuerschutz *(Oliver Tolmein)*

Gefechtsfeldradargerät TPS 33 auf Schützenpanzer kurz *(Archiv Kampftruppenschule 2)*

Gefechtsfeldradargerät Rasura auf LKW 0,25 t *(Archiv Kampftruppenschule 2, Munster)*

Das künftige Gefechtsfeldradargerät der Panzeraufklärer: Rasit, auf Transportpanzer »Fuchs«, Transportpanzer 1 *(Archiv Kampftruppenschule 2, Munster)*

Oben links: Einrichten des Gefechtsfeldradars TPS 33 auf einen festen Punkt – etwa auf eine Straßenkreuzung, die zu überwachen ist. – Rechts: Der Führer weist die Besatzungen seines schweren Spähtrupps in die Lage ein *(Oliver Tolmein)*

Mitte: Von einem gepanzerten Gefechtsstandsfahrzeug aus hält die Führung des Panzeraufklärungsbataillons den Funkkontakt mit den Spähtrupps, nimmt Meldungen entgegen und erteilt Befehle. *(Oliver Tolmein)*

Befehlsausgabe des Führers eines leichten Spähtrupps *(Peter Velten)*

Mit einer dem Waldgelände angepaßten, veränderten Tarnung durchquert der leichte Spähtrupp den Wald *(Peter Velten)*

Der leichte Panzerspähtrupp durchfährt eine Kurve: Der Luchs links hält und gibt dem schnell auf der Straße vorpreschenden rechten Luchs Feuerschutz *(Peter Velten)*

Der leichte Spähtrupp überquert ein Buschgelände und hat deshalb seine Fahrzeuge konsequent umgetarnt: Hier stehen sie hinter einer Bodenwelle im Beobachtungshalt. *(Peter Velten)*

Von Deckung zu Deckung, wie eine Raupe sich voranwindend, geht der leichte Spähtrupp weiter vor. Der Spähtruppführer funkt zum Bataillon: »Ziel erreicht. Spähtrupp bleibt am Feind!« *(Peter Velten)*

Tag und Nacht wird gekämpft, gelitten und gestorben. Nur geschlafen wird nicht. Wie lange hält das ein Mensch aus, inmitten der Schockwellen, des Gefechtslärms, der heranjaulenden Düsenjagdbomber.
Zwei Riesenheere schlagen aufeinander ein, doch nur die älteren Männer auf beiden Seiten haben noch Kriegserfahrungen, die sie zum Teil auf diesen Kampf nicht mehr anwenden können. Was geschieht mit den Soldaten, die unter Schockeinwirkung zusammenbrechen, davonlaufen, und sei es mitten ins Feuer hinein? Was wird aus den Panzeraufklärern, von denen dieses Buch handelt. Sie werden auch diesesmal die Ersten am Feind sein, aber niemand wird kommen, um sie abzulösen. Auf der anderen Seite, drüben beim Feind, wird die zweite Staffel über die ausgepumpte erste Staffel hinweg nach vorn gehen und 24 Stunden später durch die dritte Staffel überrollt werden, die dann frisch in den Kampf zieht, den auf unserer Seite immer noch dieselben Soldaten durchstehen, von der ersten Stunde an dieselben. Wie lange hält man das aus? 48, 72, 100 Stunden? Wann kommt die Ablösung?
Wann kommt die Verpflegung? Findet der Spieß auch nun noch mit seinem Verpflegungsfahrzeug die überall verstreuten Spähtrupps? Auf beiden Seiten der Front werden Fahrzeuge abgeschossen. Viele der Besatzungen werden sich heil oder verwundet retten können, müssen aber fortan zu Fuß laufen oder sich Fahrzeuge »organisieren«, etwa landwirtschaftliche Traktoren. Damit sind sie langsamer als die noch nicht abgeschossenen, motorisierten Truppen. Auf jeder Seite wird es dann innerhalb weniger Tage zwei verschiedene Armeen geben: Eine motorisierte und eine Armee der Fußgänger – letztere aber besitzt keine Führungsstäbe und keine Versorgungsteile. Wie wird die Fußgängerarmee geführt, versorgt, wie kämpft sie und gegen wen? Gegen die Fußgängerarmee von drüben? Schlägt die sich vielleicht in die Büsche und lebt vom Plündern?
Wie wird ein solcher Krieg zu einem Ende geführt, gar zu einem siegreichen? Kann ein Krieg durch reine Verteidigung gewonnen werden? Es fällt schwer, diese Gedanken bis zum Friedensschluß zu durchdenken: Zu hoch liegt die Zahl der Unwägbarkeiten.
Sicher ist nur, daß es gilt den Krieg, wenn irgend möglich, zu verhindern ohne dabei die eigene Freiheit preiszugeben. Ein anderes Mittel als einen möglichen Aggressor durch ein für ihn unkalku-

lierbar hohes Risiko abzuschrecken, gibt es zur Kriegsverhinderung nicht.

Zur Abschreckung muß dann auch die Gewißheit des Aggressors gehören, daß alles, was er tut, jede Truppenbewegung, jede verdeckt geplante Aktion, jede Bereitstellung rechtzeitig von einer Spezialtruppe mit großer Aufklärungsbefähigung erkannt wird. Eine gute Aufklärung kann mit zur Kriegsverhinderung beitragen

Literaturverzeichnis

Altes Testament, 4. Buch Moses

Theodor Fuchs: Geschichte des europäischen Kriegswesens, Band 1, Band 2, Band 3, München

Johann Wolfgang von Goethe: Götz von Berlichingen, Stuttgart

Christoffel von Grimmelshausen: Abenteuerlicher Simplicius Simplicissimus, Berlin

Reglement Vor Die Königl. Preußische Husaren-Regimenter, 2 Bände, Faksimiledruck, Osnabrück 1976

Reglement Vor Die Königl. Preußische Dragoner-Regimenter Faksimiledruck Osnabrück 1976

Vierteljahreshefte für Truppenführung und Heereskunde, Heft 2, 1905, v. Pelet-Narbonne: Die Dragoner des Großen Kurfürsten, vorbildlich für moderne Kavallerie, Berlin 1905

Vierteljahreshefte ... Heft 1, 1911: Die Gefechtsaufklärung Friedrichs des Großen im Siebenjährigen Kriege

Vierteljahreshefte ... Heft 2, 1911: Die Bedeutung der technischen Hilfsmittel für die Fernaufklärung im Felde

Militärwissenschaftliche Rundschau, Berlin

5. Heft 1936: Guderian: Die Panzertruppen und ihr Zusammenwirken mit anderen Waffen

4. Heft 1937: Die deutschen Gefechtsvorschriften von 1914 in der Feuerprobe des Krieges

William Pierson: Preußische Geschichte, Berlin 1881

Franz Kugler/Adolph Menzel: Geschichte Friedrichs des Großen, Leipzig 1862

1806 Das Preußische Offizier-Korps und Untersuchung der Kriegsereignisse, Berlin

Paul von Lettow-Vorbeck: Meine Erinnerungen aus Ostafrika, Leipzig, 1920

Klaus-Christian Richter: Deutsches Soldatenjahrbuch 1968, München

Truppenführung (T.F.) H.Dv. 300/1, Berlin, 1936

Walther K. Nehring: Die Geschichte der deutschen Panzerwaffe 1916 – 1945, Stuttgart, 1974

Werner Haupt: Kriegsschauplatz Italien 1943 – 1945, Stuttgart, 1977

Werner Oswald: Kraftfahrzeuge und Panzer der Reichswehr, Wehrmacht und Bundeswehr, Stuttgart, 6. Auflage 1973

Klaus Christian Richter: Die Geschichte der deutschen Kavallerie 1919 – 1945, Stuttgart, 1978

F.M. von Senger und Etterlin: Die deutschen Panzer 1926 – 1945, München 1973
Paul Carell: Die Wüstenfüchse, Berlin
Paul Carell: Unternehmen Barbarossa, Berlin
Paul Carell: Verbrannte Erde, Berlin
Karl J. Walde: Guderian, Berlin
Rudolf Steiger: Panzertaktik im Spiegel deutscher Kriegstagebücher, Freiburg 1973
Eike Middeldorf: Taktik im Rußlandfeldzug, Berlin 1956
Oskar Munzel: Die deutschen gepanzerten Truppen bis 1945, Herford 1965
Hans Schäufler: Der Weg war weit... Panzer zwischen Weichsel und Wolga, Neckargemünd 1973
Franz Kurowski: Die Panzer-Lehr-Division, Bad Nauheim 1964
Rolf O. Stoves: 1. Panzer-Division 1935 – 1945, Bad Nauheim
Geschichte der 3. Panzer-Division Berlin-Brandenburg 1935 – 1945, Berlin 1967
Die 7. Panzer-Division im Zweiten Weltkrieg (Traditionsverband ehem. 7. Panzer-Division-Kameradenhilfe e. V.)
Rolf Grams: Die 14. Panzer-Division 1940 – 1945, Bad Nauheim
Wolfgang Werthen: Geschichte der 16. Panzer-Division 1939 – 1945, Bad Nauheim
Otto von Knobelsdorff: Geschichte der niedersächsischen 19. Panzer-Division, Bad Nauheim
Ernst Rebentisch: Zum Kaukasus und zu den Tauern – Die Geschichte der 23. Panzer-Division 1941 – 1945, herausgegeben und verlegt vom Verband ehemaliger Angehöriger der 23. Panzer-Division in Esslingen a. N.
Dr. F. M. von Senger und Etterlin: Die 24. Panzer-Division vormals 1. Kavallerie-Division 1939 – 1945, Neckargemünd 1962
Georg Staiger: 26. Panzer-Division – Ihr Werden und Einsatz 1942 bis 1945, Bad Nauheim 1957
Reinhard Gehlen: Der Dienst, Mainz 1971
Gert Buchheit: Ludwig Beck – ein preußischer General, München 1964
A. von Witzleben: Aus alten Parolebüchern der Berliner Garnison zur Zeit Friedrichs des Großen, Osnabrück 1971
Franz Uhle-Wettler: Gefechtsfeld Mitteleuropa, München 1980

Anmerkungen

1 General Walther K. Nehring führt in seiner »Geschichte der deutschen Panzerwaffe 1916 – 1945« einen weiteren Zeugen für den ersten britischen Tankeinsatz: Den Generalmajor (Bw) a.D. Richard Schimpf. Dieser führte am 16.9.1916 eine Kompanie im Kgl. Bayr. Inf. Rgt 9, die in geleitetem Infanteriesalvenfeuer auf die einzelnen Tanks schoß. Diese Abwehrmaßnahme erwies sich als unwirksam. Erst als die leichte Batterie des Hauptmanns Ritter von Heiligbrunner (Kgl. Bayr. 2. Artl. Rgt.) im Galopp offen auffuhr und im direkten Richtverfahren das Feuer auf die Tanks eröffnete, entspannte sich die Lage.
Dies ist der Inhalt einer Fußnote auf Seite 50 des Anhangs im Nehring-Buch, das im Textteil auch den richtigen Tag des ersten Kampfwagen-Angriffes angibt: den 15.9. 1916

2 Oskar Munzel: »Die deutschen gepanzerten Truppen bis 1945«, Seite 86ff

3 Bundesarchiv-Militärarchiv, Freiburg/Breisgau, RH 27-1/17: »Gefechtsbericht über den Angriff auf Hericourt am 18.6. 1940«

4 ebenda, RH 27-1/17: »Gefechtsbericht über den Angriff auf den Ballon D'Alsace am 19. und 20. Juni 1940«

5 ebenda, RH 27-1/17: »Bericht vom 25. Juni 1940«

6 ebenda, RH 27-7/44: »Erfahrungsbericht 7. Pz.Div.«

7 »Division Das Reich«, Band II

8 »Geschichte der 3. Panzer-Division«, S. 99; Paul Carell: »Die Wüstenfüchse«, S. 10ff

9 Raymond Cartier: »Der Zweite Weltkrieg«, 1. Band, S. 52

10 Bundesarchiv-Militärarchiv (B-M), Freiburg/Breisgau, RH 27-13/45: »Bericht über die Vormarschstraße 26./27. Juni 41«

11 »Division Das Reich«, Band II

12 B-M, RH 27-13/45: »Gefechtsbericht über den 22./23. Juli 1941«

13 Rolf Stoves: »1. Panzer-Division«, S. 223

14 »Geschichte der 3. Panzer-Division«, S. 151ff

15 B-M, RH 27-13/45: »Gefechtsbericht für den 6. und 8.8. 1941« sowie »Gefechtsbericht über die Spähtrupptätigkeit bei der Ausführung des Auftrags: 7.8. – 12.8. 1941«

16 B-M, Kriegstagebuch 6. Panzer-Division, August 1941

17 B-M, Oberbefehlshaber des Heeres/Ausb.Abt.: »Erfahrungen des Ostfeldzuges«, 22. September 1941

18 B-M, RH 27-3/29: »Betr.: Osterfahrungen«
19 B-M, RH 27-4/37: »Gefechtsbericht über das Unternehmen der 3./Krad. Schütz.Btl. 40 und 2./Pi.10 am 31.1.42 im Rahmen des Angriffs gegen Charkowo«
20 B-M, RH 27-3/29: »Winterkampfführung – Panzer-Aufklärungsabteilung«
21 Rolf Grams: »Die 14. Panzer-Division 1940 – 1945«, S. 68ff
22 Paul Carell: »Verbrannte Erde«, S. 196 ff
23 Dr. F. M. v. Senger u. Etterlin jr.: »Die 24. Panzer-Division vormals 1. Kavallerie-Division«, S. 159ff
24 Werner Haupt: »Kriegsschauplatz Italien 1943 – 1945«, S. 120
25 Franz Kurowski: »Die Panzer-Lehr-Division«, S. 167ff
26 Dr. F. M. v. Senger u. Etterlin jr.: »Die 24. Panzer-Division vormals 1. Kavallerie-Division«, S. 77ff
27 Eike Middeldorf: »Taktik im Rußlandfeldzug«, S. 61ff
28 B-M, RHD 26/17: »Übersicht über Panzerspäh- und Panzeraufklärungsfahrzeuge – Grundsätzliche Hinweise«
29 Oskar Munzel: »Die deutschen gepanzerten Truppen bis 1945« S. 311ff
30 ebenda, S. 315
31 Ernst Rebentisch: »Zum Kaukasus und zu den Tauern«, S. 512ff
32 Hans Koch: »Die Fernspäher«, Truppenpraxis Nr. 2/1972, S. 119, und praktisches Erleben des Autors während Teilnahme an einem Fernspähtrupp
33 Horst Pleiner: »Aufklärung in Ost und West«, Truppendienst, Wien, Nr. 1/1980, S. 46
34 Hansdieter Seidel: »Einsatz des Spähpanzer Luchs«, Soldat und Technik, Nr. 11/1975, S. 550
35 Manfred Rath: »Die Panzeraufklärungstruppe im neuen Heeresmodell«, Kampftruppen Nr. 1/1978, S. 11
36 Carl-Gideon von Claer: »Das Monokel der Armee«, Der Spiegel Nr. 8/1967, S. 39
37 A. von Witzleben: »Aus alten Parolebüchern der Berliner Garnison zur Zeit Friedrichs des Großen«, S. 34ff
38 Gert Buchheit: »Ludwig Beck, ein preußischer General«, S. 343
39 Kampftruppen, Nr. 2/1979, S. 86ff
40 Kampftruppen, Nr. 4/1979, S. 187ff
41 V. Stacheev/A. Klimov: »Die psychologische Schulung des Aufklärers«, Voennyj Vestnik, Nr. 7/1970, S. 30ff
42 Georgi K. Schukow: »Erinnerungen und Gedanken«, S. 532
43 Dr. Friedrich Wiener: »Fremde Heere: Der Warschauer Pakt«, Truppendienst Taschenbuch, 7. Auflage, S. 122ff
44 Reinhard Gehlen: »Der Dienst«, S. 117ff
45 Erich Sobik: »Der Führungsgehilfe G 2 und die Aufklärung«, Truppenpraxis, Nr. 1/1971, S. 24
46 Talanov/Papov: »Sensoren als Aufklärungs- und Sicherungsmittel«, Voennyj Vestnik, Nr. 2/1976, S. 120ff.

Die Panzerwaffe und ihre direkten Gegner

Erinnerungen eines Soldaten

Von Heinz Guderian

Der Lebensweg des Schöpfers der deutschen Panzerwaffe.
464 Seiten, 60 Abb., gebunden, DM 36,–

Tiger

Die Geschichte einer legendären Waffe

Von E. Kleine/V. Kühn

Dies ist die wahrheitsgetreue Schilderung der Tigerwaffe.
334 Seiten, 390 Abb., gebunden, DM 48,–

Sturmartillerie

Die dramatische Geschichte einer Waffengattung 1939–1945

Von F. Kurowski/G. Tornau

Der Einsatz der erfolgreichsten Waffe des deutschen Heeres: die Sturmgeschütze.
352 S., 251 Abb., geb., DM 48,–

Die 8/8-Flak im Erdkampf-Einsatz

Von J. Piekalkiewicz

Über 200 meist unbekannte Fotos, Skizzen und Zeichnungen schildern den Erdkampf-Einsatz des wohl am meisten gefürchteten Geschützes des 2. Weltkrieges, die »Acht-Acht«.
192 Seiten, 225 Abbildungen, Geb. DM/Fr. 28,–

Panzerabwehrkanonen 1916–1977

Von Franz Kosar

Seit dem ersten Auftauchen von Kampfpanzern hat die PAK die Kriegsführung wesentlich beeinflußt.
194 Seiten, 187 Abb., gebunden, DM 45,–

Infanteriegeschütze und rückstoßfreie Leichtgeschütze 1915–1978

Von Franz Kosar

Dieses Buch zeigt die mehr als 60jährige Entwicklung dieser Waffengattung auf.
192 Seiten, 170 Abbildungen, gebunden DM 45,–

Selbstverständlich aus dem Motor buch Verlag

MOTORBUCH VERLAG · POSTFACH 1370 · D-7000 STUTTGART 1

Spruch Nr. von .... an ....

...rmerke:

...sendende Stelle:	...te Meldung	Ort	Tag Monat	Stunde Minuten
K.A.4	Abgegangen	506	18.5.	2000
	Angekommen		18.5.	
	An	1. Pz. Div.		

Panzerangriff abgewiesen.
Feind führt Verstärkung an
Somme. Abt. Kdr. besetzt Höhe
Clery. Brücke bei Brie ge-
sprengt. Wann Vormarsch-
befehl?

F.d.R.

Flecke, Lt.